航天运输系统成本工程与设计

[德]迪特里希·E.科勒 著

李 斌 译

西北工业大学出版社

西 安

图书在版编目(CIP)数据

航天运输系统成本工程与设计/(德)迪特里希·E·科勒(Dietrich E. KOELLE)著；李斌译. —西安：西北工业大学出版社，2023.3
ISBN 978-7-5612-8688-3

Ⅰ.①航… Ⅱ.①迪…②李… Ⅲ.①航天工业-成本管理-研究 Ⅳ.①F407.5

中国国家版本馆CIP数据核字(2023)第057671号

HANGTIAN YUNSHU XITONG CHENGBEN GONGCHENG YU SHEJI
航 天 运 输 系 统 成 本 工 程 与 设 计
[德]迪特里希·E.科勒 著，李斌 译

责任编辑：胡莉巾		策划编辑：杨 军	
责任校对：朱晓娟		装帧设计：董晓伟	
出版发行：西北工业大学出版社			
通信地址：西安市友谊西路127号		邮编：710072	
电　　话：(029)88491757，88493844			
网　　址：www.nwpup.com			
印 刷 者：陕西奇彩印务有限责任公司			
开　　本：787 mm×1 092 mm		1/16	
印　　张：16.25			
字　　数：426千字			
版　　次：2023年3月第1版		2023年3月第1次印刷	
书　　号：ISBN 978-7-5612-8688-3			
定　　价：98.00元			

如有印装问题请与出版社联系调换

译 者 序

自20世纪50年代开始,航天活动就被世界主要大国列为国家最高优先级发展的项目,航天成就一度成为政治制度、社会制度优劣的衡量尺度。美国、苏联投入了大量的人力、物力,追求能力强大、性能卓越的航天运输系统,实现了载人航天和载人登月的伟大工程,到20世纪80年代末,航天技术领域已经形成了比较成熟的技术体系,为开展商业航天奠定了技术基础。随着信息时代的来临,人类对航天技术的依赖与日俱增,航天发射需求量越来越大,这推动着航天向产业化发展,而以功能、性能为导向的设计理念,由于无法有效控制成本,注定要退出历史的舞台。

在商业时代,系统(产品)成本变得十分重要,必须将其提高到与质量同等重要的地位。面向成本的设计理念,本质是使设计收敛于成本,而不是让成本收敛于设计。这种设计理念,关注产品、系统或者服务从概念阶段直到退役的所有成本元素,并寻求采购成本和使用成本的最佳平衡。全生命周期成本,就是从方案论证开始,贯穿设计、生产、试验、使用维护、支持和报废处置所有环节的相关成本。从事航天活动的管理者和工程技术人员必须把成本评估和控制作为重要的考量要素。

本书原著作者,德国的Dietrich E. Koelle博士,从撰写博士论文开始就试图对航天运输系统及其动力的全生命周期成本进行建模分析。40多年来,Dietrich E. Koelle博士收集了大量运载器和发动机项目的成本数据,建立了一次性运载火箭、火箭式可重复使用运载器、吸气式可重复使用运载器、火箭级、空间飞行器、液体火箭发动机、固体火箭发动机和吸气式发动机的成本模型,有助于开展项目研制时对拟采用的方案进行成本评估。

原著中对全生命周期成本进行了分解,按研制成本、生产成本、使用和支持成本进行论述。其中研制成本子模型基于86个已研制完成的国际运载器和发动机项目的数据,制造成本的成本关系式来自90个参考运载器和发动机项目。难能可贵的是,原著中详细描述了22个可重复使用运载器(Reusable Launch Vehicle,RLV)的技术方案,建立了成本模型,这对我们今后的工作有较大的借鉴作用。

原著中描述,收集运载器和发动机的数据,以其质量作为自变量,进行回归处理,还要考虑技术发展水平因子、技术品质因子、团队经验因子、量产学习因子、偏离最佳进度的成本增长因子、国家生产力修正因子等因素,才能推导出成本的估算关系式。在成本估算关系式中,为了消除货币汇率和通货膨胀的影响,成本以"人·年"作为衡量尺度。特别要注意的是,由于发动机种类多且各具特点,加之技术复杂、研制工作量大,原著作者用了很大篇幅介绍不同种类发动机的成本建模。

在研制成本子模型中,原著作者对历史上主发动机及其运载火箭的发射成功率进行了统计分析,得出结论:如果主发动机的鉴定试验次数少于500次,那么采用这型发动机的运载火箭,在发射前5次中,必发生失败,没有例外。笔者认为,这是由液体火箭发动机固有的复杂性导致的。系统越复杂,不确定性就越大。对于液体火箭发动机这种参数变化剧烈、耦合性强而又涉及极端高低温的能量密度高的复杂系统,虽然从方案论证开始就进行建模仿真,并且随着研制工作的推进,不断修正模型,然而仍然难以准确预示液体火箭发动机的工作状况,因此需要采取科学的验证方法逐步使不确定性收窄到可接受的水平。

在研制成本子模型中,原著作者提到了新技术与成熟技术的关系。采用新技术还是成熟技术,由新技术所能提供的技术能力、市场潜力和产品全生命周期成本来决定。如果采用新技术,其技术成熟度应高于6级(这是因为,技术成熟度低于6级就开展工程研制,不确定性很大,对全系统的进度和资金有很大的影响)。

Dietrich E. Koelle 博士利用传统企业数据建立的航天运输系统成本模型,及论述的对成本构成主要影响的各种因素,对未来航天运载器及其动力系统研制的成本控制是非常有益的,对工程技术人员和高校学生有一定的借鉴作用。

当笔者联系到 Dietrich E. Koelle 博士时,他欣然同意授权笔者将其著作翻译成中文,介绍给中文读者,在此表示非常感谢!令人遗憾的是,经与原著作者沟通,了解到书中许多英文缩写是一些企业的内部代码,故保留原样。

由于笔者水平有限,疏漏之处在所难免,请读者批评指正。

译 者

2022 年 9 月

著 者 序

本书自1971年第一版出版以来,经过42年的修订和扩展,现已是第四版,也是最终版,其中包括了对TRANSCOST模型的描述,所涉及的主题也已扩展到航天运输系统的设计。由于本书包括运载器的大量实例和设计数据,特别是包含了对未来发射系统的设计非常有用的各种火箭级和火箭发动机的大量统计数据,因此也相应地增加了新的内容,包括运载器系统的历史和未来发展,以及净质量分数和推进系统对设计和成本的影响(第1章扩展了35%)。

同时,笔者对内容进行修订、更新和补充,对部分内容进行了重新组织,增加了16个新章节。将比较重要的第3章扩展了22%并进行了完善。第5章标题改为"每次飞行成本、主要成本影响因素及定价",通过提供的案例更详细地讨论成本与价格问题。涉及的重要新主题是商业项目的特征和成本影响——这与政府的"传统模式"合同形成对比。一个新的小节将猎鹰-9的开发成本与传统的政府开发合同进行了比较。现在的研制成本子模型基于来自86个已研制完成的国际运载器和发动机项目的数据以及对22个关于可重复使用运载器(RLV)的详细研究。制造成本关系式来自90个参考运载器和发动机项目。

此外,本书版面也进行了修改,使用了更小的字体和图幅,显得更为简洁。尽管内容有所增加,但仍然可以控制总页数。在过去的17年中,全球客户累计订购了本书400余册,此外还有1995年至2000年期间的132份(俄文和中文译本未计入)TRANSCOST版本6报告,这表明本书已成为太空运输领域成本估算和成本工程中使用最广泛的工具。

在此,笔者向所有支持这项工作的人表示感谢,并希望本书为未来研制更具成本效益的航天运输系统做出贡献。

著 者

2022年9月2日

目　　录

第1章　运载器设计和成本工程 ·· 1
1.1　运载器方案与设计准则 ·· 1
1.2　成本工程与定义 ··· 7
1.3　TRANSCOST 模型 ··· 17

第2章　研制成本(运载系统和发动机) ······································ 30
2.1　研制成本准则 ·· 30
2.2　TRANSCOST 研制成本子模型 ··· 34
2.3　推进系统/发动机研制成本估算关系式 ································ 37
2.4　运载器系统的研制成本估算关系式 ····································· 48
2.5　研制计划的筹备、组织和进度对成本的影响 ·························· 77
2.6　减少研制工作量的策略和商业企业 ····································· 86
2.7　成本估算的准确性、不确定性和风险 ··································· 93
2.8　TRANSCOST 非经常性成本子模型的验证 ··························· 95
2.9　未来项目研究的 TRANSCOST 研制成本子模型应用 ············· 98

第3章　运载器和发动机的生产成本(飞行硬件的制造、集成和验证) ········· 107
3.1　生产成本基础 ··· 107
3.2　学习因子 p/产量影响 ··· 109
3.3　TRANSCOST 生产成本子模型 ·· 115
3.4　发动机生产的成本估算关系式 ··· 116
3.5　运载器系统的生产成本估算关系式 ··································· 122
3.6　生产成本影响、不确定性和风险 ·· 128
3.7　生产成本子模型的应用 ··· 129

第4章　地面和飞行操作成本 ·· 136
4.1　适用范围和定义 ·· 136

4.2	直接使用成本	138
4.3	整修和备件成本	155
4.4	间接使用成本	160
4.5	发射场成本（支持和管理）	163
4.6	使用成本不确定性和风险	165

第 5 章 每次飞行成本、主要成本影响因素及定价 … 166

5.1	每次飞行成本的定义	166
5.2	每次飞行成本的影响因素	173
5.3	发射服务成本和定价	181
5.4	不可靠性成本/保险成本	190
5.5	生产和研制成本分摊效应	195
5.6	每次飞行成本的计算和验证（阿里安 5-ECA）	198

第 6 章 单位质量运输成本、生命周期成本和月球任务成本 … 200

6.1	单位质量航天运输成本（SpTC）	200
6.2	运载系统的生命周期成本（LCC）	212
6.3	地球-月球货物运输成本	215

第 7 章 成本工程的应用实例 … 226

7.1	火箭发动机方案对系统研制和生产成本的影响	226
7.2	可重复使用运载器执行静地转移轨道运输的潜在成本降低	228
7.3	大型货运（SPS）运载器载荷能力的优化	230
7.4	候选运载器方案生命周期成本的经济性比较	231
7.5	水平起降有翼发射系统级间分离速度经济性优化	233
7.6	每次飞行成本——航空航天飞机的经济性（采用吸气式和火箭推进组合的单级入轨运载器）	236
7.7	太空旅游票务成本评估——运载器载客能力、单座价格和市场规模	237

参考文献 … 241

第 1 章 运载器设计和成本工程

1.1 运载器方案与设计准则

1.1.1 运载器历史与未来发展

世界航天运输系统的发展历程中出现过多种运载器方案和构型(见图 1-1),它们均为基于不同推进剂组合和发动机系统的一次性运载火箭,这些火箭最初来自军用导弹技术,如在德国佩内明德研制的第一型大型运载器 A4,后来研制的所有卫星运载器也都是一次性使用的。考虑到制造每发火箭所需的高昂成本和资源,而火箭仅使用大约 15 min 后就落入大海,可以说一次性是一种昂贵且浪费的方式,也不符合可持续发展原则。

因此,在过去数十年里,出现了大量关于可重复使用运载器的研究,从有翼的航天飞机到多级重型弹道式货运运载器,几乎所有的潜在方案都已被详细研究。

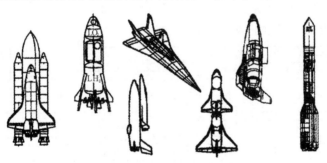

图 1-1 运载器系统构型

迄今为止,可重复使用的运载器还没有得到广泛应用,其主要原因是研发资金投入太大,即研发成本相对较高。也正因如此,美国航天飞机研究从可重复使用运载器变成后来的管理和预算办公室的妥协方案。尽管从海水中回收运载器或发动机并不太划算,但在 1994—1996 年期间,麦克唐纳·道格拉斯公司对 DC-X 运载器(见图 2-75 和图 2-76)进行的 12 次系列试飞,证明了弹道式运载器依靠发动机动力垂直着陆后可再次使用。

之后,美国太空探索公司(SpaceX)猎鹰-9 火箭以初始的"蚱蜢"试验,验证了一级返回和软着陆。美国空军于 2012 年同步发布了三项关于可重复使用(有翼)一级演示运载器新的研究方向,全尺寸运载器将在未来取代目前的宇宙神-5 和德尔塔-4 火箭。

考虑到航天运输的未来发展趋势,本书重点致力于可重复使用运载器的设计、技术和成本分析。可重复使用运载器不仅可以降低运输成本,还可以提高可靠性。

预期的成本降低基于以下事实:在目前的一次性系统中,发射总成本的75%~85%是运载器的生产成本,而对于具有25~100次的可重复使用运载器,该份额显著降低。在这种情况下,主要的成本份额是运营成本,详见5.1节。

未来,开发和利用可重复使用发射系统是必然选择,特别是对于未来月球和火星载人任务而言更是如此。

1.1.2 净质量分数对运载器设计和成本的影响

净质量 M_{NET} 是指主推进阶段结束时的运载器质量,是除推进系统比冲 I_{sp} 之外,影响运载器系统性能、规模和成本的最重要的设计参数。净质量取决于与可用推进剂质量相关的运载器规模,包括干质量 M_{DRY}、推进剂储备、蒸发和加压气体。

与可用推进剂质量相关的特定净质量取决于运载器类型、构型和规模。对于下列运载器,引入净质量分数(NMF)的概念:

(1)一次性运载器级(ELV);
(2)弹道式可重复使用运载器(RLV);
(3)有翼轨道飞行器(WOV);
(4)飞回式第一级运载器(FFBs)。

每种运载器详细图、表及其参考项目见相关运载器系统章节。

图1-2清晰地示出了不同类型运载器之间净质量的固有差异,即一次性运载器净质量最低,弹道式可重复使用运载器净质量较高,这是由于后者为多次使用,具有更高的安全要求以及需要为着陆回收携带推进剂。有翼轨道飞行器需要额外配置更复杂的机翼和空气动力学控制型面。飞回式第一级运载器是火箭飞行器(垂直发射)和飞机(具有巡航推进剂和跑道着陆能力)的组合,在所有的运载器中净质量最高。

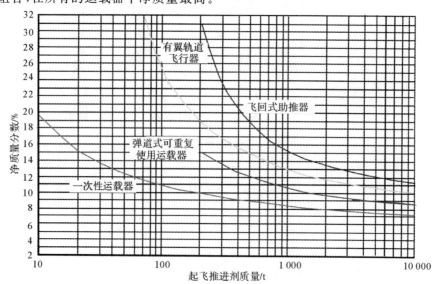

图1-2 净质量分数与运载器规模的关系(液氧/液氢推进剂,无人驾驶)

图1-2所示的NMF趋势组合不仅具有丰富的信息,还具有验证和改进原始单一图表的

另一个重要功能。随机分布的参考项目最终可能导致错误的趋势。图 1-2 比较了不同运载器 NMF 趋势的固有关系,所以较单曲线更加有效。

随着运载器规模增大,NMF 减小而有效载荷质量增大,这一点非常重要,促使我们在技术水平和运载器规模之间进行权衡。

1.1.3 推进系统对运载器设计和成本的影响

除运载器净质量分数外,第二个主要影响因素是推进系统类型和比冲(I_{sp})性能。比冲定义为单位质量的推进剂所产生的推力,即

$$I_{sp} = \frac{推力(N)}{推进剂质量流量(kg/s)}(s)$$

比冲取决于推进剂组合、氧化剂和燃料之间的混合比,以及燃烧室压力、燃烧效率和喷管面积比。

火箭推进系统可分类如下:
(1)固体推进剂火箭发动机,典型的比冲范围为 220～295 s;
(2)中等能量或常温推进剂发动机,比冲范围为 290～340 s;
(3)高能或低温推进剂发动机,比冲范围为 380～460 s。

以液氧液氢火箭发动机为例,将燃烧室压力、喷管面积比和燃烧效率对发动机设计的影响示于图 1-3 中,其中包括真空型发动机和有限喷管尺寸的一级发动机两类。

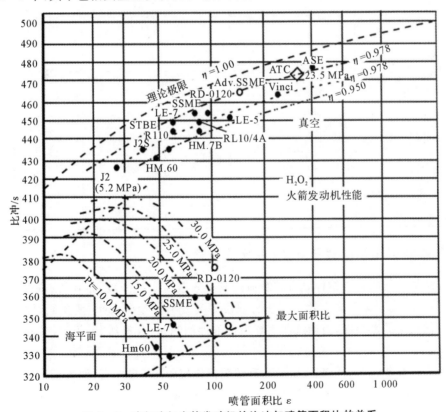

图 1-3 液氧液氢火箭发动机的比冲与喷管面积比的关系

大气压力,特别是在起飞条件下,限制了可采用的膨胀比和喷管尺寸,以避免不受控制的

流动分离。在上升过程中,比冲逐渐增加到真空状态值。吸气式发动机方案可用于重复使用飞回式第一级运载器,也可用于吸气式和火箭推进组合的先进航天飞机,因此,本书也讨论了吸气式发动机,其比冲的性能远高于火箭发动机(比冲高达 8 000 s),但产生单位推力所需的质量也要高得多,这抵消了其优势的一部分。

推进剂组合不仅决定了比冲,还决定了比密度、推进剂贮箱的体积,以及运载器(火箭级)的规模。表 1-1 列出了几种最重要的液体推进剂的密度和混合比。

由于液氢密度低,以其作为推进剂的火箭级体积大,质量也大,然而,由于其性能高,推进剂质量需求减少,抵消了其缺点的一部分。但对于相同的推进剂质量,液氧液氢所需的贮箱容积仍然是液氧煤油的两倍。因此,用于低温运载器的净质量分数比采用液氧煤油的运载器高约 50%,并且研发成本更高。尽管如此,但由于液氧液氢运载器的性能优越,因此在许多情况下它们仍有更高的成本效益。

表 1-1 液体火箭推进剂特性

氧化剂名称	氧化剂密度 g/cm^3	燃料名称	燃料密度 g/cm^3
液氧(O_2)	1.14	液氢(液氢)(H_2)	0.071
四氧化二氮(N_2O_4)	1.57	煤油(RP-1)	0.80
过氧化氢(H_2O_2)	1.45	偏二甲肼	0.79
		肼(N_2H_4)	1.00
		甲烷	0.42
推进剂组合	混合比 r	密度 g/cm^3	比冲/s (海平面/真空)
液氧/液氢	5.0	0.32	390/450
	6.0	0.36	380/440
液氧/煤油	2.56	1.02	270/330
液氧/甲烷	3.4	0.58	270/330
四氧化二氮/肼	1.34	1.22	270/330

1.1.4 有效载荷比和运载器规模(总起飞质量)

反映运载器性能的最佳指标是有效载荷比或有效载荷质量分数,即有效载荷质量与起飞质量(GLOW)之比,运载器的有效载荷能力取决于其发射质量(总起飞质量)、设计(构型)和技术水平。运载器的复杂性,由运载器主要组成部件的数量(火箭级、助推器、发动机)和技术标准来定义。

对于小型运载器(100 t 级起飞质量),有效载荷比仅为 1.5% 左右;而大型运载器,如土星 5 或新型航天发射系统(SLS,起飞质量为 2 800 t)大约为 4.5%。如图 1-4 所示,一次性运载器的近地轨道(LEO)有效载荷比随着运载器起飞质量的增大而增大,上面级采用液氧/液氢比采用可贮存或中等能量推进剂性能更高。

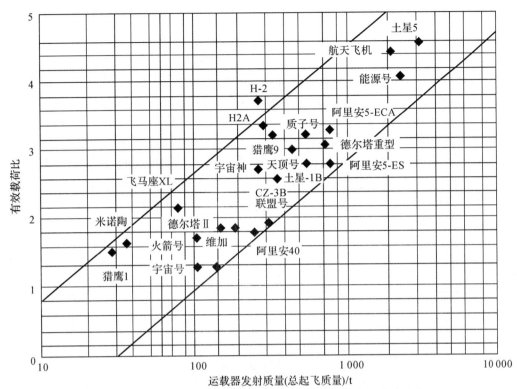

图 1-4 一次性运载器的 LEO 有效载荷比与运载器发射质量的关系

一次性和可重复使用弹道式运载器的有效载荷质量分数之间的比较如图 1-5 所示。对于采用相同性能的推进系统,由于可重复运载器固有净质量较高,其有效载荷低于一次性运载器,但是因运载器可再次飞行,其使用成本仍然较低。

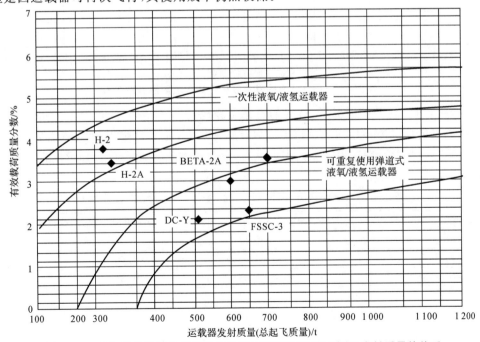

图 1-5 LEO 任务的有效载荷质量分数与运载器(液氧/液氢)发射质量的关系

采用高性能低温上面级的运载器可以实现更高的有效载荷比。阿里安5系列火箭很好地体现了这一点：对于LEO任务,采用小型常温推进剂上面级(阿里安5-ES),有效载荷比仅为2.8%;采用低温第三级(阿里安5-ECA),有效载荷比达到3.9%;采用新型更大的第三级和新的芬奇发动机(阿里安5-ECB),有效载荷比可能达到4.3%。采用半人马座的宇宙神Ⅴ和日本H-2A运载器同样如此,采用两个液氢级的日本H-2和H-2A火箭性能最好,但是由于使用固体助推器,其性能有所降低。

图1-6显示了执行静地转移轨道(GTO)任务的若干运载器的有效载荷质量分数,可以看到,有效载荷比与运载器规模的趋势是相同的,但还附加发射场位置的因素。由于采用相对较重的上面级(微风-M),质子号运载器的性能相对较差,上面级用于执行近地点以及具有45.6°平面变化机动的远地点点火,通过采用微风级中间转移轨道(包括长时间的转移轨道提升),以及随后卫星自身在36 000 km高度嵌入远地点轨道,改善了其性能。

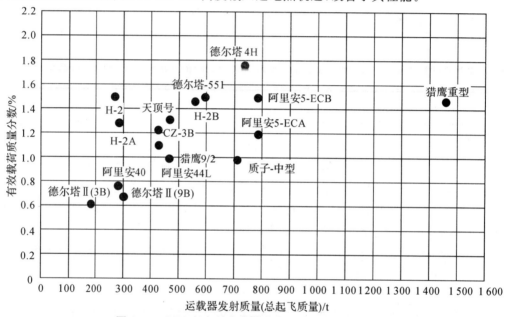

图1-6 GTO任务的有效载荷分数与发射质量的关系

然而,在GTO任务的情况下,最终的轨道是静地轨道(GEO),倾角为0°。由于转移轨道平面取决于发射场位置,除了GEO轨道远地点脉冲之外,还需要在36 000 km高度的远地点进行倾角转移。只要不在赤道上或其附近发射,运载器的运载能力总会有所损失。进行倾角转移机动所需的代价见表1-2。

表1-2 GEO发射场地(地理纬度)导致的有效载荷减损

发射场	纬度/(°)	速度增量需求/(m·s⁻¹)	质量比	GEO质量/(%)
赤道	0	1 477	1.65	60
库鲁	5.2	1 502	1.68	59
卡纳维拉尔角	28.5	1 832	1.84	57
西昌	28.3	1 830	1.84	57
种子岛	31.2	2 140	1.90	53
拜科努尔	46.5	2 450	2.27	44

1.2 成本工程与定义

1.2.1 作为现代设计范式的成本工程

1.2.1.1 引言

在最初的几十年里,运载器设计的原则是:性能最高且质量最低。只要火箭发动机性能一般,并采用传统的材料和结构,运载器性能自然受到限制。现在这一观点发生了改变,最大可能地减重或提高性能成为一种昂贵的方法。未来运载器不再是关乎国家荣誉的项目,而只是商业使用和国际竞争的一部分,需要优先考虑当前和未来最低成本。"成本工程"是现代运载器设计和工程的主要关注点。

最初,几乎没人关心运载器成本,例如,土星计划或欧洲ELDO Ⅰ/欧洲Ⅰ火箭的研制就是如此。第二步是遵循"定成本设计"规则,意味着成本要保持在事先确定的预算内。第三步是"成本工程",目标是实现最低成本的运载器设计理念,这意味着每一个技术决策必须以成本作为设计准则。例如,使用较少的先进技术、现成的组件以保证研制成本较低(风险较低),同时也使制造成本更低。

现将运载器的研制历史归纳如下:

(1)第1阶段:运载器设计,没有具体的成本要求。
范式:优化性能、技术。
典型合同类型:成本加(成本)百分比费用。
(2)第2阶段:定成本设计(在一个给定的最大研制成本预算内进行设计)。
范式:满足性能要求。
典型合同类型:成本加固定费用。
(3)第3阶段:成本工程(研制成本最低或运载器成本及其使用成本最低)。
范式:成本效益/经济性。
典型合同类型:成本加激励酬金。

成本工程不仅需要专业技术设计知识,而且需要具有判断、了解成本问题和成本驱动技术的能力。遗憾的是,没有一所大学教授成本工程。成本工程不应该和成本核算程序、数据报表混为一谈,其意义远大于此。

认识成本工程的第一步是理解其重要性,以及树立争取运载器成本最优方案和设计的紧迫意识;第二步是熟悉其原则和潜力,这就意味着要使用成本数据库和参数化成本模型(如TRANSCOST)。

重要的是,与传统方法论截然不同,成本工程在运载器设计过程一开始就启动成本分析,而不是在详细设计后才进行。传统的"自下而上"的成本估算,要详细计算每一个部件、每一个过程的成本,既昂贵又费时,而且可能导致得出的总成本高得离谱,然后整个过程推倒重来。TRANSCOST模型基于已有的丰富经验,可在概念设计阶段即进行精度足够高的成本估算,进而指导系统的设计方案决策。

1.2.1.2 成本工程和分阶段项目规划(PPP)

航天运输系统的标准实施流程是"分阶段项目规划",代表性阶段如下:

（1）A 阶段之前：以成本工程的方法，定义理念、合理性和市场，以及可能的运载器方案，以选择最经济的方案。

（2）A 阶段：运载器设计方案和系统分析。应用成本工程追求设计经济性最大化，如确定运载器最优规模（见 1.2.1.3 节）。

（3）B 阶段：细化系统设计，确定参数和研制计划。细化成本估算（建议稿）。运用成本模型验证建议稿自下而上的成本估算。如果需要和可能，则进行技术预先研究。

（4）C 阶段：子系统、系统研制与运载器集成验证。运载器启动生产和首次（或首批）飞行试验。

（5）D 阶段：即生产阶段，运载器部件和完整运载器的连续生产、集成和验证。

（6）E 阶段：（商业）发射使用。

（7）F 阶段：系统淘汰，任务废止（如适用）。

在 A 阶段运用成本工程是最重要的，因为所有对成本和经济性（并据此影响项目的成功）有重大影响的决策都是在这个早期阶段做出的。如果错过该阶段，当研制成本增长或出现竞争性的每次飞行成本问题时，则在后续阶段（阶段 C 或 D）"努力"降低成本极其困难。

B 阶段的作用是验证详细的成本规划或建议的开支。如果自下而上成本估算结果和成本模型结果相差太大，那么有可能是成本计算中出现错误，或者存在其他合理的理由导致偏离预期标准。

1.2.1.3 成本工程原理及应用

在给定的有效载荷要求下，根据发射质量与干质量的关系，存在一个最佳规模的运载器方案。采用大量先进材料、工艺、子系统和部件，可以降低干质量，但这通常会导致研制成本和生产成本升高。另外，对于一个非常传统的、技术含量低的运载器设计，干质量会相当大，运载器也更笨重（见参考文献[133]，TRW 公司，1973 年），这可能会降低研制成本，但会增加每次飞行成本。这种低技术的方法在过去已提出过几次，但从来没有成功地实现过。

成本的趋势可理解为每次飞行成本，包括研制成本分摊与干质量的关系，如图 1-7 所示。采用低技术方法造成干质量和起飞质量较高，这会导致成本增长，同样地，采用高技术方案得到较低的干质量和较低的起飞质量，也会使成本增长，而最佳值应在两者之间。欧洲航天局（简称"欧空局"）最近的一项研究（见参考文献[168]），通过对 4 种现有的不同运载器的成本分析证实了这一结论（见图 5-6）。

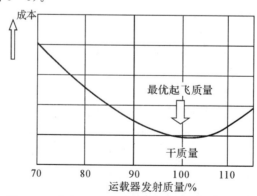

图 1-7 基本成本趋势与运载器发射质量的关系

成本工程方法追求最低成本而不是最小质量，这与成本模型中成本估算关系式通常与干质量相关的事实并不矛盾。假定任何规模的运载器采用相同的技术标准,有效载荷会随着运载器干质量增加而增大。

成本工程的另一个任务,是在可重复使用运载器早期设计阶段,考虑可维护性和整修要求。这意味着不仅要关注所有组件(包括推进剂贮箱)的可检测性和互换性,也要关注这些操作的设计特点,对于性能过设计的火箭发动机,在低于额定(最大)推力的 5%～8%量级下工作,可以提高发动机的设计寿命和可靠性。原则上,更高的推力量级似乎会增加研制成本,但其固有的更高的可靠性与降级工作的推力量级又可以减少发动机鉴定点火次数,从而降低研制和鉴定的总成本。

成本工程更深层次的应用领域是新技术验证,在昂贵的技术研制项目投资之前,应该先确定新技术能否带来更高的成本效益。三组元火箭发动机、飞行中的空气液化方案就是反面案例,原本以减少发射质量为目标,但实际上非但没有降低成本,还导致了更高的复杂性和风险。

1.2.2 成本估算和成本模型工具

1.2.2.1 成本估算的问题

新项目的成本预估必须根据以往的经验,然而可靠的成本数据少之又少,且在大多数情况下这些数据是保密的,如果公布通常也没有详细界定范围。即使是在同一家公司内,由于合同和管理的复杂性,包括变更、修改和附加合同,也难以恢复过去项目中的成本数据。

要进行认真的成本分析和成本估算,就必须清楚关键成本区域之间的区别,因为它们有不同的特点。这些成本区域如下:

(1)研制成本(非经常性成本);

(2)生产或制造成本;

(3)直接和间接的使用成本(包括可重复使用运载器和发动机的整修成本)。

建立一个成本公式或成本估算关系式是比较容易的,但如果没有得到已完成项目的验证,则意义不大。参考项目数量越多,成本估算关系式就越可靠。

成本模型主要基于已实现项目的统计成本数据。因此,在 1970 年之前,土星运载器要素成本尚未建立,没有一个可用的发射系统实际成本模型。然而,早在 1962 年,尤金·桑格尔教授编写了关于航空(有翼)和弹道式运载系统之间的成本比较的资料(见参考文献[129])。他认识到了研制成本、生产成本和地面操作成本的主要成本区和不同之处。他也认识到,研制和生产成本取决于构件的质量,但成本增量又基本上与质量增量成比例。根据美国国家航空航天局(NASA)的合同,洛克希德·马丁公司于 1965 年编制了《运载器部件的成本研究》,在此基础上,B. C. Rush 等人(见参考文献[132])建立了运载器的设计和成本的非线性规划模型。

现有可用于不同特性运载系统的成本模型很少,且采用了不同的方法。航空航天集团运载器成本模型(见参考文献[130])和 NASA 马歇尔航天飞行中心工程成本模型(见参考文献[27]),是部分或完全保密的。柏林技术大学(见参考文献[131])也有 TRASIM 模型。除这些针对具体运输型号的模型外,还有更通用的成本模型,如商业 PRICE-H 模型,以及美国空军和 NASA 的 NAFCOM 成本模型,这两个模型的数据库都是保密的。以上所有模型均基于子系统,需要详细设计运载器来确定子系统质量值。

与之相比,TRANSCOST 模型是基于系统的模型(不需要除发动机外的其他子系统的数据),将成本估算关系式的每个参照项目都示出了。表1-3描述了成本模型与其主要特点的研究结果,具体在下面章节中讨论。

表1-3 参数成本模型的比较

	PRICE-H	TRANSCOST
继承性/成本估算关系式	组件、模块	运载器系统、发动机
强调项	制造成本	运载器成本和每次飞行成本
成本数据类型	研制成本、生产成本	研制成本、生产成本、整修成本、使用成本、每次飞行成本
数据库	保密	参考数据可见
应用	商业、军事和航天项目	运载器系统

1.2.2.2 PRICE-H 模型(PRICE 系统全生命周期成本)

PRICE-H 模型是马克·H. 布尔迈斯特(Mark H. Burmeister)在新泽西州普林斯顿的 RCA-大众机构建立的,其依据并建立在组件级别的基础上,更多来自电子黑盒的成本预估,在此基础上扩展到卫星系统,并被用于军事系统、飞机和航天系统。这是一个非常通用的成本模型,并不专门用于航天系统或运载器。

PRICE-H 模型的特点之一是其商业性质,这意味着成本数据库保密而未公开,该模型运用了大量的"乘积因子"。

(1)基本平台值,PLTFM=1.0~2.5(运载器,在1.7和2.3之间);

(2)工程复杂因子,ECMPLX=0.2~3.1(设计标准和团队的经验相结合);

(3)制造复杂性因子,MCPLXS。

必须根据以往成本类似的已知项目,选取基本平台值。PRICE-H 模型的概览表没给出运载器的专用值,只有用于"航空航天"和"航天器"的1.6~2.5的范围。另一个定义基本平台值的方法是乘以一系列"产品需求"分值(200~300分)和"环境条件"分值("无人航天"为9~10分)。PRICE-H 模型不研究地面成本、使用成本、每次飞行成本和全生命周期成本。

1.2.2.3 SEER-H 模型(Galorath 公司,英国,见参考文献[170])

硬件和电子系统的评估和资源估算模型 SEER-H 是一种基于参数和类似成本估算方法的混合决策支持工具。该模型用于估算新开发项目的总成本,以新的机械、电子、结构和液压系统为评估对象,确定其研制、生产、运营、支持和维护的进度和成本,实现项目的准确评估和规划。

SEER-H 在项目初始阶段非常有用,其提供了与新项目生产和维护相关的工作量,以及成本、人员配备、上市时间、可靠性和风险的早期评估。关键输入包括质量、数量、材料种类(见参考文献[88])等项目范围信息,包括流程和位置,以及项目复杂性、技术和性能预期。

模拟建模的基础,基于源自广泛的项目历史、特性模型和指标的复杂性的行业特定数学模型。采用两阶段方法:第一阶段是在感兴趣的项目与当前详细且不断更新的成本、程序以及技术信息数据库之间进行类比。第二阶段是使用成本估算关系式来比较类比阶段的结果,应用特殊衍生的行业和公司特定因子和乘子。

SEER-H界面为用户提供现有的项目模板,可以为每个特定项目进行定制、修改或校准。特定行业的复杂性和乘法因子也通过专用的"知识库"功能内置于可比项目中。这有助于利用非常有限的信息实现快速初始估算,之后随着更多的信息而逐步更新和改进。

该成本模型不涉及运营成本。

1.2.2.4 NASCOM模型

根据参考文献[144],有一个数据库被广泛用于美国的NASCOM模型,该数据库包括100个无人航天器的组件、子系统和系统级的技术方案数据,涉及8个无人航天器、11种运载器子级和3种火箭发动机,然而最大的数据信息在仪器仪表领域,其中包括366种科学仪器。

NASCOM模型一个重要的特点是,在一些成本估算关系式中,考虑了生产力的提高与时间的关系,然而,由于航空电子领域(和软件)功能要求和能力的日益增长,有不同的成本趋势。

1.2.2.5 TRANSCOST模型

TRANSCOST模型作为运载器专用的系统模型,由Dietrich E. Koelle以其博士论文的形式建立于1971年,经过几个阶段的完善和扩展,形成了实用的7.3版本。该模型不仅在欧洲和美国,而且在俄罗斯、中国、日本和印度使用。世界各地的主要航天机构、航空航天公司,已订购了超过400份的TRANSCOST版本6和版本7,其可能是在航天运输领域使用最广泛的成本模型。

相比前面所描述的成本模型,TRANSCOST模型的主要特点如下:

(1)唯一专用于航天运输系统的国际成本模型。

(2)基于对52年间(1960—2012年)运载器和发动机成本数据的全面收集并不断更新。该模型显示了用于每个成本估算关系式的参考项目,提供了独特的基本成本数据可见性。用于推导成本估算关系式的数据库包括86个国际运载器和发动机项目,制造成本的估算关系式基于90个参考项目。

(3)不仅是成本估算方法的代表,还被认为是成本工程的工具。该模型致力于运载器研制、制造和运营成本,并设想能够执行运载器设计的成本优化,包括一次性运载器和可重复使用运载器。

1.2.3 成本工程的应用

"成本工程"是现代航天运载器以最小研制、使用成本为目标的优化范式。这与过去以性能优化(最大有效载荷或最小发射质量)为目标的运载器范式不同,过去这种范式可能会得出价格昂贵、无竞争力的方案。

具体来说,成本工程的任务和应用结果是得到一个经济的运载器设计方案,包括以下选项:

(1)对于给定的有效载荷,在早期的设计阶段,从几个潜在的选项中,选择最经济的运载器概念,强调使研制成本、每次飞行成本,或生命周期总成本最低。

(2)在给定的项目范围或生命周期的情况下,确定经济性好的运载器有效载荷能力,这与每年发射数量相关。

(3)在传统和先进技术应用之间权衡后,选出最佳的运载器规模(发射质量或起飞质量)。在一些领域采用传统技术使发射质量增大,但可以降低研制和制造成本。先进技术只有经过验证,并且被证实成本效益佳的情况下才能使用。

(4)在最小的研制成本下选定最佳的火箭发动机推力量级和验证策划(试车次数)。发动机5%过设计,对应95%的推力量级工作,可以减少所需的可靠性鉴定试车次数,从而降低研制和鉴定总成本。

(5)评价现有的子系统、组件和发动机适应新运载器的可行性,若尺寸不合适,则需要改进,而不是盲目地从头开始新的研制。

(6)对于任何运载器方案,定义每次飞行成本和年发射率影响分析,是估计直接和间接使用成本的最重要的准则。

(7)对于任何商业计划,以有运量、飞行频次与市场规模等确定太空旅游运载器的单座成本。

(8)定义可重复使用运载器的最佳飞行总数,考虑运载器成本分摊及随重复飞行次数增加而增加的整修成本。

以上只是一部分例子,可以设想,还有如前面提到的一些额外应用(进度的影响和/或项目组织和管理、发射率的变化等的成本影响)。第7章将给出使用TRANSCOST模型进行工程成本分析的范例。

1.2.4 成本项的定义

本书使用的成本项及其定义见表1-4。

表1-4 成本项及其定义

成本项	定 义
制造成本	运载器元素的制造、质量保证和工程支持成本
生产成本(经常性成本)	运载器制造、集成和验证(测试)成本
研制成本(非经常性成本)	系统研制成本,包括运载器首飞试验成本
地面操作成本(直接操作成本)	地面运输、推进剂及其加注、气体、飞行和任务操作费用及保险的费用
商业化成本(间接运营成本)	计划行政管理和系统管理、营销和合同、技术系统支持和设施维护
生命周期成本	在一定时期内的研制成本加上假定发射次数的使用成本
单位质量运输成本	使用成本除以运载器有效载荷能力(LEO、GTO或GEO)
发射服务费用	基于但与使用成本不同,按原产国的WYr成本差异和适用的汇率
WYr(工作·年)成本	与所需的有效工作小时数相关的航空航天业平均工作量(不受通胀和汇率波动影响)
保险费用	保险费,用于支付使用成本,并在发射失败时赔付一年的卫星业务费用

1.2.5 缩写词/词汇表

ABM	远地点主推进系统（或模块）
AFB	空军基地（美国）
AMLS	先进的载人发射系统
ATE	先进技术发动机（欧空局研究）
AU	欧洲货币单位
BAU	传统模式（政府合同）
BoM(BoL)	任务开始（生命周期开始）
CCC	碳/碳复合材料
Cers	成本估算关系式
CES	乘员救生系统
CEV	乘员游览运载器
CFRP	碳纤维复合材料，碳纤维增强塑料
CL	置信水平
CLV	乘员运载器（战神）
CNES	国家航天研究中心（法国航天局）
COMSTAC	商业航天运输咨询委员会
COTS	现成的，货架式的（元素）
COTS	商业航天运输服务
CpF	每次飞行成本
CRV	乘员返回飞行器（猎户座）
CSTS	商业航天运输研究
CTC	结束时成本
CTV	乘员转移飞行器
CZ	长征（中国运载器）
DDT&E	设计、研制、测试和评估
DLR	德国航空航天中心
DOC	直接使用成本
DOD	国防部（美国）
ECU	欧洲货币单位
EDS	离地级
ELDO	欧洲运载器发展组织
ELV	一次性运载器
EPS	一次性近地点级

ESA	欧空局
ETO	地球到轨道
Euro	欧洲货币单位(以前为 AU、ECU)
FESTIP	未来欧洲航天运输研究计划
FFP	企业固定价格(合同)
FSSC	Festip 航天系统方案
F/W	推质比
FY	财政年度
GEO	静地轨道
Gg	吉克(= 1 000 t)
GLOW	起飞质量
GNC	制导、导航与控制
GSLV	地球同步卫星运载器(ISRO)
GTO	静地转移轨道
HMS	健康监测系统
HRST	高水平可重复使用航天运输
HTO(L)	水平起飞(降)
ILS	国际发射服务
IOC	间接使用成本
IOC	初始使用能力
IRBM	中程弹道导弹
IRR	内部收益率
ISAS	空间和宇航科学研究院(日本)
I_{sp}	比冲
ISRO	印度航天研究组织
ISRU	原位资源利用
ISS	国际空间站
JAXA	日本航空航天探索局(前宇宙开发事业团)
kN	千牛
KSC	NASA 肯尼迪航天中心
LACE	液态空气收集和提纯
LaRC	NASA 兰利研究中心
LCC	生命周期成本
L/D	升阻比
LEO	近地轨道

LF	学习因子
LFBB	液体推进剂飞回式助推器
LH$_2$	液氢
LLO	近月轨道
LLV	月球着陆器飞行器
LOC	乘员损失
LOM	任务失败
LOX	液氧
LpA	每年发射数量(发射率)
LSAM	月球表面进入模块
LTV	月球转移飞行器(近地轨道—近月轨道-近地轨道)
Mg	1 000 kg、1 t、10^6 g
MTBO	平均大修间隔时间
MTBF	平均故障间隔时间
MYr	人·年(工作量),也写作"人年"
NAFCOM	美国国家航空航天局空军成本模型
NAL	日本国家航空航天实验室(2003年前)
NASA	美国国家航空航天局
NASDA	日本宇宙开发事业团(2003年前)
NASP	美国国家航空航天飞机
NMF	净质量分数
NMF*	净质量分数(不含发动机)
NPV	净现值
NRC	非经常性(研制)成本
N·s/kg	比冲单位
OAM	轨道调整模块
OMB	管理和预算办公室
OMS	轨道机动系统
ORU	变轨装置
OTV	轨道转移飞行器
OWE	使用空重
PPP	阶段性方案规划
PSLV	极地卫星运载器(ISRO)
RBCC	火箭基组合循环
RCS	反作用控制系统

RLV	可重复使用运载器
ROI	投资回报率
RPS	可重复使用近地点级
RSC	整修和备件的成本
RSRB	可重复使用的固体助推器
SL	海平面
SRB	固体火箭助推器
SOC	太空操作中心(低轨)
SPS	太空电站
SpTC	单位运输成本
SRM	固体推进剂发动机
SSME	航天飞机主发动机
SSPS	太空太阳能电站
SSTO	单级入轨(运载器)
STA	结构测试运载器
STS	航天运输系统
TCS	TRANSCOST 系统公司
TFU	理论第一单元(生产计划)
TPS	热防护系统
TQF	技术品质因子
TR	技术报告
TRASIM	交通仿真模型
TRL	技术成熟度
TSTO	两级入轨(运载器)
USAF	美国空军
VAB	运载器装配大楼
VEB	运载器仪器舱
VHM	运载器监控监测
VRC	运载器经常性成本(单元生产成本)
VTHL	垂直起飞,水平着陆
VTOL	垂直起降
WTS	有翼两级系统
WYr	工作·年(工作量),也写作"工作年"

1.3　TRANSCOST 模型

1.3.1　模型的历史和背景

TRANSCOST 模型用于航天运输系统的成本估算和优化（基于原著作者于 1965—1970 年间，在德国慕尼黑技术大学撰写的题为"空间系统研制和生产的统计分析成本模型"的论文）。1971 年 7 月，该著作首次出版，英文版发表在德国《空间研究》杂志［文献［1］，之后作为欧空局报告 TT-4（1973），俄文版发表在《导弹技术问题》杂志（1972 年 12 号），中文版为 6.1 版本，于 1997 年由中国航天技术研究院（CAST）编辑（400 份）］。

1972 年 1 月 10 日，NASA 华盛顿总部，沃纳·冯·布劳恩（见图 1-8）来信对原著作者表示祝贺，认为这是一本有创意、深刻和简洁的著作。格鲁曼公司的拉里·米德 V.P. 先生在引用时说，"这是我所看到的对过去计划最全面的分析"（1972 年 10 月 27 日信件）。

图 1-8　原著作者（时任 MBB 航天分部先进航天系统和技术主任）
在奥托布伦拜会沃纳·冯·布劳恩博士

TRANSCOST 模型第二阶段的主要工作是 1974—1978 年间所做的分析工作（见参考文献［3］和［4］，重要的是，这是对未来可重复使用运载器使用成本的首次建模）。

TRANSCOST 模型版本的演化，是其成长过程的最好见证，具体如下：

1971 年 1.0 版；

1980 年 2.0 版；

1982 年 3.0 版(41 页)；

1983 年 3.1 版；

1988 年 4.0 版(60 页)；

1991 年 5.0 版(83 页)；

1993 年 5.1 版；

1995 年 6.0 版(143 页)；

1997 年 6.1 版；

1998 年 6.2 版；

2000 年 7.0 版结合进"手册"(227 页)；

2003 年 7.1 版手册修订版 1(264 页)；

2007 年 7.2 版手册第 2 版(276 页)；

2010 年 8.0 版手册第 3 版(270 页)；

2011 年 8.1 版手册修订版 3A(269 页)；

2013 年 8.2 版手册修订版 4(264 页)；

政府"传统模式"合同是 TRANSCOST 模型的基础，但最新版本已扩展到了商业可重复使用运载器(RLV)的研制。

1.3.2 TRANSCOST 模型的应用

采用分析成本模型可在系统级别进行成本估算，它是确定经济高效的航天运输系统的重要设计工具。如图 1-9 所示，自上而下的成本估算代表了设计周期的第一阶段，并没有取代之后详细的子系统成本分析或自下而上的成本分析。因此，为实现此目的，必须选择和确定不同的运载器子系统，这就需要大量的工程分析。由 TRANSCOST 模型提供的系统级成本估算关系式的自上而下分析，可避免非最佳运载器的详细且昂贵的子系统分析过程。只有在确定了成本最佳的运载器概念之后，才能作为第二设计阶段进行这项工作。专门针对确定子系统的工作，将被作为运载器详细的成本建议(自下而上的成本估算)基础。之后，"自上而下"分析成本估算的结果也可以用于验证自下而上的详细估算，反之亦然。

TRANSCOST 模型提供的运载器初始概念初步成本估算能力，是运载器概念选择的有效方法。我们可以在研制、生产和运营成本方面比较不同的概念，并根据成本优先级进行合理选择，即选择最小的研制成本、每次飞行成本(使用成本)或生命周期成本。

如图 1-9 所示，TRANSCOST 模型的第三个主要应用是对建议成本的验证：在根据子系统和活动成本进行详细的成本估算之后，成本估算结果不应该低于 TRANSCOST 预测结果的 20%，否则可能会漏掉一些因素。由于 TRANSCOST 模型的结果基于实际成本(包括研制成本、通常的技术变更和延误)，因此成本比正常建议成本高出 15%～20%。

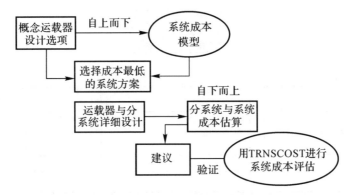

图 1-9 成本估算的双重作用：用于运载器概念选择和自下而上的成本核算

1.3.3 TRANSCOST 模型的具体特点

对于确定一个具有成本效益高、经济性好的航天运输系统，采用分析成本模型对系统级进行成本预估是一个重要的步骤。模型（此模型可用于确定成本最优的未来航天运载器）特征概括如下：

(1) 用于航天运输系统和发动机最初的方案设计阶段。

(2) 是一个系统模型，并不试图深度涉及子系统（适度关注发动机除外），因为这在运载器最初的设计阶段是不适当或不可行的。

(3) 是一个透明开放的模型，用图形显示引用的数据点，而不是一个保密的计算机数据库。

(4) 建立在一个全面数据库的基础上，收集了 1960—2012 年间（超过 52 年），来自美国、欧洲和日本的航天器及发动机项目。

(5) 按照设想，其既可以用于传统运载器设计，也可用于先进航天运输方案设计（可重复使用）。

(6) 为使从不同公司得到的成本数据在国际上是有效的，并独立于通货膨胀和货币汇率波动等其他因素引起的年度变化，使用工作年（WYr）作为成本单位。

(7) 参考项目的成本数据偏差在 $\pm 15\% \sim \pm 20\%$ 范围内，被认为可能是精度最好的历史成本数据回归。

图 1-10 所示为 TRANSCOST 模型，TRANSCOST 研制成本数据库包含 86 个运载器系统和发动机项目，先进的可重复使用运载器的成本关系式包含 22 个先进系统的详细研究。制造成本的估算关系式基于 90 个运载器系统和发动机项目。

由 TRANSCOST 模型的成本估算关系式推导出的成本值，依据的是高效的工业研制和生产成本。因此，作为价格必须考虑 $5\% \sim 12\%$ 的正常利润率，但是特别奖励费就需要另外考虑。

采用 TRANSCOST 模型成本估算或预测的准确性完全取决于用户的细心程度和技术判断能力，考虑到成本估算关系式的数据，以及此模型描述的所有成本的其他影响因素，成本预测应该是很真实的。

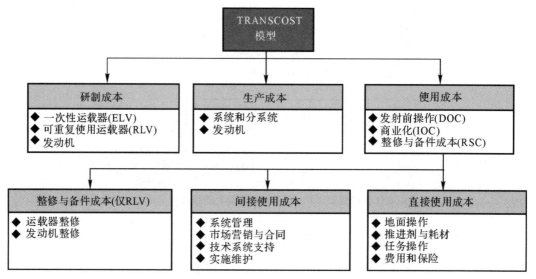

图 1-10 TRANSCOST 模型的独特功能是用于可重复使用运载器(RLV)
运营成本和研制成本估算关系式（设计者：O. Trivailo）

1.3.4 成本模型结构和元素

TRANSCOST 模型由 3 个相互关联的子模型构成,在航天运输业务中考虑以下 3 个不同的成本区：

(1) 研制成本子模型；

(2) 运载器生产、集成和验证成本子模型；

(3) 地面和飞行操作子模型。

模型结构的优点是,可在 3 个区域分别或结合使用进行成本评估,这取决于具体的应用情况。

细分的三个子模型如图 1-11 所示,已证明其可灵活应用于前面提到的不同应用需求,子模型(1)和(2)的模型组织是具有类似特点的不同技术系统。在 TRANSCOST 模型的研制成本子模型中,这些子模型组已从上一版本的 10 个扩展到现在的 13 个不同的发动机和运载器种类,具体如下所述。

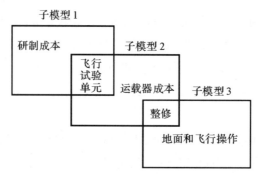

图 1-11 TRANSCOST 模型的基本结构

技术研制系统分组(成本估算关系式)如下：

名称	代码
(1)固体火箭发动机	ES
(2)泵压式液体火箭发动机	EL
(3)挤压式火箭发动机	EP
(4)吸气式涡轮和冲压发动机	ET
(5)固体火箭助推器	VR
(6)推进系统/模块	VP
(7)一次性弹道式火箭运载器	VE
(8)弹道式可重复使用运载器	VB
(9)有翼轨道火箭飞行器	VW
(10)水平起飞一级飞行器/先进飞机	VA
(11)垂直起飞一级可飞回火箭飞行器	VF
(12)载人返回舱	VC
(13)载人航天系统	VS

对发动机进行特殊处理是必要的，因为运载器(级)有不同数量的发动机，这些发动机可能是现成的，或在现有的发动机的基础上改进，或者需要重新研制。

对于单元生产成本模型[子模型(2)]，8项具体的"技术生产体系组"，以特定的成本估算关系式定义，以用于不同的发动机和运载器选项：

名称	代码
(1)固体推进剂火箭发动机	ES
(2)泵压式液体推进剂火箭发动机	EL
(3)吸气式涡轮冲压发动机	ET
(4)推进模块	EP
(5)弹道式运载器(一次性及可重复使用)	VE
(6)高速飞机/有翼第一级	VA
(7)有翼轨道飞行器	VW
(8)载人航天系统	VS

对于研制和生产领域中的每个技术系统，已经推导出了一个特定的成本估算关系式，其中大部分与质量相关，其基本形式为

$$C = a \cdot M^X$$

式中：C＝成本；a＝特定系统常数；M＝质量；X＝特定系统成本对质量的敏感性因子。

地面和飞行操作子模型的成本结构是根据活动类型设计的，具体包括以下方面：

(1)发射前地面操作。

(2)发射和飞行操作。

(3) 地面运输和回收。

(4) 推进剂、气体和材料。

(5) 项目管理和系统管理。

(6) 技术系统支持。

(7) 发射场和监控成本。

1.3.5 数据处理和成本估算关系式推导

建立一个有效的成本模型,关键在于仔细确定成本估算关系式。TRANSCOST 模型采用的方法如图 1-12 所示。其中,第一步是建立一个正确且足够大的数据库。必须对原始成本数据的有效性和覆盖时间段进行评估,然后将实际成本转换为合适的 WYr 值,以使不同时期和不同国家的项目具有可比性。

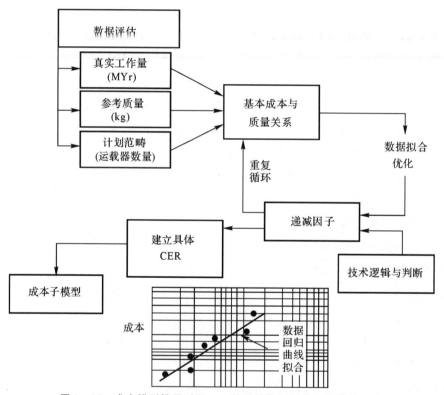

图 1-12 成本模型推导过程——从原始数据到成本估算关系式

从一组类似特定系统的成本与质量关系式看,两个关键因素,即 a 和 X 是可以确定的。通过使用 Excel 程序,自动得出"最佳"的结果。这种评价还必须考虑排除极端的参考值,如果造成过高或过低成本的原因尚不清楚,那就考虑"第一型"项目增加的成本(平均高于基准值约 25%)。

然而,对于研制成本估算关系式,这个过程是不足以得到所需的参考数据范围(±20%~

±25%)的,对于研制成本子模型的成本估算关系式,需要引入3个递减因子:

(1) f_1 为技术研制状态因子(发展水平因子),与其他类似项目的状态相关(第一型等);

(2) f_2 为技术品质因子,主要是为每个系统固有的技术参数设置的;

(3) f_3 为团队经验因子,根据团队以前类似项目的经验确定。

对于生产成本模型,"学习因子"必须考虑,f_4 为量产的成本降低因子。

以上因子数值范围的定义和应用将在3.2节描述(单元生产成本、学习因子 p 或生产数量的影响)。

1.3.6 成本与质量的关系以及质量裕度

大多数成本估算关系式与系统或单元的参考质量相关。然而,这并不意味着成本与质量成正比。实际情况复杂得多。一些情况下,质量轻意味着更高的成本,例如采用先进技术来减轻质量,这可以用"技术品质因子"考虑。

另一个问题是运载器系统或单元质量的低估,这是先进项目在初步设计阶段不可避免的,与安全设计余量或计算精度不足无任何关系。但大量增加辅助项,会在详细设计阶段增加额外的要求。

由于质量低估会自动导致成本低估,需要根据研究阶段,在每个项目质量估计的基础上附加5%~20%的质量裕度,如表1-5所示。

这个问题可以通过历史事实说明:雷神运载器的交付质量比设计质量增加6.3%,而土星S-Ⅳ和S-ⅣB低温级,分别增加了13.7%和12.5%。月球着陆器模块质量研制过程中曾出现大规模增加,增量甚至不低于27%(见图2-57)。但这对于"第一代"系统而言不足为奇,航天飞机轨道器研制过程质量也增长了25%(见参考文献[93])。

基于这一经验,对航天运输系统A阶段和B阶段的研究,建议使用表1-5所示的质量裕度值。

表1-5 推荐的设计质量裕度

单位:%

	A 阶段	B 阶段
第一型	20~15	15~12
先进设计	15~10	10~7
传统设计	10~7	8~5

这里的质量余量不应视为结构设计余量。这种结构安全系数,对于一次性运载器来说为1.1~1.25;对于可重复使用运载器来说为1.4~1.8(见表2-1)。

1.3.7 工作年(WYr)成本的定义[之前的MYr(人·年)]

TRANSCOST模型的具体特点之一是应用工作年作为成本估算单位。这虽不是普遍引入的特征,但是它是成本模型推导的唯一途径(来源并应用于1960—2010年间,采用不同货币国家的众多项目)。

工作年(WYr)成本定义为公司的年度总预算(不包括分包)除以全职生产员工数量。这意味着包括所有的辅助成本,如办公、差旅、材料等费用,以及税收和利润,再加上一定份额的行政、管理和服务人员。该份额取决于具体公司的会计制度,即包含什么层级的管理和服务人员(部门主管、秘书)。

由于通货膨胀和时薪(或薪水)的增加,单个工作年的成本逐年增加。表1-6显示了美国、欧洲和日本的航空航天业1 WYr的历史变化。

使用这些数据可将WYr值转换为实际货币。可以在一个参考年(如有建议)或一个相关的项目周期内进行,在这种情况下还应考虑通货膨胀,考虑分别增加每年的费用。

表1-6 美国,欧洲和日本的航天工业1 WYr(工作年)成本历史

年份	美国*/美元	欧洲**/欧元	日本***/百万日元
1961	27 000	18 900	
1962	28 000	20 000	
1963	29 000	21 000	
1964	30 000	22 000	
1965	31 000	23 200	
1966	32 300	24 400	
1967	33 200	25 700	
1968	34 300	27 400	
1969	36 000	29 100	
1970	38 000	31 000	
1971	40 000	33 050	
1972	44 000	35 900	
1973	50 000	38 700	
1974	55 000	43 600	
1975	59 500	50 000	
1976	66 000	55 100	
1977	72 000	60 500	
1978	79 700	65 150	
1979	86 300#	71 800	
1980	92 200	79 600	
1981	98 770	86 700	
1982	105 300	92 400	
1983	113 000	98 300	
1984	120 800	104 300	14.6
1985	127 400	108 900	15.2
1986	132 400	114 350	15.8

续表

年份	美国*/美元	欧洲**/欧元	日本***/百万日元
1987	137 700	120 000	16.4
1988	143 500	126 000	17.1
1989	150 000	130 000	17.6
1990	156 200	139 650	18.1
1991	162 500	145 900	18.6
1992	168 200	151 800	19.0
1993	172 900	156 800	19.5
1994	177 200	160 800	20.0
1995	180 000	167 300	20.5
1996	186 900	172 500	21.0
1997	191 600##	177 650	21.5
1998	197 300	181 900	22.0
1999	200 300	186 300	22.6
2000	208 700	190 750	23.2
2001	214 500	195 900	23.8
2002	222 600	201 200	24.4
2003	230 400	207 000	25.0
2004	240 600	212 800	25.6
2005	250 200	219 200	26.3
2006	259 200	226 300	26.9
2007	268 800	234 800	27.5
2008	278 200	243 600	28.2
2009	286 600	252 700	29.0
2010	296 000	261 000	29.9
2011	303 400	268 800	30.4
2012	312 000	275 500	31.2
2013	320 000	285 000	32.0
2014	328 000	292 100	32.8
2015	336 000	330 800	33.6

注：* 是根据 NASA 官方的年度费用上调因素建立的；

　　** 为主要基于 ESA 官方年度成本增长值，适用于西欧航空航天业；

　　*** 为日本航空航天工业协会《航空航天工业年鉴》的基础数据；

　　## 为 NASA 1997 年有效平均 WYr 费用，来自 533 份合同。

Deloitte(见参考文献[169])关于美国航空航天业成本的研究结果显示,2012年平均每名员工收入为 279 542 美元。这确认了 2010 年以 WYr 为单位的 TRANSCOST 成本值为 296 000 美元,其中考虑了非生产(间接)人员所占 5.5% 的份额(WYr 成本完全与生产性的人员有关)。

当然,与表 1-6 所示的平均 WYr 值相比,公司之间实际 WYr 成本是存在差异的。但由于航天项目通常由许多公司来实现,特定项目总成本结果应接近平均值。如果使用一家公司具体实际的 WYr 成本概算,总成本结果将得到改善,尤其是小型或初创公司,其 WYr 成本可低于或远低于传统的、与政府合约工作的航空航天公司。

由于项目实现的时间不同,货币间汇率变化也很大,项目成本的比较也很复杂。为了说明问题,图 1-13 显示了欧洲货币欧元(以前使用的 AU 或 ECU)和美元之间的汇率变化。仅在 2008 年,美元与欧元汇率在 1.25~1.61 之间波动。类似的波动情况也发生在日元与美元之间(1995 年汇率为 82,1984 年汇率为 240)。因此,以美元为基准的成本模型中,这些变化是非常难以考虑的。

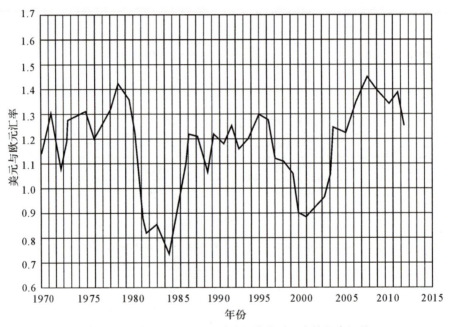

图 1-13 欧元(AU,ECU)对美国的货币汇率的历史记录

1.3.8 生产力在不同国家/地区的影响

1.3.8.1 生产力提高与时间的关系

得益于新知识以及更先进的材料和加工技术的应用,生产力会随着时间不断提高。例如,NASA 的一项分析(见参考文献[144])得出:"阿波罗"飞船硬件在大约 50 年后的今天,研制工作量会减少 33%,制造工作量会减少 22%。这主要归功于机械系统材料和工艺的发展、航空电子领域软件需求和功能的大幅度提高。由于 TRANSCOST 模型是一个系统模型,在 2.6

节中将考虑如何降低研制成本,在3.6节中也将考虑生产率与时间的关系。

1.3.8.2 其他国家(地区)生产力差异

世界上不同地区生产力存在一定差异,这可能会影响同一任务所需的工作年数。TRANSCOST模型的数据库主要来自美国的项目,因此涉及的生产力基于美国航空航天业数据。

如果将生产力定义为年度工作时间、教育程度和工作热情的结合,那么就美国而言,可以建立一个"生产力校正因子"。表1-7中试图基于主观的教育和奉献精神方面的考虑,得出某种数字化的校正因子。用户可应用该因子或根据自身判断来修改。但是,将这种"生产力校正因子"应用于以WYr计的工作量数据,似乎确实可以提高国际参考数据的一致性。

有效工作时间定义为每年的总名义工作时间,减去假期、疾病(平均)和其他缺勤时间,再加上加班时间。表1-7中的大多数值对于20世纪90年代都是有效的,并根据经济合作和发展组织(OECD)数据进行了一些更新。WYr校正因子可能会随着时间的变化而变化,这既可以通过工程教育改进,也可以通过年有效工作总时间的变化来实现。因此,根据经济合作和发展组织的数据,法国在2000年之后,年工作总时间减少了,而德国在过去几年中该数据略有增加。

表1-7 不同国家/地区的生产力模型(f_8)(1980—1999年)

国家	(1)每年有效工作小时数		(2)相对教育水平	(3)相对奉献精神	相对生产力(生产项1~3)	WYr校正因子 f_8
美国(基准)	1 847	$h^{0.7}=194$	1.00	1.00	194=1.00	1.00
欧洲(欧空局)	1 583	174	1.20	1.08	225=1.16	0.86
法国	1 611	176	1.30	1.10	252=1.30	0.77
德国	1 561*	172	1.30	1.10	246=1.27	0.79
	1 568	172	1.30	1.13	252=1.30	0.77
	1 674*	180.5	1.30	1.13	265=1.37	0.73
日本	2 052	208	1.13	1.18	278=1.43	0.70
俄罗斯	1 600	175	0.75	0.7	92=0.47	2.11
	1650*	179	0.85*	0.85*	129=0.67	1.49
中国	1 958	201	0.85	0.95	162=0.84	1.20

注:*为2000年以后的数值。

1.3.9 运载器质量的定义和符号表

1.3.9.1 运载器质量的定义

本书采用以下定义和名称表述运载器质量值:

M_0 　　系统总质量或发射质量(GLOW,GTOW)

M_1　　运载器总质量,不包括有效载荷

M_P　　上升阶段可用的推进剂质量

M_{net}　运载器净重(M_1-M_P),等于主机关机时的运载器净重

M_E　　火箭发动机质量

M_{DRY}　运载器干重(即干质量)(含发动机)

M_S　　不含发动机的运载器干重

$M_{P/L}$　有效载荷(带适配器,但不含整流罩或包裹物)

1.3.9.2 符号表

C　　工作年(WYr)成本

C^*　以工作年为单位的单位成本/kg

D　　发射操作工作量

F　　制造、集成和验证工作量(WYr)

f_0　项目系统工程与集成因子(系统工程因子)

f_1　技术开发标准的相关因子(发展水平因子)

f_2　技术品质因子

f_3　团队经验因子

f_4　成本降低因子,来自学习因子的应用

f_6　偏离最佳进度的成本增长因子

f_7　由平行承包商研制引起的成本增长因子

f_8　国家生产力修正系数

f_9　分包商成本因子

f_{10}　技术进步成本降低因子

f_{11}　商业项目的成本降低因子(商业成本修正系数)

H　　针对特定元素以 MYr 衡量的研制工作量

K　　一次性运载器的级净质量分数 = M_{net}/M_P

L　　发射率(每年发射次数,LpA)

M　　参考质量(kg)

N　　火箭级数、发动机数量、机组人员数量或鉴定点火次数

n　　要制造的等效单元数量

P　　学习因子

Q　　任务控制成本中的运载器因子

r　　运载器或发动机的飞行次数

R　　以 WYr 为单位的整修工作量

T　　任务周期(天)

x　　成本敏感性的成本估算关系式因子

脚标含义如下：

a	机组人员（人数）
B	管理/分摊费
C	发射前操作
D	研发
F	生产、组装和验证
G	导航、控制和回收
M	任务
N	运载器级数
OPS	运营
P	推进剂
Q	鉴定
R	可重使用
T	运输
V	运载器系统

第 2 章 研制成本(运载系统和发动机)

2.1 研制成本准则

2.1.1 运载器项目成本概览

由于研制计划的定义受到很多因素的影响,研制成本(DDT&E)预估是成本核算难度最大的领域之一,包含相当多的技术因素:成本工程在技术项目定义中的应用程度(或没有)、技术状态和干质量估计或裕度策略的现实性,以及设计验证中的试验范围、试验单元所需的数量。此外,研制成本还要受到行政、合同和商业方面的影响(见 2.5 节)。

通常,影响运载器研制成本的主要因素如下:

(1)运载器质量和规模;
(2)级数和类型;
(3)技术成熟度/现有子系统/组件数量;
(4)发动机类型和数量;
(5)可靠性和安全性要求;
(6)验证和试验策略;
(7)飞行单元和飞行试验数量;
(8)公司和团队经验;
(9)项目组织和管理程序;
(10)项目预算规划和进度/延时;
(11)需要的或者用户要求的技术变化;
(12)合同条件。

在相同有效载荷质量和运载器方案的条件下,研制成本差别也会相当大,可能在 8 亿~17 亿欧元/美元之间(见 2.9.3 节),结果仅取决于上述影响因素实现是否顺利。

作为总体评述,图 2-1 拟合了一些大型运载器和项目的研制计划成本,以发射质量为变量,显示成本趋势与运载器规模之间的关系。图 2-1 中,非美国项目的 WYr 值已经修正为美国劳动生产力的标准(参照表 1-5),并代表政府投资的计划;黑方块表示已经实现的项目,从而建立"全生命周期成本";灰方块代表预估的研制成本(基于详细研究),但为了与 TRANS-COST 吻合,加上了约 20% 以应对研制过程的成本增长。

有翼可重复使用运载器与一次性运载器相比,成本差异显而易见:对于小型运载器,约为 4 倍;对于大型运载器,约为 2.2 倍。对于相同的有效载荷能力,必须考虑不同的发射质量:对于质量为 4 t 的近地轨道载荷能力,一次性运载器的起飞质量约为 150 t,但有翼可重复使用运载器的起飞质量为 350 t,这意味着约 5 倍的研制成本差异。相同载荷下,采用弹道式可重复使用运载器,这种差异减少到 2.5 倍,相同的起飞质量下,弹道式可重复使用运载器(以 BETA-2 为基准),研制成本高出 50%~80%。理论上,研制成本的差异随着起飞质量或有效载荷能力的降低而增大。因此,可重用使用性质不适合于较小的运载器,但在有效载荷达 20 t 以上时变得具有吸引力。如图 2-1 所示,对于 125 t 的近地轨道有效载荷,以目前的技术状态,需要的起飞质量分别为:一次性运载器大约 2 500 t,弹道式可重复使用运载器(BRV)3 300 t,而有翼运载器(WLV)约 4 500 t。

传统模式计划情况下产生的研制工作量通常如下:

(1)一次性运载器:95 000 WYr(=100%)。

(2)弹道式可重复使用运载器:160 000 WYr(=170%)。

(3)有翼运载器:280 000 WYr(=300%)。

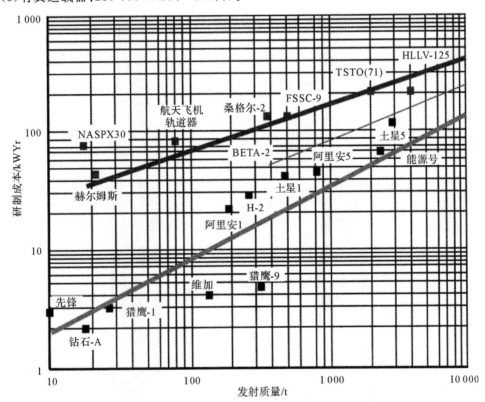

图 2-1　一次性运载器、弹道 RLV 和有翼 RLV 发射系统研制成本与发射质量的关系概览

图 2-1 显示了完整的发射系统研制成本,意味着起飞质量为 100~1 000 t 的一次性运载器的成本,在过去确实需要 50 亿~150 亿美元(基于 2008 年的价值),取决于发射质量与传统的研制、承包条件的应用。然而,2.6.1 节内容显示,对于更商业化的研制方式,即便是政府合同,在采用更多现代经验的基础条件下,结合成本工程,可以使研制成本降低到传统成本的

70%,甚至50%。这一结论可能对未来研制可重复使用运载器非常重要,研制成本高居不下一直是实现完全可重复使用运载器的主要障碍。土星运载器的研制成本远远高于平均水平,因为这是此类运载器中的第一型,并且尚未应用成本工程,欧洲I型运载器和日本H-2系统也是如此。

图2-1还显示,运载器规模(起飞质量)不是一个主要的成本驱动因素。由图2-1可以明显看出,增加运载器的规模,也就是其有效载荷质量(裕度)增加了20%,对于一次性运载器,研制成本增加7%,对于更昂贵的可重复使用运载器,只增加4%。因此,为了有足够的有效载荷裕度,对运载器规模进行少许的过设计是符合成本效益的。

迄今为止,已经建造的最大运载器是美国土星5(1962—1973年)和苏联的N-1火箭(1964—1974年),都是为载人登月任务研制的。图2-2示出了这两型运载器及其关键数据。土星5采用两种低温级,一级采用五台大型发动机(推力6 770 kN)。俄罗斯使用常规推进剂(氢燃料技术尚未开发),一级由30台推力为1 500 kN发动机组成。由于性能较低,需要4级才能达到逃逸速度,而土星5只需要3级。两型运载器的发射质量均约为2 800 t,但土星5的近地轨道有效载荷为120 t,而N-1只有95 t。

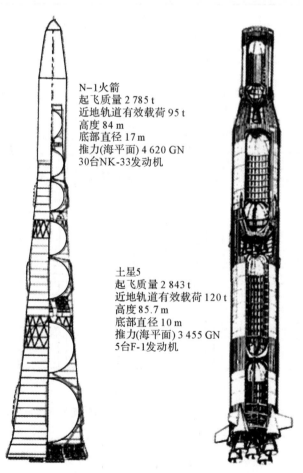

图2-2 已制造的最大运载器:N-1火箭和土星5

运载器子级数量不仅对研制成本而且对生产、集成和使用成本产生重大影响。固体推进剂运载器需要3～4级，可贮存推进剂运载器需要2～3级，而低温推进剂运载器只需要1～2级。成本工程原则上建议，尽量减少级数以及发动机的种类。级数越多，不仅意味着需要研制和生产更多的系统，而且还要额外增加接口管理（集成和级间分离），降低了运载器的可靠性。因此，从成本工程的角度，对近地轨道来说，单级运载器是最符合成本效益和最可靠的解决方案。采用目前的技术也是可行的，一次性运载器可以采用液氧/煤油推进剂（宇宙神-5-Ⅰ），而可重复使用运载器采用液氧/液氢推进剂（这是原著作者当时的观点，现在由于液氧/液氢推进剂使用成本过高，商业发射可重复使用运载器趋向于采用液氧/甲烷和液氧/煤油。——译者注）。

火箭发动机的数量及其技术水平对研制成本的影响将在7.1节讨论。

2.1.2 对研制成本的不同理解

过去，人们对一直使用的研制成本（DDT&E）这一术语具有许多不同的理解——至少可以识别为五种不同的研制成本类型，得出的总成本也有很大不同。

(1) 有效的全任务成本（CTC）。计划完成后的总成本，包括通货膨胀（为每年小时工资或"人·年"的成本增加）。

(2) 最实际的研制成本。这包括不可预见的技术问题、延误裕度或理论研制成本。

(3) 理想化或理论化的研制。假设一切如计划进行，没有技术或进度问题（基于标准工业建议）。

(4) 最低可信度的研制成本。为了赢得竞争的不切实际的预估成本合同（忽略某些成本项目）。

(5) 不切实际的研制成本。成本策划建立在"可信"的基础上，没有成本的研究且缺乏经验，只是为了"卖"概念。

采用TRANSCOST算法得出的研制成本属于类型(2)，因为其成本估算关系式是根据实际系统的研制成本得来的，甚至可以使用预期的研制周期的"人·年"费用值，而不是仅仅使用MYr值估计，成本模型可以通过升级而近似为类型(1)。类型(2)成本平均高于类型(3)的理想化成本15%～20%，这通常由自下而上成本估算推导而来（子系统成本相加，或使用一个基于子系统的成本模型）。此外，还有正常估算使用的项目建议书提出时的成本水平（即不包括研制过程中小时工资增长、通货膨胀影响）。欧空局的前总干事A. Rodota曾表示，在2000年前，欧空局的项目经常超过其预算的15%。

类型(4)为最低可信度的研制成本，与类型(3)理想化成本相比，可以低到75%～85%，因为一些成本名目已排除在外（而且经常被隐藏在提案的合同条件中），而类型(5)的成本有时只有一个实际估算成本的20%～30%。

所有这些成本都是企业或承包商的，并不包括设在客户机构的项目管理、控制和支持成本（如宇航员乘员组）。在常规或"传统模式"项目（如已经用于航天飞机和空间站计划）中，所谓的包装成本因素在客户端可以是22%～27%，但在有意限制客户项目工作人员的情况下，可能还可以降低。

2.2 TRANSCOST 研制成本子模型

2.2.1 模型定义

研制成本子模型提到的研制工作,由政府机构(NASA、欧空局等)过去的传统方式和程序所界定,研制策略的其他影响(商业或工业)将在 2.6.3 节讨论。

研制成本包括从详细设计(阶段 C)到硬件实现和验证(阶段 D)全过程总成本,包含首次飞行原型机或飞行原型所有活动在内的所有试验模型制造成本,以及地面安装所需的工装和测试设施(假设只有辅助设备是必需的)成本。在全新的设施情况下,还必须考虑到所需的额外费用,如在经常性成本子模型和地面操作成本子模型的基础上,加上飞行试验运载器的数量以及飞行操作引起的成本。

成本估算关系式是每个成本模型的架构或基础。其定义已经在 1.2.4 节提到,每种类型的运载器系统或发动机需要自己特定的成本估算关系式和技术上派生的品质因子 f_2。虽然这是一个系统模型,但发动机必须分开考虑,因为运载器上可以有不同数量的发动机,包括现有的或需要新研制的。

研制成本要素的预估精度相当高,这是由于成本估算关系式是为系统级定做的算法,且特定和优化的技术品质因子应用于大多数要素中。成本估算关系式来源于各种已实现项目的真实成本,参考项目数据散差范围为 15%～25%,这是通过特定的技术品质因子得到的最好又能实现的结果。

研制成本子模型(见图 2-3)只包含 3 个要素:运载器、发动机和助推器的成本估算关系式(如适用)。系统工程因子 f_0 与运载器级数有关,其值为 1.04^N,其中 N 为级数。一个完整的运载器的研制总成本是所有要素成本总和 H,乘以系统工程因子 f_0 以及项目成本的影响因子 f_6、f_7 和 f_8,即

$$C_D = f_0 \left(\sum H_B + \sum H_V + \sum H_E \right) f_6 \cdot f_7 \cdot f_8$$

此关系式看起来比较简单,但它只是理论基本型。现实中成本预估问题要复杂得多,因为这不仅是一个技术或数学问题,人为因素也很重要。首先要在研制成本中考虑这些因子(2.1.3 节),在计划总成本预估中也要考虑。

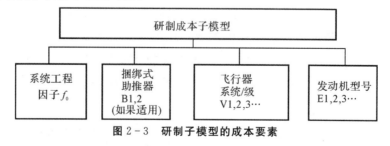

图 2-3 研制子模型的成本要素

2.2.2 从成本估算关系式到完整计划成本预算

对于未来项目的研制成本预估,除基本的成本估算关系式数据外,还必须要考虑以下几个

因素:
(1) 新项目的研制标准(与以往的同类型相比)。
(2) 承担任务团队的经验,新任务与其以往工作的相关性。此外,也有许多程序性的成本影响因素。
(3) 项目准备的充分性和范围,如详细的概念研究和技术预先研究。
(4) 项目计划实施的组织类型。
(5) 计划或确定的进度和潜在的预算限制。

以上这些都必须考虑,以获得预期的研制成本真实范围,而最低研制成本可以利用一个因子轻松推演,这个因子的数值为 2 或更大一些。以往经验也表明,细致的成本规划不仅可以避免研制成本偏高或超支,相对于传统的研制模式,它还可以降低基本成本。这些不同的研制策略将在 2.6 节中讨论。

为说明和显示从基本的成本估算关系式要素数据到真实的要素研制成本,再到运载器研制成本,最终到全系统研制成本的不同步骤,采用了以下的定义:

第一步:从 基本研制 CER

$$C = a \cdot M^x$$

第二步:到 要素研制成本(飞行器、发动机、助推器)

$$H = C \cdot f_1 \cdot f_2 \cdot f_3 \cdot f_8 \cdot f_9 \cdot f_{10} \cdot f_{11}$$

第三步:到 运载器研制成本 C_D

$$C_D = f_0 \sum H$$

第四步:到 全系统研制成本 C_{tot}

$$C_{tot} = f_0 \sum H \cdot f_6 \cdot f_7$$

运载器全系统研制成本 C_{tot} 是工业或技术上的研制总成本。对于商业项目,还必须考虑因子 f_{10} 和 f_{11}。

完整的系统计划研制总成本还包括以下方面:
(1) 政府机构计划管理和监督人员的费用;
(2) 潜在变化或额外研制任务的储备基金;
(3) 技术保障成本;
(4) 地面保障和发射场的投资。

与 C_{tot} 相比,上述额外的费用有时也被称为"包装因子",过去一般为 22%~27%,未来项目趋于低值 22%或更低。

除工业成本和计划保障成本以外,还有通货膨胀的成本,对应研制期间增长的小时工资,这些在年度预算规划时必须要考虑。

2.2.3 研制成本因子 f_1、f_2、f_3

为了建立精度令人满意的成本估算关系式以及实现成本预估,需要引进一些对成本有重大影响的因子。在 TRANSCOST 模型中,有 3 个技术因子将在本章介绍(额外的规划性因子在 2.5 节和 2.6.3 节中介绍）。

2.2.3.1 发展水平因子 f_1

研制工作量受项目相对于国内最高技术水平所处的技术状态影响，意味着这可能是一个全新的第一代系统，涉及新工艺和新技术（如"阿波罗"计划载人月球着陆器，航天飞机轨道器），或者是一个新的研制项目，但是基于国家现有的最先进水平（如阿里安 H.155 级，或新的固体推进剂助推器）。另外，一个项目既可以由现有子系统构成，或仅仅是一个已有系统的改进（例如，从雷神中程弹道导弹派生的德尔塔火箭第一级）。

这种情况下，不可避免地需要一些主观判断作为指导原则，通常可以应用以下数据：

(1) f_1 第一代系统，新概念方法，涉及新工艺和新技术，$f_1=1.3\sim 1.4$。

(2) 具有某些新技术和操作功能的新设计，$f_1=1.1\sim 1.2$。

(3) 标准项目，最新技术（类似系统已经投入运行），$f_1=0.9\sim 1.1$。

(4) 现有系统的设计改进，$f_1=0.6\sim 0.8$。

(5) 现有项目的变化，$f_1=0.3\sim 0.5$。

2.2.3.2 技术品质因子 f_2

与因子 f_1 和 f_3 不同，技术品质因子 f_2 来自于该项目的技术特点。对于每个技术系统该因子各不相同且各具特点，是最重要的成本驱动因素。该因子基于相对净质量分数、性能或其他重要的成本影响因素（如液体火箭发动机的鉴定点火次数）。

$\boxed{f_2 \text{ 表征每个系统的特点（或要素的类型），由固有的技术准则界定。}}$

对不同的特定品质因子及每个技术要素的成本估算关系式，在接下来的章节进行讨论和界定。

2.2.3.3 团队经验因子 f_3

受委托（或有待委托）团队是否具有研制新项目的相关经验，是成本驱动的另一个主要因素。显然，与处理过类似任务的团队相比，无经验的新团队需要更多的研制工作量。团队可以来自一家公司，或者根据研制任务由几家公司组成，对于成本预估，如果潜在的承包商还未知时，应假定为最有可能的情况。

一些基于经验的 f_3 因子值如下：

(1) 新团队，公司无相关的直接经验，$f_3=1.3\sim 1.4$。

(2) 团队具有项目部分经验，$f_3=1.1\sim 1.2$。

(3) 团队具有相关经验，$f_3=1.0$。

(4) 团队进行过类似项目的研制，$f_3=0.8\sim 0.9$。

(5) 团队在此类项目上拥有丰富的经验，$f_3=0.7\sim 0.8$。

采用这些因子，从 TRANSCOST 模型导出的成本预估应用实例将在 2.8 节给出，并与实际项目研制成本进行比较。

2.2.4 TRANSCOST 模型的研制成本结果与其他成本估算方法的关系

TRANSCOST 模型成本估算关系式基于实际成本（CTC，项目完成成本）。使用 WYr 单位可以区分有无通货膨胀的成本，即将实际的完成成本与基于参考年的提案成本进行比较。通常在不考虑研制过程中的通货膨胀或 WYr 成本增加的情况下进行提案成本估算。

提案成本还基于以下假设,即研制可以在计划时间内完成,不会出现其他技术问题。但是,通常情况并非如此。对于运载器这样的复杂系统的研制工作,预见所有潜在或未知问题是不可能的。为将 TRANSCOST 研制成本与标准投标成本或自下而上的模型进行比较,必须扣除约 $15\%\sim20\%$。

2.3 推进系统/发动机研制成本估算关系式

以下章节的成本估算关系式已经用 1.2.4 节中描述的过程定义过。参考项目以代表历史成本数据最佳回归拟合的基本成本估算关系式图形显示。

2.3.1 固体推进剂火箭发动机

这组推进系统包括分段式或整体式的固体推进剂的发动机。发动机壳体可以用钢、芳纶纤维复合材料或碳纤维复合材料制成,应用于集成在卫星中的远地点推进、推进模块(与卫星连接)或增强运载器推力的简单捆绑式助推器。在这种情况下,只有小型发动机才考虑采用固定喷管。

具有推力矢量系统的较大助推器(可摆动的喷管或流体喷射系统)和可重复使用的固体助推器在 2.4.1 节中介绍。图 2-4 示出了典型固体推进剂火箭发动机的设计案例;图 2-5 描述了推进剂质量和发动机净质量之间的关系(都采用 100 t 以上推进剂质量的分段式单元),也示出了发动机和装有可回收设备的助推器单元之间的质量差异。

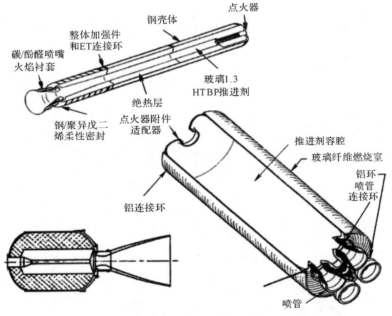

图 2-4 整体式和分段式发动机的设计案例

图 2-6 示出了从卫星小型远地点发动机,到运载器大型分段式助推发动机的 10 个参考项目,通过足够的技术和成本数据,得出固体推进剂火箭发动机的基本成本估算关系式。显然,即使没有应用技术品质因子,10 个参考项目也已经存在良好的相关性,所以在这里没有引入该因子。作为一个商业公司投资项目,CASTOR-120 项目具有较低的研制成本(f_1 和 f_3 考虑均取 0.7)。

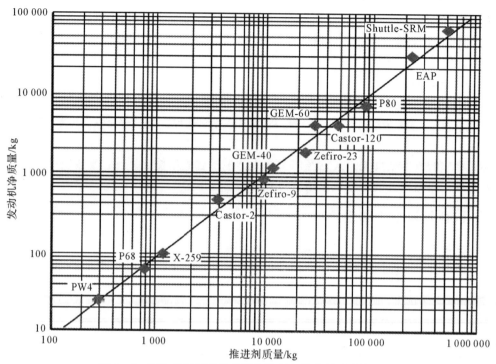

图 2-5　固体推进剂发动机的净质量与推进剂质量的关系

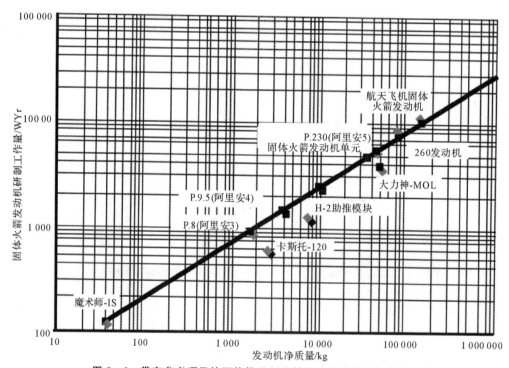

图 2-6　带有参考项目的固体推进剂火箭发动机的成本估算曲线
（菱形代表原始数据，方块是回归处理过的参考点）

得到的固体推进剂火箭发动机基本成本估算关系式为

$$H_{ES} = 16.3 M^{0.54} f_1 \cdot f_3 \text{(WYr)}$$

对于小型发动机,发动机鉴定试验点火次数多。对于大型发动机,随着发动机规模增大,试验次数可以减小到只有3~6次,这与液体推进剂发动机对比鲜明。在这种情况下,采用概率方法而不是通过试验次数决定名义可靠性。此外,研制工作量与单元制造成本之间的成本比值约为30。因此,试验单元的制造数量对研制工作量来说,不是成本驱动因素。

2.3.2 泵压式液体推进剂火箭发动机

泵压式液体推进剂火箭发动机包括带有涡轮泵的低温和可贮存推进剂所有类型的液体推进剂火箭发动机。图2-7示出了典型的发动机外型(挤压式发动机见2.3.3节)。

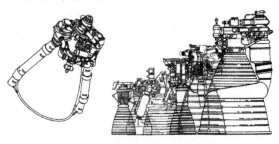

图2-7 典型的泵压式火箭发动机(火神-1和普惠公司的火箭发动机)

发动机真空推力与发动机质量之间的关系如图2-8所示。此图有助于分析只知道发动机的推力量级,但不知道发动机质量的情况。没有证据表明,低温推进剂与可贮存推进剂发动机之间存在质量差别。

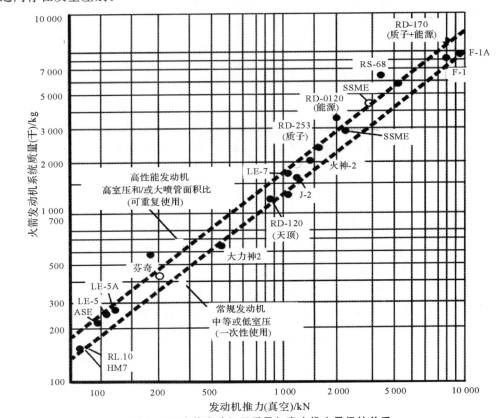

图2-8 火箭发动机干质量与真空推力量级的关系

从图 2-8 中可以看出,两型新发动机的质量高于平均数。洛克达因公司研制的 RS-68 发动机为了降低成本和提高可靠性,有意增加了质量。阿里安 5 型火箭第三级新"芬奇"低温空间发动机是采用了大延伸喷管(面积比 240)和相对较重的燃烧室。

将每型发动机原始的研制工作量(WYr)表示在图 2-9 中,图中也示出了回归处理后的成本估算关系式的参考数据。泵压式低温和可贮存推进剂火箭发动机的研制工作量产生的成本估算关系式为

$$H_{EL} = 277 M^{0.48} f_1 \cdot f_2 \cdot f_3 (\text{WYr})$$

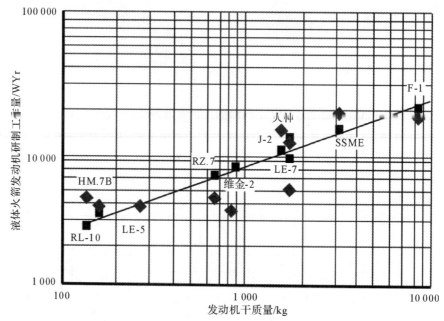

图 2-9 具有参考项目的火箭发动机基本成本估算曲线

(菱形代表原始数据,方块代表用回归因子处理过的参考数据)

技术品质因子 f_2

已经证实在各种可能性之外,对研制成本有重大影响的因素并不是推进剂类型或比冲,而是发动机可靠性标准要求的发动机研制和鉴定规划所需的点火次数。发动机试验次数与展示的可靠性之间有很大关联性。首次的书面评估来自普惠公司(见参考文献[9]),并且其得到了航天飞机主发动机(SSME)计划的验证,模型如图 2-10 所示。从 1975 年 6 月至航天飞机首飞的 1981 年 4 月期间,SSME 已经进行了 730 次试验,当时宣称发动机可靠性为 0.984。截至 1991 年 11 月,对发动机进行了 1 900 次试验(包括运营性发射),额外试验又使可靠性上升到 0.99 以上。

另一个例子是 HM-7 发动机(阿里安 4 火箭第三级),其初始型号只进行了约 158 次的点火试验(1968—1972 年),后果是发动机在第 5 次飞行中出现故障,到第 63 次飞行时又出现了两次故障。根据参考文献[9](理论关系如图 2-12 所示),许多案例似乎很好地证实了研制期

间的点火次数对发动机的可靠性有重大影响。图 2-10 显示出越来越多的试验使 SSME 的可靠性不断提高（相对于 100% 的推力水平）。首次发射（成功）之前，日本的 LE-7 发动机只有 140 次系统鉴定点火试验，然而发动机在第 7 次发射失败，实际可靠性只有 0.857。根据 NASA 第 62-97 号（1962 年 9 月）新闻稿，包括初始发动机模型，RL-10 发动机在研制和鉴定过程中的点火试验次数为 1 600 次。

相比之下，喷气发动机要取得飞行前 0.999 9 可靠性，需要进行 12 000 次耐久性周期试验（见参考文献[85]）才能通过鉴定。

虽然应用现代概率方法减少试验点火次数是可能的，但在过去的几十年里，原始的评估方法已经得到很好的实践经验证实。事实上，发动机首飞前的研制和鉴定点火试验次数差异很大，统计如下：

LE-7（日本）：140；火神-1（欧洲）250；SSME（美国）：730；RD-0120（俄罗斯）：800；RL-10（美国）：1 600；F-1（美国）：1 437。

采用烧蚀燃烧室的发动机复杂性较低，预计可以采用较少的试验次数。然而，第一次飞行前，猎鹰-1 的梅林 1A 发动机只进行了 130 次试验，结果在 2006 年 3 月首次发射失败。

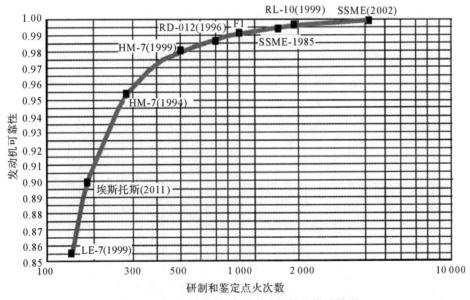

图 2-10　液体推进剂火箭发动机的可靠性模型

利用发动机可靠性与鉴定点火次数关系，创建一个火箭发动机研制成本估算关系式的技术品质因子是可能的。技术品质因子 f_2（$f_2=1.0$）的参考点设置在 500 次试验，如图 2-11 所示，代表产生的平均值的关系。

得到火箭发动机的技术品质因子关系如下：

$$f_2 = 0.026(\ln N_Q)^2$$

式中：N_Q 是鉴定点火的次数。

然而，有效使用的发动机可靠性不仅取决于鉴定试验次数，也取决于工作时使用的推力水平。图 2-10 和图 2-11 的值指的是在 100% 推力下飞行。

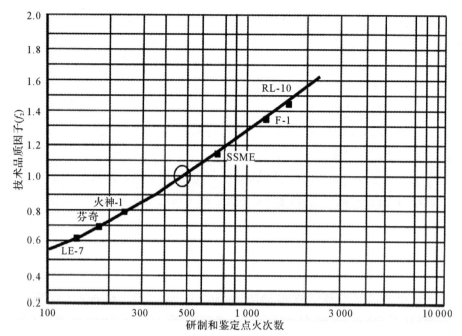

图 2-11 液体推进剂火箭发动机技术品质因子 f_2 与点火次数的关系
（配选择的案例）

如果在飞行过程中，发动机的工作推力水平限制为设计值的 95% 或 90%，其工作可靠性会增加。正如图 2-12 所示，应用这一策略，鉴定工作和研制成本可以大幅减少。图 2-12 基于航空航天公司的业务设计模型[该模型利用"大力神"火箭发动机飞行历史（见参考文献[95]）]数据绘制，这方面更详细的分析可见参考文献[103]。

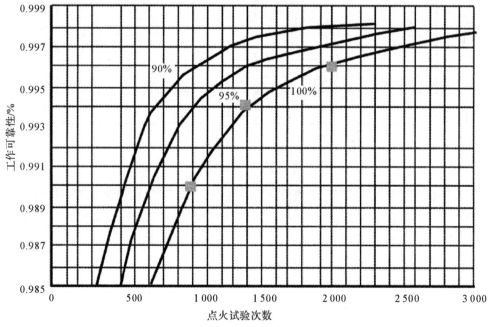

图 2-12 鉴定试验次数与可靠性的关系
（以飞行过程中采用的推力水平的 90%~100% 作为参数）

结论：从成本工程原则上建议，发动机的设计点应在飞行所需的推力量级基础上提高约 10%。

这将使初始研制成本增加约 6%（根据图 2-8 和图 2-9），但可减少鉴定点火（100% 的功率水平）次数达 50%，最终降低成本 20%~30%。

这一原则也得到航天飞机主发动机（Space Shuttle Main Engine,SSME）实际飞行经验支持。如图 2-13 所示，发动机可靠性受到推力水平增加至名义水平 104%，甚至到 109% 的困扰。未来，为了实现更高的可靠性和寿命，新火箭发动机的组件数量要减少（参见表 3-1），并采用耐氢材料和粉末冶金。

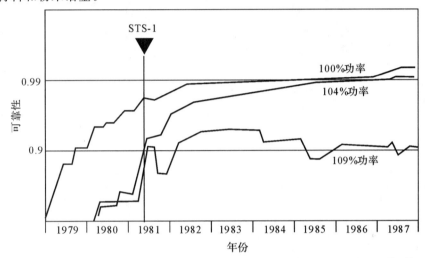

图 2-13　SSME 在 3 种推力水平下的可靠性随使用时间变化（见参考文献[89]）

具有可延伸喷管的高压火箭发动机具有最高性能，从而减小运载器推进剂质量并缩小运载器规模，但成本很高（如 H-2 火箭）。

对于有翼单级入轨重复使用运载器（SSTO）（见 2.9.3 节），如果研制推力为 1 637 kN（SL），室压为 15 MPa 的分级燃烧循环发动机（8 台），并进行 1 000 次鉴定试验（$f_2=1.25$），根据 TRANSCOST 模型的成本估算关系式（发动机质量为 3 315 kg），需要 36 亿美元（2002 年）。发动机海平面比冲短喷管状态为 389 s，长喷管状态为 345 s，真空比冲为 448 s。这样，火箭所需的推进剂质量为 794 t，飞行器的起飞质量为 916 t。

采用先进技术的双工位喷管、室压 24.4 MPa 的高压发动机，比冲分别为 379 s（海平面）和 460 s（真空），运载器的规模（质量）可以减小至 703 t（-23%）。这也意味着更小的发动机规模：推力量级 1 180 kN，质量 2 560 kg。但是，先进的高压技术和双工位喷管需要进行约 1 500 次测试点火（$f_2=1.45$），以实现与最新型发动机相同的可靠性，这将导致研制成本为 22 900 WYr 或 50 亿美元（2002 年）。这意味着增加约 14 亿美元（+38%），而较小的运载器规模所带来的成本收益为约 7 亿美元，无法实现成本平衡。

第三种选择是使用（改进）现有发动机。这种情况（如果可行）将带来最低的研制成本。

2.3.3　挤压式发动机

挤压式火箭发动机推力水平相对较低（约在 50 kN 以内），主要用于小型推进模块（增强级）和辅助推进系统（轨道和姿态控制）。为了使推进剂贮箱压力和相关的贮箱质量保持较低水平,燃烧室压力要尽可能低。所有发动机均采用"可储存推进剂",如四氧化二氮和一甲基肼(MMH)或肼混合物。由于没有复杂的涡轮泵系统,燃烧室压力相对较低,可大幅降低所需的研制工作量。图2-14为该类型火箭发动机的案例,分别为登月舱(LEM)上升发动机和阿里安5火箭第三级埃斯托斯的发动机。

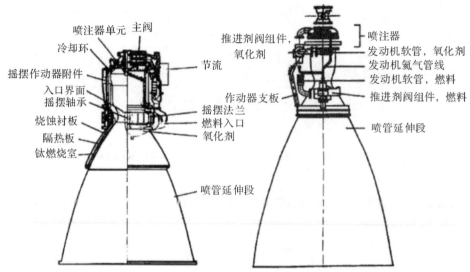

图2-14 挤压式火箭发动机案例(登月舱上升发动机和埃斯托斯)

挤压式发动机的成本估算关系式可以从7个推力为0.4~50 kN范围内的参考工程项目中导出[见图2-15,图中未列出"TRE:级间发动机(AJ)"]。

$$H_{EP} = 167 M^{0.35} f_1 \cdot f_3 (WYr)$$

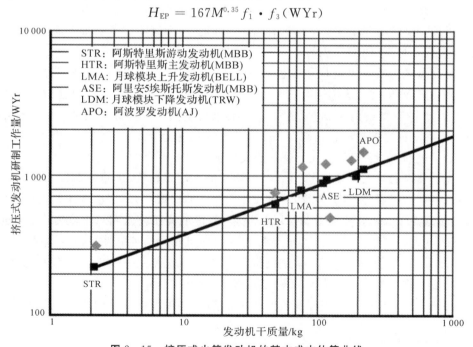

图2-15 挤压式火箭发动机的基本成本估算曲线

(菱形表示原始数据,方块表示回归因子处理过的参考数据)

由于7个参考项目均显示出对基本成本估算关系式很好的相关性,故没有建立技术品质因子,且数据散差只有±7%(见图2-15)。可靠性与鉴定试验次数的关系遵从图2-10所示的类似趋势。埃斯托斯项目用6台发动机(见参考文献[128])进行了171次研制和鉴定点火试验。在第10次飞行(硬点火)失败后,又增加了63次点火试验(另加78次点火试验)来鉴定改进后发动机的点火时序(《航空周刊》,31.1.02)。

2.3.4 吸气式发动机和冲压发动机

2.3.4.1 原理和性能

吸气式发动机不是典型的航天推进系统,但该类型推进系统在过去几年中已被考虑用于各种可重复使用航天发射系统概念研究,包括作为两级入轨运载工具的第一级动力,最先进的概念甚至作为有翼单级入轨运载工具(航空航天飞机)组合推进系统。图2-16示出了以速度范围和比冲为参量的不同发动机类型和性能范围。吸气式发动机的比冲明显高于火箭发动机,但其质量或对应的推质比却差得多。

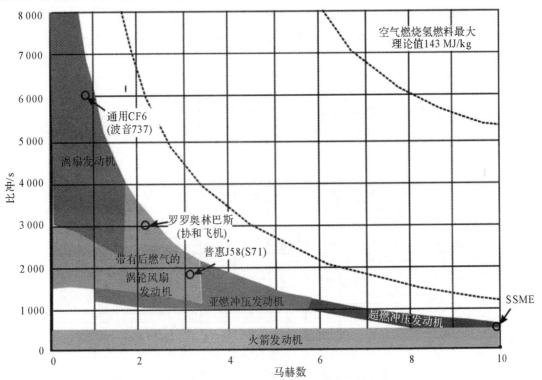

图2-16 吸气式发动机的性能和速度范围(来源于维基百科)

2.3.4.2 技术选项与应用

(1)涡轮喷气发动机或者涡轮风扇发动机是吸气式发动机中最常见的类型,然而其速度最高仅为$Ma=3.5$。目前已经研制了大量的这类发动机,图2-17中将斯奈克玛M53发动机作为一个典型的涡轮喷气发动机设计案例示出。

虽然这类发动机的比冲值很高,但其质量也很大。与火箭发动机相比,其推质比并不随其规模(或推力量级)增大而提高,而主要依赖于所采用的技术。图2-18显示了涡轮喷气发动机的质量及推质比(8~10)与地面推力水平的关系。相应地,火箭发动机(SL推力)的推质比通常为60～70，冲压发动机的推质比为25～30。

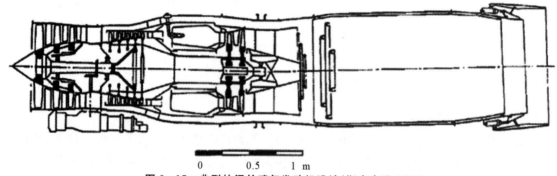

图2-17 典型的涡轮喷气发动机设计（斯奈克玛M53）

（2）冲压发动机已经应用于许多导弹项目，但尚未出现用于高速运载器的高性能型号。氢动力冲压发动机已有详细研究，而且在美国、法国和德国（高超声速技术项目）已经进行了实验研究工作。亚燃冲压式喷气发动机可应用到速度为$Ma=7$。由于冲压发动机只能在速度为$Ma=2$以上工作，在初始飞行阶段，需要与涡轮喷气发动机或火箭推进系统（即空气引射火箭）组合。

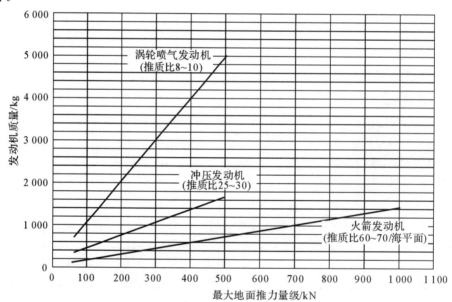

图2-18 涡轮喷气发动机、冲压发动机和火箭发动机的质量比较以及
推力质量比与海平面推力水平量级的关系

当飞行速度高于$Ma=7$时，就需要超声速燃烧系统，其被称为超燃冲压发动机（超声速冲压喷气发动机）。理论上可用于高达$Ma=15$的飞行速度，但出于技术和工程成本的考虑，在$Ma=12$速度切换为火箭推进可能更好。

涡轮冲压组合发动机非常适合长距离巡航，可行的方案有两个：一是整体式（或串联）构型，需要一个单独的分流管；二是发动机并联布置，拥有共用进气道。第二个方案可以单独优化涡轮喷气发动机和冲压发动机，冲压管也可在$Ma=1$时使用以产生基础减阻的热空气，详细见图2-19。但其存在的一个主要问题是可变高温进气道和不对称喷管，需要可变喉道和推力矢量控制机构。

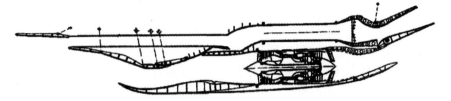

图 2-19 速度可达 $Ma=7$ 的典型涡轮冲压组合推进系统（MBB/DASA 方案设计）

2.3.4.3 成本估算

对于涡轮喷气发动机和涡轮风扇发动机,利用 5 个已经实现的发动机项目加上图 2-20 所示的 3 项详细的工程成本研究,建立成本估算关系式是可能的。

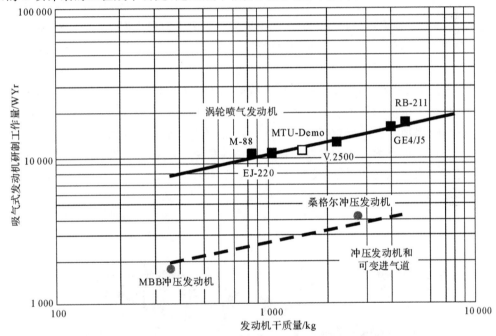

图 2-20 含参考项目的吸气式发动机的基本成本估算关系式
（实心方块代表已经实现发动机,空心方块代表详细的项目/成本研究）

由于参考项目数量相对较少,成本值散差在±13%范围内,技术品质因子尚未推导。完整的成本估算关系式为

$$H_{ET} = 1\,380 M^{0.295} f_1 \cdot f_3 (\mathrm{WYr})$$

对于冲压发动机,现在还不是建立成本估算关系式的时候,因为缺乏完整的已实现参考项目。唯一途径是使用与涡轮喷气发动机相同的趋势关系,实际上对热结构来说,其成本估算关系式非常相似。运载器推进系统所需的可变的大型进气道是发动机和运载器设计的一部分,它是非常复杂的热结构的代表。图 2-20 显示了涡轮喷气发动机的成本估算关系式,其中较低的平行线表示冲压发动机最佳的成本趋势。与涡轮喷气发动机相比,超燃冲压发动机的研制成本仅约为其成本的 26%,这是由于后者在结构上简单得多。冲压发动机初步的成本估算关系式在发动机喷管、进气道两个方面是有效的,且两者必须分开处理,这样超燃冲压喷气发

动机,加上进气道组合体的总成本将成为类似于涡轮喷气发动机的研制成本。其初步的成本估算关系式为

$$H_{ER} = 355M^{0.295}f_1 \cdot f_3(WYr)$$

飞行试验前,新型喷气发动机的鉴定试验是约 12 000 次的耐久性周期循环试验。试验次数比火箭发动机多得多,并因此取得了约 0.999 9 的超高可靠性。

2.4 运载器系统的研制成本估算关系式

2.4.1 固体推进剂火箭捆绑式助推器和级系统

这组推进系统包括以下两个基于固体发动机的系统:

(1)A:捆绑式助推器,用于增大发射时的推力,包括固体发动机本身,带有隔离装置的附件,以及空气动力学整流罩。在较大的系统中还需要一个推力矢量控制系统,或者通过摇摆喷管或流体喷射系统达到目的。如果希望达到可重复使用的要求,例如航天飞机助推器,则必须添加回收设备和所需的仪器。

(2)B:独立式运载器级,即带有可转向喷管的固体推进剂发动机,以及带有附加反作用控制喷管系统的完整滚动控制和姿态控制系统。此外,还提供带有隔离装置的级适配器,以及全套设备,如电源(电池)、电子设备和遥测设备。另外,还需要后部结构元件。

阿里安 5 固体推进剂火箭助推器是系统 A 的典型例子,如图 2-21 所示。带有 P80 发动机的维加运载器第一级是 B 型运载器的典型代表,如图 2-22 所示。其第一型是"火炉-2"(BURNER Ⅱ),由波音在 1963—1965 年间为德尔塔运载器研制。

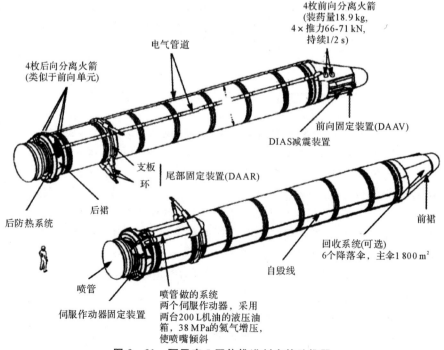

图 2-21 阿里安 5 固体推进剂火箭助推器

对于可重复使用的助推器(例如航天飞机可重复使用的固体助推器),还需要降落伞、回收和漂浮装置以及定位系统和仪器。可重复使用的设计还意味着更高的结构设计系数,从而带来更高的质量。从海上回收的可重复使用的固体助推器意味着能抗冲击破坏和盐水腐蚀。在这种情况下,必须建造特殊的回收船,这会增加研制成本,并在以后直接和间接的运营成本中占很大的比例。配备齐全的助推器净质量比火箭发动机本身质量高25%~30%。

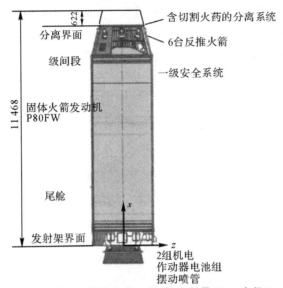

图2-22 维加运载器的第一级(推进剂量88 t、直径3 m)

结合多个参考项目,定义了两组系统的基本成本估算关系式,如图2-23所示。成本趋势与参考质量(或成本估算关系式指数)的关系与固体推进剂发动机的趋势相同(见图2-6)。波音公司的惯性上面级是两级系统,带有两台固体发动机,因此价格更高。

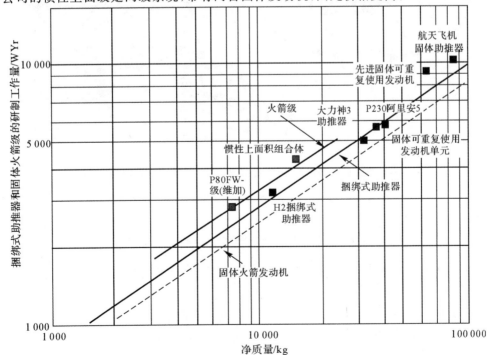

图2-23 基于固体发动机的助推器和运载器系统的成本估算曲线和参考项目

得出成本估算关系如下：

$$H_{VR} = 19.5 M^{0.54} f_1 \cdot f_3 \cdot f_8 (\mathrm{WYr})$$

带有固体发动机的自立式运载器子级成本估算关系式为

$$H_{VS} = 22.4 M^{0.54} f_1 \cdot f_3 \cdot f_8 (\mathrm{WYr})$$

在这种情况下，参考质量包括发动机惰性质量。如果使用现有发动机，则必须计算级的发动机和级系统研制成本之间的差异。

由于项目数量少，尚未给这组系统定义技术品质因子。航天飞机助推器成本因其设计有回收模式而相对较高。

2.4.2 液体推进剂推进系统/模块

这组空间系统包括推进模块以及集成在航天器上的双组元系统。推进模块是有自己基本结构（连接所有部件）的推进系统，但没有外部（承载）结构，自身没有电源和智能设备（如遥测或制导与控制），这些功能由一个独立的模块（如阿里安运载器）或另一个系统[即航天器，如"伽利略"反推推进模块（RPM）]实现。这里，以阿里安5推进模块EPS和伽利略号太空船（木星轨道）RPM为推进模块的设计方案说明示例，如图2-24所示。

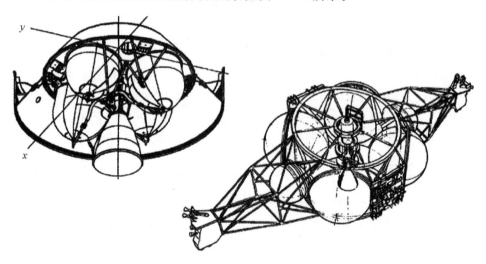

图2-24 推进模块的例子：阿里安5EPS和伽利略RPM（反推推进模块）

另一个有助于对推进模块和集成推进系统进行定义的是干质量与推进剂质量之间的关系，如图2-25所示。

图2-25中曲线显示了在相同的成本估算关系式中两个选项的质量差异：

(1) 航天器集成推进系统，如阿里安5型火箭滚动控制系统（SCA）；

(2) 推进模块，如伽利略RPM。

在参考项目和欧洲自动转移飞行器（ATV）合同成本的基础上，建立了基本成本估算关系式。推进模块的研制工作量大幅低于整级（第3章介绍）。推进模块的成本估算关系式定义为

$$H_{VP} = 14.2 M^{0.577} f_1 \cdot f_3 (\mathrm{WYr})$$

第 2 章 研制成本（运载系统和发动机）

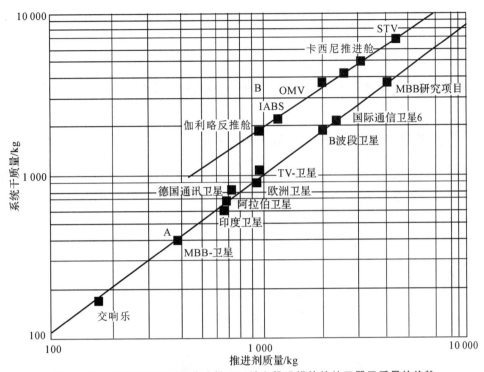

图 2-25 可贮存推进剂整体式推进系统和推进模块的航天器干质量的趋势

参考数据的散差只有±5%，如图 2-26 所示。但伽利略 RPM 和太空转移飞行器(STV)项目属于例外，STV 项目属于类型(3)(见 2.1.2 节)，而伽利略 RPM 是一个长期(12 年)的星际任务，具有很高的冗余，而且是需要大量验证工作的第一型一体化推进系统。此外，欧洲 ATV 项目高于正常成本水平，是因为这是该类项目的第一型，配有自主交会对接系统，而且研制延迟了 2 年以上。

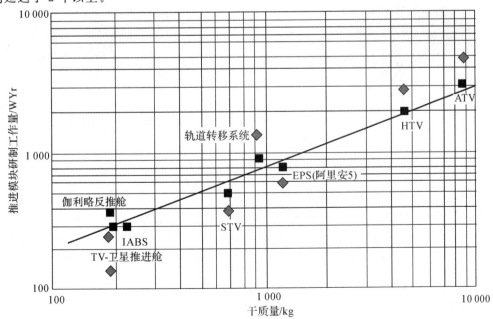

图 2-26 含 8 个参考项目的推进系统和模块的基本成本估算曲线

目前还没有建立这组技术系统的技术品质因子 f_2。一个重要的成本驱动因素可能是系统所需的工作寿命。

只有在这种情况下，系统干质量才包括发动机质量。但如果利用现有发动机，成本估算关系式导出的结果就不含发动机研制成本。否则，发动机研制成本预估要单独按照2.3.3节的成本估算关系式计算。

2.4.3 一次性弹道式飞行器子级和转移飞行器

这组航天器系统是一个大家族，用于主级、上面级和轨道转移飞行器。运载器干质量可作为成本估算关系式参考量，但不包括主推进发动机。这是由于经常采用现有的发动机，必须分别对其进行考虑。此外，采用单发动机或多发动机设计，对整个运载器研制成本也有强烈影响。例如，图2-27所示为人类迄今为止建造的最大运载器——土星5的第一级以及第一型低温上面级飞行器半人马座。

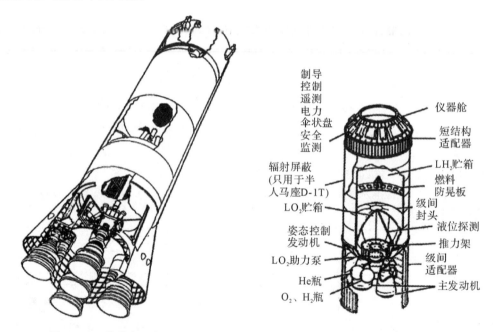

图2-27 弹道式一次性级（土星5 S-IC级和半人马座上面级以及转移飞行器）

2.4.3.1 运载器规模/推进剂质量对净质量分数的影响

准确的净质量和干质量值对运载器概念设计、性能和成本分析都非常重要。然而，运载器净质量分数在很大程度上取决于运载器规模对推进剂质量的需求，这一事实常常被忽视。因此，绘制了以下两个图，并对质量趋势与推进剂质量进行了最佳的统计分析。图2-28示出了传统推进剂（即偏二甲肼/四氧化二氮或液氧/煤油）运载器的干质量分数（DMF）和净质量分数（NMF）（干质量加上残留推进剂、机动推进剂、蒸发量预留和储备）。如图2-29所示，低温推进剂（液氧/液氢）运载器具有相同的特性，但净质量分数与干质量分数之间的差异非常明显，这是由于液氢固有蒸发损失而需要大量余量。

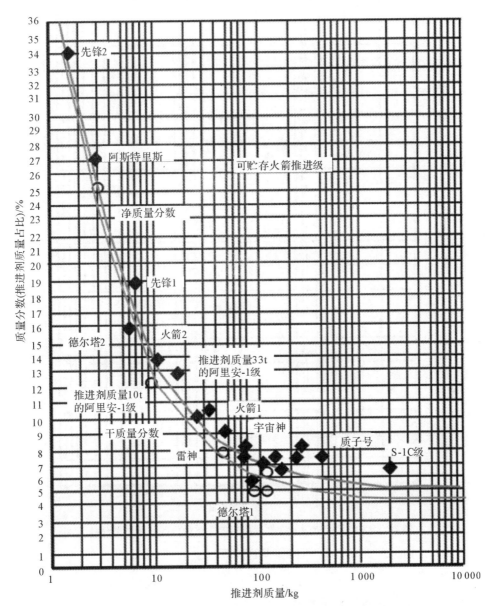

图2-28 传统推进剂(即偏二甲肼/四氧化二氮或液氧/煤油)火箭子级的
净质量分数(NMF)和干质量分数(DMF)的关系

采用氢作为燃料的子级,由于氢密度低而需要更大体积和更高质量,然而氢的性能高,大幅降低了推进剂质量需求,很大程度上抵消了其低密度的弊端。推进剂所需贮箱容积决定了火箭子级的规模和几何形状,相比之下,液氧/液氢约为液氧/煤油的两倍。因此,对净质量分数(NMF)来说,低温运载器比液氧/煤油运载器高约50%。

辅助结构元素,例如有效载荷整流罩和上面级适配器,包含在上面级参考质量中。质量分数(分别为级的净质量和干质量值)受所用发动机数量的影响,单台发动机质量需求最低,而多台发动机则增加了干质量和净质量值。

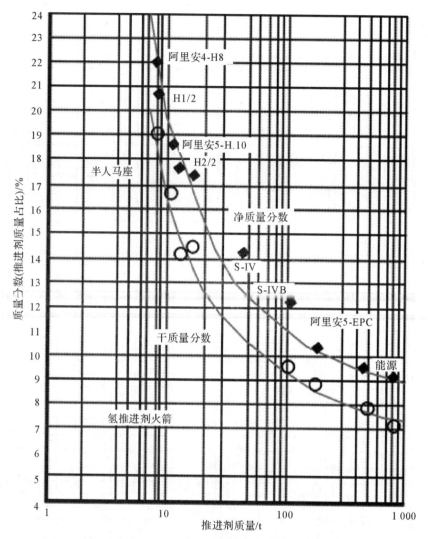

图 2-29 低温推进剂一次性运载器的净质量分数和干质量分数
与规模(推进剂质量)的关系

2.4.3.2 成本参考和成本估算关系式

如图 2-30 所示,通过相对数量较多的 12 个参考项目,可以为一次性运载器的级系统建立可靠的成本估算关系式为

$$H_{\text{VS}} = 98.5 M^{0.555} f_1 \cdot f_2 \cdot f_3 \cdot f_8 \cdot f_{10} \cdot f_{11} (\text{WYr})$$

该成本估算关系式涵盖了采用低温推进剂(液氧/液氢)运载器,及采用可贮存或更好的中能推进剂运载器的成本计算方法。低温级成本较高是其固有较高的干质量所致,还有一个相对较大的成本数据分布,是由所采用的技术水平、安全裕度、贮箱压力等引起的,已通过技术品质因子 f_2 将其考虑在内。如果没有 f_2,则由于数据散差太大就无法建立成本估算关系式。对于此处定义的项目,精度范围为 $-18\% \sim 16\%$。

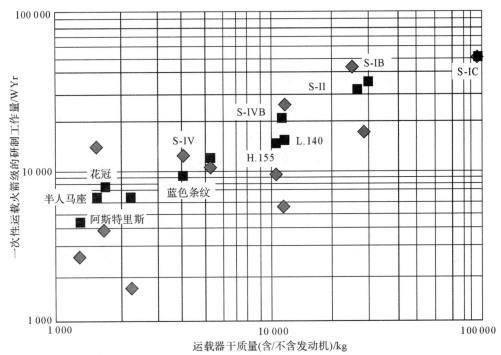

图 2-30 带有参考项目的一次性火箭级的基本成本估算关系式
（正方形表示回归后的值；菱形表示原始成本数据）

技术品质因子 f_2

运载器的净质量分数（NMF）用于技术品质因子 f_2。净质量是干质量加上关机时推进剂剩余量和气体的质量，这里不含发动机质量，关系到上升阶段所用推进剂质量，即

$$k^* = (M_n - M_e)/M_p$$

技术品质因子定义为平均 NMF 与实际 NMF 的比值，即

$$f_2 = k_{ref}/k_{eff}$$

式中：k_{ref} 为如图 2-31 和图 2-32 中所定义的平均参考净质量分数；k_{eff} 为运载器方案或现有运载器的有效净质量分数。

简单起见，将净质量分数图表细分为两个：一个用于液氧/液氢推进剂运载器；另一个用于其他所有推进剂，通常被称为"可贮存推进剂"或"中等能量推进剂"，如液氧/煤油组合及偏二甲肼/四氧化二氮运载器。

运载器干质量体现了所采用技术方案的技术水平，而技术水平是成本的驱动因素。此外，这种有关质量的品质因子的使用，避免了应用低技术含量的笨重设计，使得成本变得更加昂贵（因为基本的成本估算关系式是与干质量相关的）。换句话说，在同样技术水平下，运载器研制成本随干质量的增加而增加。然而，对于特定设计，在恒定推进剂质量下，使用现有的组件或技术虽然带来较高的干质量，但由于结构简单反而降低了研制成本。

追求高科技解决方案、先进材料可以降低干质量和发射质量，但会增加成本。这在某些情况下是可以接受的，但通常在航天运输运载器的设计和使用上，必须瞄准最低的成本。因此，在项目成本优化设计时，必须在干质量与研制成本之间进行仔细权衡。

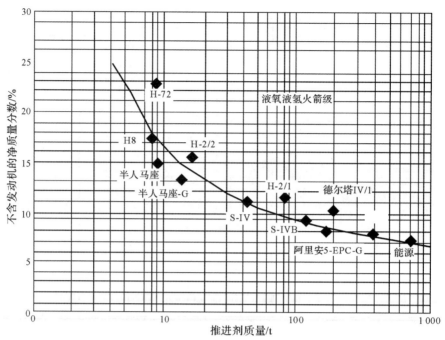

图 2-31 基于净质量分数 k^*（无发动机）的弹道式一次性液氧/液氢运载器技术品质因子 f_2 参考曲线

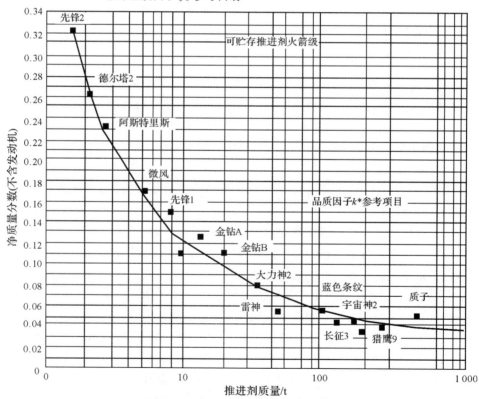

图 2-32 基于净质量分数 k^*（不含发动机）的中能或可贮存推进剂运载器技术品质因子 f_2 的参考曲线

2.4.4 弹道式可重复使用运载器

作为下一代成本效益较好的运载器选项,弹道式可重复使用运载系统一直都在论证。第一个方案设想早在 1962—1963 年间就已提出:Phil Bono 提出 ROOST 方案,Krafft Ehricke 提出 NEXUS 方案。过去几十年里,进行了相当数量的这种先进运载器项目研究,如图 2-33 所示(见参考文献[53])。研究过两级、单级和助推器辅助的运载器,但主要问题不是运载器规模太小、性能裕度不够(方案 No.1～No.8),就是运载器规模过大难以实现(方案 No.13～No.17)。最近的中等规模运载器详细设计有两类:一类是日本的 KANKOH 和德国 MBB 的 BETA Ⅱ方案(见图 2-34),它们采用尾部再入模式(采用热屏蔽和集成发动机);另一类是麦道公司的 DC-Y 和 DASA Festip 的 FSSC-3 方案(见图 2-35),它们采用前端再入模式,前端再入和后端再入近地轨道有效载荷都是 8 t,发射质量约为 600 t。前端再入模式与气动控制面结合,可以实现在更大的范围内降落,但在最后着陆前,需要运载器进行 180°转弯机动。

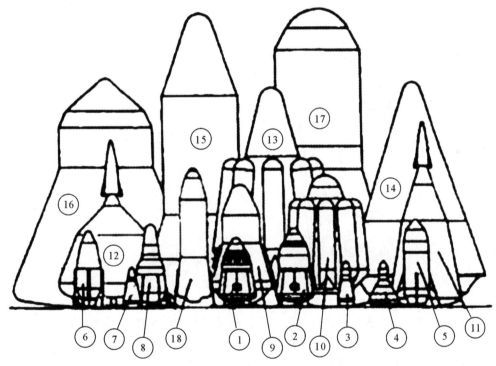

①—凤凰 E(1985)PaeAm;
②—凤凰 C(1982)PaeAm;
③—凤凰 L(1974)哈德森;
④—凤凰 L'(1976)哈德森;
⑤—S-ⅣB(1965)道格拉斯;
⑥—SASSTO(1967)道格拉斯;
⑦—ATV(1972)美国国家航空航天局 Manchall
⑧—BETA(1969)MBB-德国;
⑨—Hyperion(1965)道格拉斯;
⑩—飞马座(1969)道格拉斯;
⑪—未命名(1970)MASA-OART-MAD;
⑫—SERV(1971)克莱斯勒;
⑬—ROMOUS(1964)道格拉斯;
⑭—NEXUS(1984)通用动力学;
⑮—未命名(1983)洛克韦尔;
⑯—未命名(1977)NASA-JSC;
⑰—"大洋葱"(Big Onion)(1976)波音;
⑱—BETA 2(1988) MBB

图 2-33 弹道式可重复使用运载器方案历史回顾

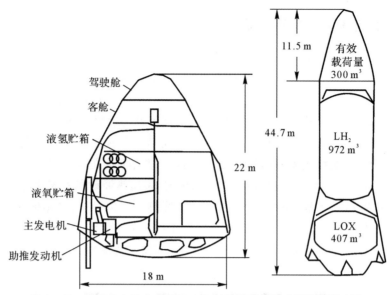

图 2-34 尾部再入模式的弹道式可重复使用单级入轨运载器方案
(采用发动机热屏蔽板的 KANKOH MARK 和塞簇发动机布置的 BETA ⅡA)

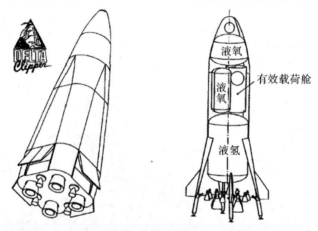

图 2-35 具有气动控制面的前端再入弹道式单级入轨方案(DC-Y 和 FESTIP FSSC-3)

1993—1995 年间,麦道公司通过试飞三角快帆试验机 DC-X 以及多项研究证实了单级入轨(到 LEO)可重复使用运载器的可行性。作为未来运载系统的一个选项,人们恢复了对该类型运载器的兴趣。尽管此类运载器尚未实现,本书以此为例证实了该成本模型可以用于分析新型运载器,而不是仅能处理旧型运载器。只是处理旧型运载器有时被认为是基于统计的成本模型。

运载器所需的净质量(包括轨道和着陆推进剂)是一个重要的成本参数。因此,重大项目都对运载器的干质量分数和净质量分数进行了研究(见图 2-36)。弹道式可重复使用运载器的净质量比相同推进剂量的一次性运载器高出 50% 左右。这是由于重复使用和反复的周期性载荷、再入热防护在结构设计上采用了更高的安全性要求,综合检查或健康控制系统额外增加的附加设备,以及增加的冗余设计等因素。相同的有效载荷下,较高的净质量也需要增加推进剂质量,这就使的净质量增加。

图 2-36 中 NMF 和 DMF 曲线代表额定的设计基准。数值的变化取决于飞行器的设计原则(即模块化可使数值增加)、结构安全系数、发动机类型和数量(多发动机方案与单个大发

动机相比,推质比低,将使 NMF 增加)。干质量和净质量之间的差异是 22%～25%。它包括轨道操作(轨道提升、下降冲量)、姿态控制和主动着陆机动(反推冲量)的推进剂。

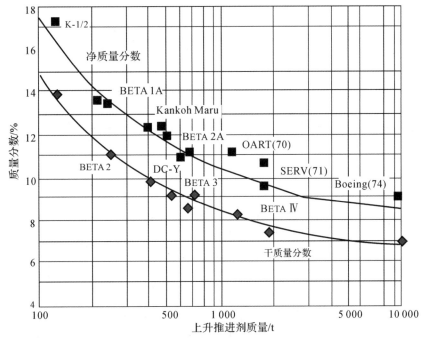

图 2-36 采用液氢/液氧弹道式可重复使用运载器净质量分数(NMF)与干质量分数(DMF)(包括发动机)

在同样的有效载荷下,单级入轨可重复使用运载器,消耗的推进剂质量是一次性运载器的 2 倍。由图 2-36 可以得出这样的结论,即更大的推进剂质量和固有较高质量比,导致可重复使用运载器净质量(总净质量,包括发动机)高出约 180%。相比于一次性运载器,可重复使用运载器所需的安全系数更高,相应带来更高的结构质量,如表 2-1 所示。

表 2-1 运载器设计安全系数(见参考文献[121])

	非受压结构	受压结构	管线直径(>4 cm)
一次性运载器	1.1	1.25	1.25
航天飞机轨道器	1.35	1.8	1.5
可重复使用运载器	1.35～1.5	1.8～2.0	2.5
商用飞机	1.5	2.0	2.5

以液氢为燃料的单级入轨运载器执行近地轨道任务是可行的,大多数方案都采用这一基准线。可贮存推进剂由于其性能低,执行近地轨道任务需要两级构型,如 K-1 运载器(参见图 2-74)。在这种情况下,传统的技术基线(即降落伞回收级),相应降低了研制成本。由于运载器研制没有完成,还没有最终研制成本的数据可以作为参考。作为一个纯粹的商业投资,研制成本值可能为传统模式的政府合同成本的 20%～35%。

为建立一个初步的成本估算关系式,利用 8 个弹道式可重复使用研究项目(根据 TRANSCOST 基本规则增加了 15% 成本裕度)的详细研制成本预估,最终得出了一个合理的结果,其成本在有翼轨道飞行器和先进飞机之间。此外,使用 FSSC-3 方案子系统为基础的 PRICE-H 计算机模型,详细的成本分析结果相当理想,如图 2-37 所示。由于大型运载器还没有现成的经验,其成本存疑。

弹道式可重复使用运载器(不含发动机的质量和研制成本)研制的初步成本估算关系式如下:

$$H_{VB} = 803.5 M^{0.385} f_1 \cdot f_2 \cdot f_3 \cdot f_8 \cdot f_{10} \cdot f_{11} (WYr)$$

式中,f_2 的定义与一次性运载器的相同,即 $f_2 = NMF/NMF_{eff}$。其中,NMF 如图 2-36 所示(含发动机质量)。

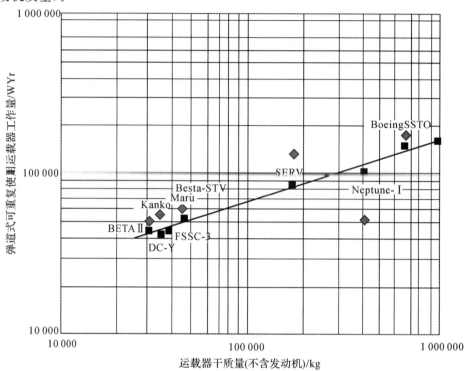

图 2-37 弹道可重复使用运载器的基本成本估算关系

2.4.5 有翼轨道火箭飞行器

2.4.5.1 运载器方案选项

这组航天飞行器包括所有采用火箭推进的有翼运载器,具有再入并在机场水平着陆的能力。虽然外形看起来类似于火箭推进运载器,但有翼再入运载器,如航天飞机轨道器、俄罗斯的"暴风雪号"、欧洲的"赫尔姆斯"和日本的"希望"工程不属于这个类别。所不同的是,有翼运载器缺乏主推进能力(上升推进剂质量),取而代之的是长期的轨道试验能力,这类运载器包括"载人航天系统"(见 2.4.9 节)。以下 3 个不同的运载器方案可通过这类运载器的初步成本估算关系式来分析。

1. 垂直起飞水平着陆单级入轨

由不同公司和机构研究的首选飞行器外形是传统的翼身设计,如图 2-38(a)所示。图 2-38(b)是洛克希德·马丁公司设在加利福尼亚州的"臭鼬工程"工作小组为"冒险星"单级入轨设想的升力体外形,制造了一个缩尺验证飞行器 X-33(见 2.6.3 节),采用线性塞式火箭发动机,速度应达到 $Ma = 12 \sim 13$,但该计划在进行试飞前被终止。洛克希德·马丁的"冒险星"是迄今为止最"雄心勃勃"的单级入轨方案:1993年设想的运载器起飞质量为960 t,经过详细设计,到2000年增长到1 545 t,其中推进剂质量为1 345 t,净重为175 t,近地轨道的有效载荷为25 t。

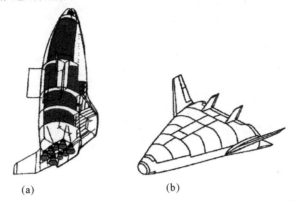

图 2-38　有翼垂直起飞单级入轨的运载器构型(FESTIPÇ-1 和"冒险星"升力体方案)

2. 水平起降和辅助系统的单级入轨

以目前的技术水平,单级火箭推进的运载器还不能进入地球轨道。为了克服这一缺点,通常采用以下3种方法。

(1)使用诸如安-225 现有最大的货运飞机,问题是载荷能力有限,在最大起飞质量620 t下,载荷为250 t。BAE 已详细研究了这个选项,将其作为"临时 Hotol"或"Hotrock"。由于第一级只能提供较低的速度(高度10 km、速度约为750 m/s),在乐观假设下,对于带209 t推进剂的轨道飞行器(见图 2-39),其最大有效载荷为净质量的16.5%。相对于 AZIMUT,载机选项的优点是其灵活性,但仅限于小型有效载荷。

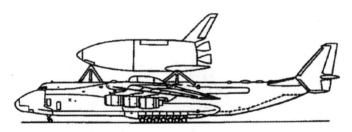

图 2-39　机载发射的重复使用运载器(BAE 中期 HOTOL 研究"Hotrock",见参考文献[151])

(2)轨道橇推进发射。另一种发射助推的选项是,使用推进橇系统加速运载器到约185 m/s(666 km/h)。这是由已故的桑格尔教授在1942年为火箭飞机首先提出的。这个想法随 EADS-Astrium 公司在德国的 HOPPER 项目而复活,使用了热水推进(见参考文献[149])的火箭橇(见图 2-40)。这条轨道需要几千米的长度来确定发射 AZIMUT 方向,这意味着因其他轨道倾角需要额外的速度增量(和负载损耗),转弯机动也导致干质量受到较高的翼载荷影响。由于一些实际原因,限制了运载器规模,起飞质量约为600 t。

发射橇轨道系统最先进的解决方案将是磁悬浮。在 NASA 马歇尔航天飞行中心,已经进行了关于高速磁悬浮轨道的研究,2000年建成了105 m轨道,用于模型试验运载器。NASA 的行业合作伙伴 PRT 先进磁悬浮系统公司估计,一个完整规模的示范轨道长度为2.4 km,其成本为50万~100万美元(1999年),该轨道设计成在9 s将54 t运载器加速到640 km/h(见参考文献[153])。

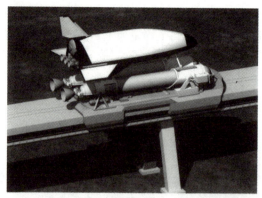

图 2-40 热水火箭推进发射橇(柏林航天研究所)

(3)亚轨道速度设计。这是第三种克服火箭推进水平起飞运载器的边际性能的方式,使其成为两级运载器(正如 HOPPER 概念提出的)。在这种情况下,需要一个或多个远程着陆靶场,运载器采用水运再运回发射场。

3. 两级重复使用运载器的有翼二级

两级入轨运载器的第一级可以是一次性的弹道式可重复使用运载器或飞回式运载器(见 2.4.6 节)。有翼二级运载器,也可以与高速飞机融合,如桑格尔项目(见图 2-46 和图 2-47)。

垂直发射模式的两级运载器必须采用火箭推进。有两种方案:并联或串联分级(见图 2-41)。一个特殊的变种是"双体"或"三体"的构型(图中未示出),其中一、二级具有相同的外部几何形状,但内部不同,由于一级推进剂贮箱较大,而货舱在上面级,与优化的级大小相比,总体性能有所降低。这个特殊方案是否有成本优势,是一个公开争论的问题。为了提高系统效率,它需要在飞行过程中将推进剂从第一级转移到第二级。

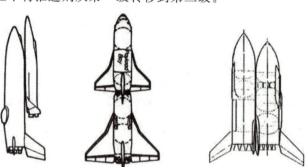

图 2-41 并联和串联布置的两级有翼运载器

2.4.5.2 有翼轨道飞行器的净质量

与弹道式可重复使用运载器相比,由于翼、气动控制面和所需的驱动器电源系统额外质量,有翼运载器不仅净质量较高,而且对规模大小也敏感得多,如图 2-43 所示。

有翼轨道飞行器的净质量趋势已通过十多个项目的详细研究得到证实(见图 2-42 和图 2-43)。图 2-42 示出了有翼火箭运载器项目净质量与推进剂加上有效载荷质量的关系。这种情况不同于一次性运载器,有效载荷舱位于运载器中心,这会影响运载器的规模以及相应的质量和成本。此外,还有自主运载器和有人驾驶运载器之间的差异。所有运载器均使用液氧/液氢推进剂。

第 2 章 研制成本(运载系统和发动机)

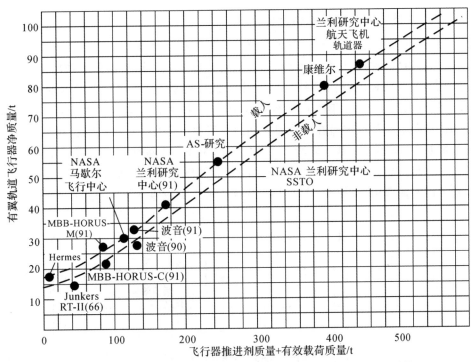

图 2-42 载人和非载人的有翼可重复使用运载器(火箭推进)净质量

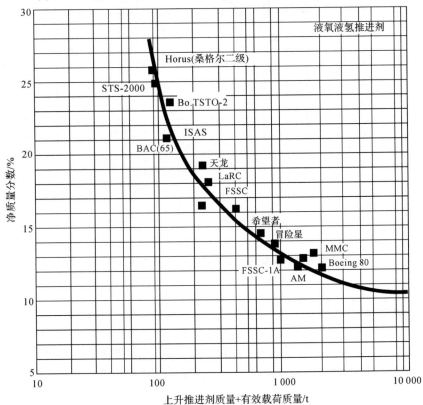

图 2-43 有翼轨道飞行器净质量分数与参考质量(有内部货舱的无人飞行器,包括发动机)的关系

2.4.5.3 有翼轨道飞行器的成本估算关系式

因为还没有已实现的项目,建立有翼轨道可重复使用运载器的成本估算关系式是有困难的。航天飞机轨道器与这类运载器有所不同,但可以作为这种运载器已实现的第一型。第一个项目是 DYNA-SOAR 飞行器(1960 年)。由于缺乏经验,当时把研制成本预估得太低了。成本增长导致该项目于 1963 年终止。参考点 HL-20 来自于 NASA 兰利研究中心与洛克希德·马丁的"臭鼬工程",该项目在传统模式和商业研制下运行(见参考文献[46])。

"赫尔姆斯"的研制成本基于阶段 C/D 的详细工业建议,再加上 15% 的不可预见的问题和延误(见 2.11 节讨论)。FSSC 值来源于详尽的运载器设计研究和基于子系统的成本估算(加 15%)。有了这些参考点(见图 2-44),初步建立了如下的成本估算关系式:

$$H_{VB} = 1\,420 M^{0.35} f_1 \cdot f_2 \cdot f_3 \cdot f_8 \cdot f_{10} \cdot f_{11} (\text{WYr})$$

基本成本估算关系式的最大偏差范围为 ±20%,只能应用技术品质因子得到。

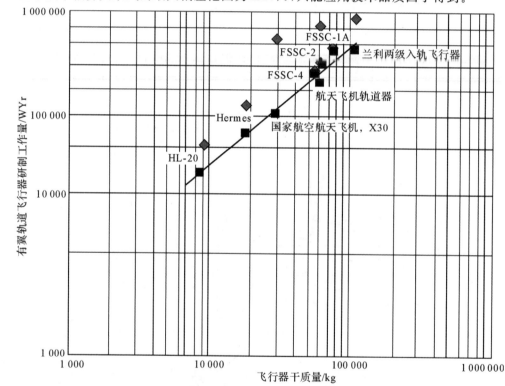

图 2-44　8 个参考项目有翼轨道可重复使用运载器的基本初步成本估算关系式

(方块是标准化值,菱形为原始数据)

> 技术品质因子 f_2

技术品质因子与运载器净质量有关,是有翼运载器的主要成本驱动因素。以图 2-41 中的净质量中间值作为参考基准,运载器净质量包括发动机和相关的其他质量,即推进剂加上有效载荷:

$$\text{NMF } \varepsilon^* = M_N / (M_P + M_{P/L})$$

技术品质因子定义为

$$f_2 = (\varepsilon^*/\varepsilon)^2$$

式中:ε^* 作为额定值,取自图 2-42;ε 是评估项目的 NMF 值(无乘员舱/驾驶舱的自主飞行器)。

这个定义考虑使用先进材料和工艺的影响,即减少净质量但增加了成本。图 2-45 说明了这一点:对于给定运载器设计方案,在基本成本估算关系式下,假设质量减少 5% 会使成本降低约 1.7%。然而正如预期,应用 f_2,成本不仅不会下降,还增加了 9.1%。同样,如果采用较为简单的技术,使质量增加约 5%,可以预期成本降低约 7.5%。这对具有相同规模(相同的推进剂质量)的运载器是有效的。

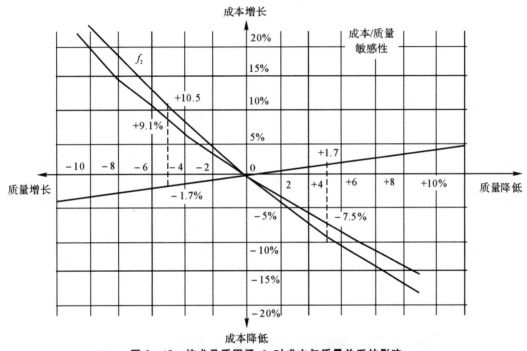

图 2-45 技术品质因子 f_2 对成本与质量关系的影响

与无人驾驶运载器相比,载人运载器需要更大的干质量。这是由于额外需要加压舱,且生命支持系统和乘员设备也带来了更高的电力需求,从而增加了电源子系统的质量。这些要求,对于一个具有 2~5 人乘员组(包括驾驶员)的运载器,结果不是运载器规模较大(与同等有效载荷能力的无人驾驶系统相比),就是有效载荷减少 3.5~5.5 t。1990 年,有研究者为桑格尔荷鲁斯轨道飞行器提出了回避整体式驾驶舱的替代方案构思(参见参考文献[29]),其于 1994 年被 NASA 航天飞机后续飞行器研究所采纳(参见参考文献[59])。这种情况下,旅客的居所由一个独立的、被放置到货舱中的加压舱来实现。

2.4.6 水平起飞一级运载器、先进飞机和空天飞机

2.4.6.1 运载器特性(水平起飞)

这组运载器包括先进(超声速)飞机,并具有吸气式推进系统(涡轮喷气发动机),且从常规跑道起飞的运载器第一级。图 2-46 为一些代表性的运载器,它们具有从不同场地起飞的高度灵活性。

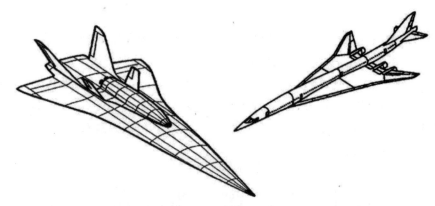

图 2-46 桑格尔Ⅱ TSTO 太空发射系统($Ma=6.8$)和超声速客机
(麦克唐纳·道格拉斯,$Ma=2.8$)

与垂直起飞的运载器不同,这种类型的有翼运载系统,能够在欧洲范围内的(军事)机场执行航天飞行任务。然后,可以在适当的纬度,并在任何 AZIMUT 方向发射上面级。

在 1986—1995 年,德国"高超声速技术计划"对桑格尔Ⅱ方案进行了广泛研究,并以其为基准构型来定义许多技术研发活动。在这些研究中,MBB 奥托布伦的 $Ma=6.8$ 氢燃料冲压发动机实现成功演示,该计划是欧洲可重复使用运载器领域最大的活动。

桑格尔Ⅱ的构型是:总起飞质量为 410 t,第一级质量为 295 t,第二级称为"荷鲁斯",质量为 115 t,包括 400 km 轨道的有效载荷 7 t,如图 2-47 所示。运载器长度为 82.5 m,翼展为 45 m。第一级的推进剂是氢,质量为 118.7 t,而第二级是氢/氧,质量为 83.5 t。高压火箭发动机(ATC-1500)推力为 1 500 kN,比冲为 469 s,燃烧室压力为 27 MPa。

图 2-47 桑格尔Ⅱ两级运载器,第一级为高超声速飞机,第二级为有翼的火箭飞行器
(MBB 公司,现在的欧洲防务)

火箭助推的第二级"荷鲁斯"具有整体空气动力学优化的头部,也可以配备载人飞行任务的加压舱,但有效载荷要减少 3.3 t。桑格尔Ⅱ运载器,首先由其 6 台涡轮喷气发动机加速到 $Ma=3.5$,高度为 20 km,然后再切换成冲压发动机工作并以 $Ma=4.4$ 在 27.5 km 的高空巡航飞行。级分离前最后加速达到 $Ma=6.8$,高度为 37 km。最后一站飞回发射场。

图 2-48 为波音的 BETA Ⅱ方案构型,采用传统的(煤油)涡轮喷气发动机推进,限制在 30 km 高空,最大速度为 $Ma=3.3$。因此,火箭推进的第二级是比较大的,安装在载机下方。为了匹配条件以支持第一级的吸气式发动机,其 SSME 火箭发动机在 10 km 的高空就点火了。第一级总质量为 370 t,包括 180 t 推进剂(JP-4 和低温推进剂)。第二级总质量为 280 t,其中包括 227 t 的推进剂和 10 t 的有效载荷,运载器起飞总质量为 650 t。

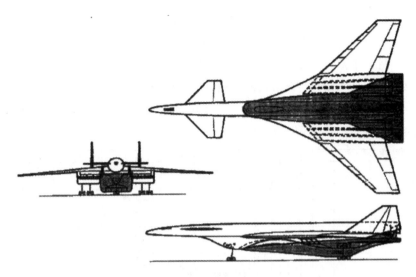

图 2-48　波音公司 BETA Ⅱ TSTO(Ma=3.5 SST)运载器方案(1993 年)

2.4.6.2　先进飞机干质量分析

图 2-49 示出了先进飞机的干质量分数与起飞质量和推进剂质量的关系,可见其干质量分数与传统飞机并没有很大的差异。

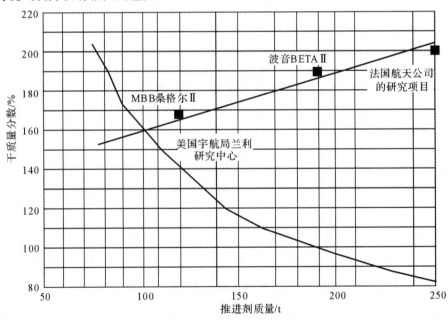

图 2-49　采用吸气式推进系统的水平起飞第一级运载器的干质量(t)和干质量分数(%)

2.4.6.3　成本估算关系式和技术品质因子

9 个先进飞机项目的研制成本,给推导成本估算关系式提供了基础,如图 2-50 所示。这种先进飞机的成本估算关系式也应该适用于未来吸气式推进、水平起飞的第一级运载器。关系式如下:

$$H_{VA} = 2\,169 M^{0.262} f_1 \cdot f_2 \cdot f_3 \cdot f_8 \cdot f_{10} \cdot f_{11} (\text{WYr})$$

两个商业的亚声速飞机研制项目的趋势相同,但与大多数政府投资的 $Ma>2$ 的军用飞机项目相比,其成本/质量处于相当低的水平(1/3)。在一定程度上,由于现有亚声速飞机的经验,商业项目研制工作量要低得多,但更主要的原因是不受烦琐的外部需求和控制程序困扰的独立工业研发方式。后面的章节(2.6.3节)显示,应用商用工业研发方式,航天项目成本降低到 1/3 或 1/4 也是可行的。在这种情况下,所使用的参考质量是空重,这与飞机的寻常术语和定义是一致的。

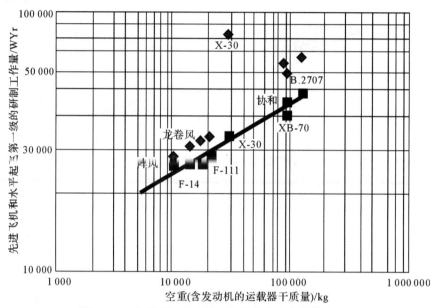

图 2-50　参考项目和高速飞机的基本成本估算关系式

技术品质因子 f_2

虽然只有少量的参考数据,但获得高速有翼运载器技术品质因子的一种方法是:以飞行器的最高速度能力作为参数,导出的技术品质因子 f_2 为马赫数的 0.15 次方,即

$$f_2 = Ma^{0.15}$$

这个技术品质因子使航天飞机轨道器具有 $Ma=25$(再入)的速度,以适应这个成本估算关系式。该技术品质因子应被视为粗略的,有待被未来高速飞机项目确认或修正。

2.4.6.4　空天飞机(吸气式组合动力单级入轨运载器)

这些像飞机的、采用吸气式组合动力水平起飞的运载器有时被认为是航天运输的最终方案。

1984 年英国航空航天公司公布其 HOTOL 方案(见图 2-51):运载器水平起飞,起飞质量为 250 t,理论上能将 7 t 的有效载荷送入 300 km 的赤道轨道。最初,使单级有翼飞行器进入轨道的"秘密"是高性能火箭发动机,在初始的上升弹道使用过冷压缩空气而不是液氧。所涉及的技术问题是以液氢为工质的热交换器除冰操作。然而,HOTOL 方案固有的缺点是有推进剂(上升)和无推进剂(回程航班)时的大质心差异引起的飞行控制问题。

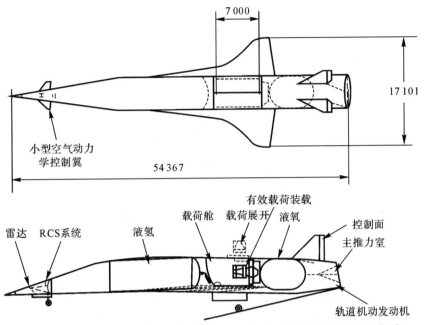

图 2-51 英国航空航天公司 1984 年的 HOTOL 初始方案（见参考文献[52]）

后来，MBB-Dasa 对 BAe 进行了研究，根据欧空局合同以及有关裕度和安全因素的要求，对于这样一个约 600 t 的运载器，得出需要高得多的发射质量值（在这种情况下，与使用火箭冲压发动机性能相近），这就需要与发射橇结合。在后来 HOTOL 方案中也发现，其最根本的问题是这类运载器对干质量的敏感性，使得其实际有效载荷能力饱受争议。

艾伦·邦德（英国反作用发动机公司）提出了一种改进的运载器方案，名为"云霄塔"（SKYLON），在襟翼翼尖处安装了两台"佩刀"（Sabre）发动机，从而改善了稳定控制问题。然而却因此失去了发动机进气道在机身的预压缩作用。该运载器以吸气式火箭发动机工作模式到达高度为 30 km，速度为 $Ma=5.5$，此后使用液氧。

在 1986—1993 年，美国对一种更先进的飞行器方案进行了研究：美国国家航空航天飞机计划（NASP）致力于以 X-30 演示飞行器（无负载，没有作战任务要求）演示超燃冲压发动机。在技术设计阶段花费了约 25 亿美元，而 X-30 飞行器质量从最初的 23 t 增加到了 160 t，并有进一步攀升的趋势。遇到的技术问题极难处理。15 年发展计划的总成本预估约 150 亿美元（见参考文献[91]）。

对于这种空天飞机方案（包括火箭冲压发动机、超燃冲压发动机、火箭推进），欧空局在"有翼运载器构型研究"项目中（见参考文献[91]）也进行了研究。迄今为止，这大概是最现实的运营性空天飞机（见图 2-52）研究，但其结果并不令人满意：它需要使用液氢，使得推进剂贮箱尺寸较大，同时使运载器规模较大——长度为 80 m，起飞质量为 670 t，达到了可实现的水平起飞运载器的最大极限。ALTOS 计算机程序优化的上升弹道计算验证的近地轨道有效载荷为 4 t。这里假设已经应用了先进材料，而这些材料仍处于实验室研发阶段。飞行器干质量计算值为 152 t，其中包括 11% 的裕度。干质量大而载荷小使这一运载器方案对任何质量变化（质量增大）都极为敏感。关键的问题是进入轨道的质量大，这主要是由运载器的规模、热防护和需要大范围可变的进气道(加再入保护)的复杂推进系统带来的。吸气式推进的比冲高,看起来非常有吸引力(见图2-53),但在大气层内长时间的上升弹道,也意味着更多的阻力损失,使总速度增量的需求加大。

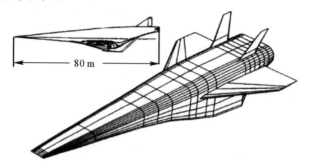

图2-52 采用组合推进的有翼单级入轨运载器(空天飞机)
(欧空局有翼运载器构型营运性航空航天飞机方案)

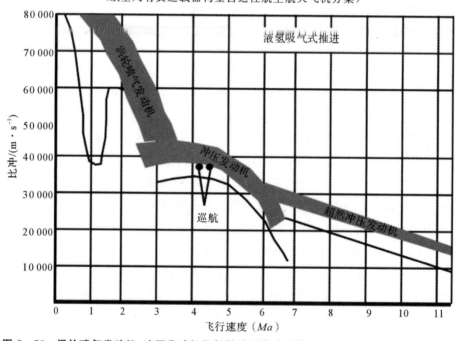

图2-53 涡轮喷气发动机、冲压发动机和超燃冲压发动机推进在相关飞行速度范围的比冲

由于干质量是最重要的成本驱动因素,这种运载器即使可以解决所有技术问题,经济上是否有竞争力还是令人怀疑的。在503 t推进剂质量下,假设应用先进技术,上述单级入轨运载器净质量分数为32.4%。另一个特殊问题是推进系统和运载器结构、热控固有的一体化。因此,独立的成本评估是不可行的,比如庞大而复杂的进气道。

对于干质量为152 t、飞行速度$Ma=25$的单级入轨运载器,采用先进飞机的研制成本估算关系式,得出的结果是140 000 WYr或320亿美元(2003年)。不仅研制成本非常高,而且这样的SSTO到LEO的单位质量运输成本要比采用吸气式第一级的两级有翼运载器(MBB桑格尔和波音BETA Ⅱ方案)高出约50%(见参考文献[55])。参考文献[92]中讨论的结果也是类似的。

2.4.7 垂直起飞第一级飞回式运载器（垂直起飞）

利用涡轮喷气发动机返回到发射场的有翼第一级方案是两级入轨运载器的首选方案。在这种情况下，由于把对飞机的要求加入到垂直起飞运载器的要求中，从而使其成为一个复杂且费用高昂的运载器方案。这类运载器分离前速度达到 $Ma = 5 \sim 9$，使用涡轮喷气发动机巡航飞回发射场。只有在较低的分离速度（$Ma = 3$）的情况下，无需辅助吸气式发动机而滑翔飞回发射场才是可行的。图 2-54 所示为一种典型的飞回式运载器设计方案，可以将它单独或成对配置用来发射可重复使用或一次性的第二级。

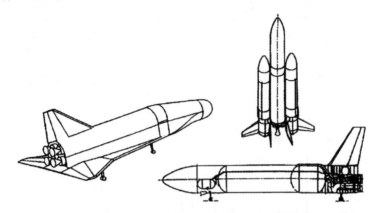

图 2-54 采用涡轮喷气发动机的飞回式有翼火箭助推器（LFBBs）

图 2-55 所示为这类运载器的净质量分数，其中整合了许多详细的研究项目。与轨道飞行器（见图 2-43）相比，其净质量值大幅提高，尤其对于推进剂量低于 800 t（25%～45%）的运载器更为明显。这是受涡轮喷气发动机及其回程飞行所需的燃料影响，以及飞机更多的特殊设计要求造成的。考虑到飞回推进剂量、剩余量和推进剂储备量，净质量和干质量之间的差异是 22%（21%～23%）。图 2-55 也显示了"滑翔飞回式运载器"的净质量曲线。由于分离速度较低（$Ma = 3$），相对回程较短，可避免使用额外的涡轮喷气发动机和为飞回发射场或降落在另一个偏远机场的燃料，因此，净质量和干质量之间的区别只有约 10%。这个值和相应的净质量分数受分离速度和飞回所需推进剂量的影响。

两者的主要区别在于，运输机需要大的内部载荷空间，而飞回式助推器在外部携带有效载荷。相对较重的涡轮喷气发动机的规模是根据起飞质量确定的，而对于飞回式助推器，空运载器巡航飞回只需要小型发动机就够了。翼的大小也是在这种条件下确定的。

对于传统的飞机和垂直起飞运载器，没发现最大飞行速度（马赫数）对干质量有主要影响，如亚声速飞机、协和（$Ma = 2.1$）、SST（$Ma = 2.7$）和桑格尔 EHTV 型（$Ma = 4.4$）在图 2-49 上的数据点。

由于这种类型的飞回式运载器尚未实现，只能得到一个初步成本估算方法，即在有翼轨道飞行器（见图 2-44）和高速飞机（见图 2-50）基本成本估算关系式之间进行插值。这个结果是可信的，因为飞回式运载器比飞机更复杂，但不如轨道飞行器再入所涉及的热负荷要求苛刻。图 2-56 示出了这种方法得到的研制成本初步成本估算关系式。推导出的飞回式助推器的成本估算关系式被定义为

$$H_{\text{VF}} = 1\,462 M^{0.325} f_1 \cdot f_2 \cdot f_3 \cdot f_8 \cdot f_{10} \cdot f_{11} (\text{WYr})$$

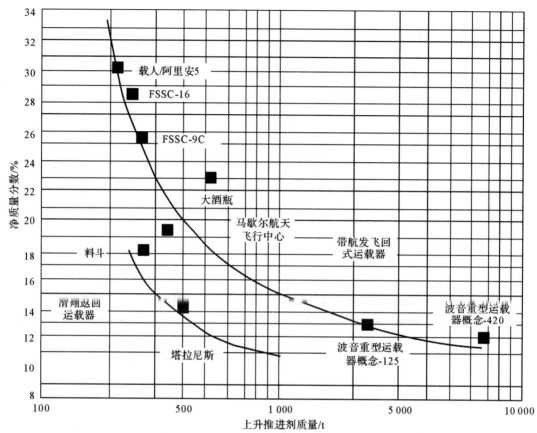

图 2-55 有翼垂直起飞火箭推进第一级运载器(飞回式助推器)净质量分数

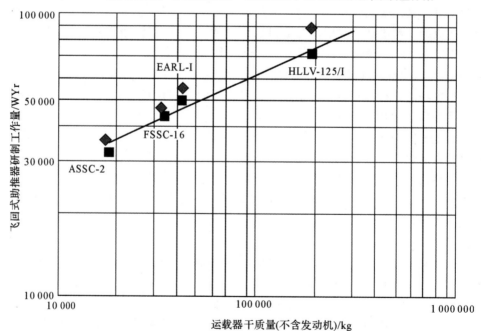

图 2-56 根据 4 个参考项目的飞回式助推器的成本估算关系式

通过 EARL、FSSC-16 和 ASTRA ASSC-2 飞回式助推器项目详细的研究,利用子系统为基础的

PRICE-H 模型得出研制成本的值。由于项目的数据点不足,尚未定义技术品质因子 f_2。

2.4.8 载人弹道式再入舱

弹道式舱体(如沃斯托克、水星、双子星和阿波罗)最初被人们用于进行载人航天活动。这种系统重新引起注意是作为救援飞行器或紧急船员返回飞行器,成为空间站运营计划的一部分。最近,这一概念已被 NASA 选定为"猎户座"乘员探索飞行器,因此为载人弹道式舱体建立了专门的成本估算关系式。阿波罗指令舱模块为该类型最先进的项目,如图 2-57 所示。表 2-2 中示出了包含其他知名项目(如水星和双子星项目)的成本估算关系式数据库。其中,水星数据取自 NASA 公开的出版物,双子星数据出自《航空周刊》(1967 年 1 月 16 日),阿波罗的数据来自洛克威尔文件 SD-71-35-1(1972 年 6 月)。

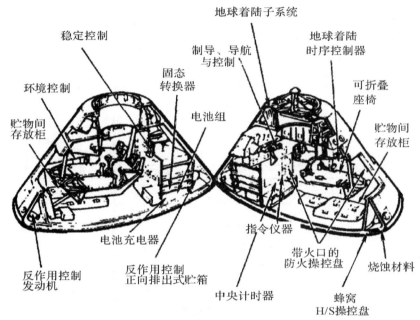

图 2-57 阿波罗指令舱和载人弹道式舱体

利用表 2-2 的 WYr 值,理论上会产生一个较好的成本估算关系式曲线,但情况并非如此。成本趋势与干质量几乎成正比,或表现出恒定的单位成本(每千克成本)。然而,与其他所有航天系统的特点相比,这是不现实的。各类项目表现出单位成本随规模(质量)增大而降低,即著名的"规模因子"。这有一个很合理的解释:许多活动和子系统没有或很少依赖于运载器规模,因此较大的系统往往成本效益更佳。

表 2-2 弹道式舱体参考项目数据

	干质量 kg	乘员数	研制			任务时间 天
			时间段	成本/百万美元	成本/WYr	
水星	900*	1	1958—1963	262	9 300	2
双子星	2 000**	2	1962—1965	450	1 500	15
阿波罗指令舱	5 380*	3	1962—1966	1 116	37 200	20
猎户座乘员探索飞行器	7 800	6(4)	2006—2013	(3 900)	(16 000)	(20)

注:* 无逃逸塔,** 带推进系统和适配器为 3 000 kg。

与水星和双子星相比,阿波罗指令舱更高的成本可以溯源到远距离的月球的先进通信系统(带自动地球指向天线反射器)的研制,以及被设计为60"人·日"能力的生命支持系统和供电系统上。

图2-58显示了基本成本估算关系式品质因子的应用。具体公式为

$$H_{\mathrm{VC}} = 463 M^{0.408} f_1 \cdot f_2 \cdot f_3 \cdot f_8 \cdot f_{10} \cdot f_{11} (\mathrm{WYr})$$

技术品质因子 f_2

通过尝试不同的方法,取得的最佳技术品质因子是乘员人数与活动时间的乘积的0.15次方,即

$$f_2 = (N \cdot T_{\mathrm{M}})^{0.15}$$

式中:N 为乘员人数;T_{M} 为最长任务设计时间。

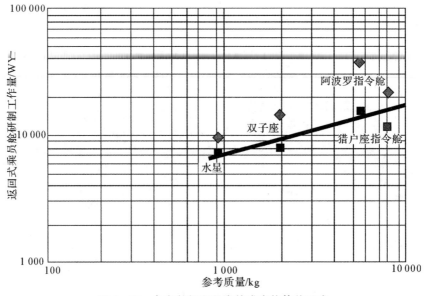

图2-58 参考数据和导出的成本估算关系式
(猎户座的数值是拟议成本;最终是载人再入舱的成本)

利用该品质因子,可以推导出参考项目的回归因子如下:

水星　　　　$(1\times2)^{0.15}=1.11$

双子星　　　$(2\times15)^{0.15}=1.67$

阿波罗　　　$(3\times20)^{0.15}=1.85$

猎户座　　　$(6\times10)^{0.15}=1.85$,$(2\times20)^{0.15}=1.93$

使用这些品质因子值作为历史参考数据回归因子,能得到更好的实际成本与质量趋势关系的成本估算关系式,而且成本水平与其他项目具有可比性,参考项目的范围为基本成本估算关系式的±20%。

猎户座舱体研制合同为13 900 WYr(39亿美元,2006年)。TRANSCOST成本估算关系式的结果是22 140 WYr(或57亿美元,2006年)。2011年11月,成本已达到63亿美元(根据2011年11月14日《航空周刊》),约21 570 WYr,但研制只能于2014年完成。NASA已经宣布了一个新增的飞行测试,这将花费3.72亿美元(或1 180 WYr,2012—2013年)。

2.4.9 载人航天系统

这组运载器是初步的,包括尚未被前述成本估算关系式涵盖的所有载人航天系统,如:
(1)有翼再入系统/乘员返回和救援系统;
(2)轨道空间站系统(自由飞行者,无连接模块);
(3)带乘员舱的航天器和(月球)登陆器飞行器。

尽管已经实现的载人航天系统数量有限,仍然以6个参考项目(见图2-59)为载人航天运营系统的通用基准,可使其包含在一个共同的成本估算关系式内。

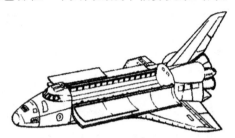

图2-59 航天飞机轨道器作为有翼载人飞行器具有轨道实验能力

这些项目包括从质量为3 000 kg的完整的双子星系统(包括设备适配器和推进舱)到总质量为281 500 kg的国际空间站,后者研制成本(不包括运输和使用成本)超过300亿美元。

有翼再入系统是这类运载器的主要方案,DYNASOAR(1963年)是第一个项目。其主要代表是航天飞机轨道器(见图2-58)和俄罗斯的"暴风雪"飞行器。类似的规模较小的项目是欧洲的"赫尔姆斯"和日本的"希望"飞行器。其特点是无主推进能力(这就是与有翼轨道飞行器的差异),但可以作为轨道实验室,在轨道上有一两个星期的实验能力。最近其他项目的研究是所谓的乘员返回飞行器或乘员救援飞行器(X-38)。

第二种类型的载人航天系统是自由飞行的轨道设施(完整的系统,无连接模块)。国际空间站(见图2-60)研制成本增长幅度巨大,超过30亿美元,这是典型的研制过程中设计方案、最初管理理念反复变更和大幅度延时的结果。该站于2009年最终建成,比原计划推迟约8年。

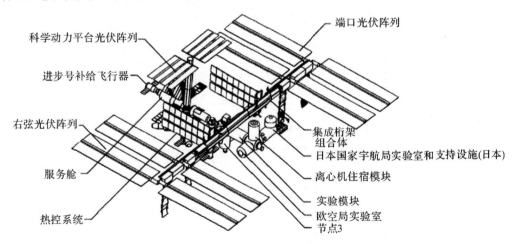

图2-60 轨道设施:国际空间站

第三类载人航天系统是从地球轨道到转移到月球轨道和月球表面(见图2-61)的轨道间

太空转移飞行器和登陆器(如美国阿波罗计划的研制)。这些飞行器包括多个多功能的推进系统。

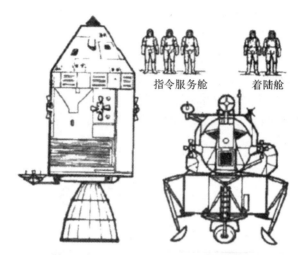

图 2-61 阿波罗航天器和月球登陆器

载人航天系统基本成本估算关系式定义为

$$H_{VS} = 1\,113 M^{0.383} f_1 \cdot f_2 \cdot f_3 \cdot f_8 \cdot f_{10} \cdot f_{11} (\text{WYr})$$

由于不同载人航天系统具有不同的性质,所以还没有建立技术品质因子。但在没有技术品质因子的情况下,参考项目的数据拟合结果非常好。图 2-62 显示了从 6 个不同性质的参考项目导出的基本成本估算曲线。

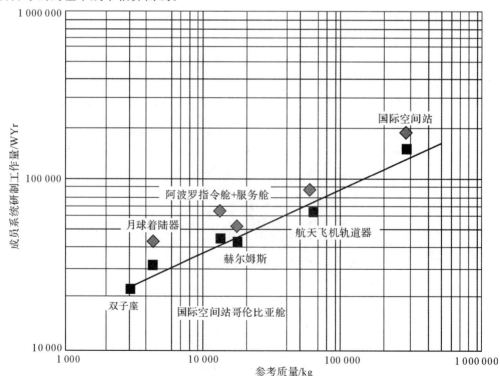

图 2-62 乘员空间系统的参考项目和基本成本估算曲线

2.5 研制计划的筹备、组织和进度对成本的影响

2.5.1 项目定义和筹备/变更

2.5.1.1 现实的质量预估

前面已经提到,质量预估的准确性对可靠的成本估算很重要。干质量的低估会导致成本预估值太低。在项目研究的最初阶段,质量预估不可能真正完成。因此,10%~20%的初始质量差,应适用于"照顾"所有额外的小硬件(这些在项目方案阶段还不能确定),在1.3.6节的表1-4中给出了建议的设计质量裕度,该裕度可以随项目定义的进展而降低。

所有航天项目的研制证明,在研制阶段质量有所增加是正常的。图2-63是项目质量与时间关系的一个典型例子,包括"质量削减计划",这通常是一项昂贵的活动。如登月飞行器(LM),其质量最终增长了27%。主要原因之一是,这是该类系统的第一个项目。

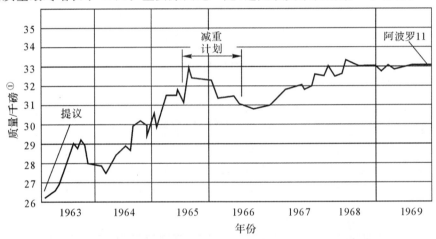

图2-63 飞行器质量与研制周期的关系(阿波罗月球登陆器)
质量削减计划——减重计划①

2.5.1.2 载人与自主飞行器("人员评价")

运载器可分为3种情形:①有人驾驶飞行器;②货运飞行器;③带有乘员模块的货运飞行器。这就提出了设计要求的差异问题。这个问题曾在1991年11月19日至22日NASA约翰逊航天中心召开的"人员评价研讨会"中论及,来自NASA、国防部和航空航天业的约120名与会者,主要得出以下结论:无论承载的是乘员还是货物,所有运载器必须按最高安全性和可靠性设计。

另一个说法是"可以接受"的安全风险必须与做设计决策的成本相匹配。新型可重复使用运载器方案通常"偏爱"自主系统,没有驾驶舱,但考虑了加压乘员舱放在货舱的可能性。

2.5.1.3 项目系统/子系统的定义标准

为避免以后的项目成本增加,还必须谨慎和详细定义项目本身与其子系统和内部/外部接

---

① 1千磅(1 klb)=453.59 kg。

口。在硬件阶段开始前,项目定义必须完整且足够详细。不同子系统和组件的技术成熟度降低,项目进度和成本风险的不确定性就会增加。

表2-3示出了"技术成熟度等级"的定义。对于一个安全的项目研制,在启动阶段 C/D 时,所有的子系统和组件应该至少达到技术成熟度6级。如果不完全是这种情况,那么就应该在研制计划之前进行专门研究。

表2-3 技术成熟度等级(NASA)

活动类型		技术成熟度定义
系统试验、发射和使用	9	真实系统通过成功的任务使用"飞行验证过"
系统、分系统研制	8	真实系统完成并通过飞行试验验证和地面演示
	7	系统原型在太空环境下演示
技术演示	6	系统、分系统模型或者原型在太空相关环境演示(地面或者太空)
	5	组件在相关环境下验证
技术开发	4	组件在实验室相关环境下验证
对可行性进行研究	3	方案分析和关键功能和/或特性试验
	2	技术方案和应用分析
基础技术研究	1	基本原理和研究报道

如果没有这样的预先技术研发和验证活动,在项目研制过程中,成本可能会大幅增长。这已被航天飞机几个子系统,以及若干不同的航天器项目所证明。

图2-64说明这样一个事实,即以后的成本增长,可通过及时的技术开发和验证计划避免,其投资水平是项目研制成本的百分之几。

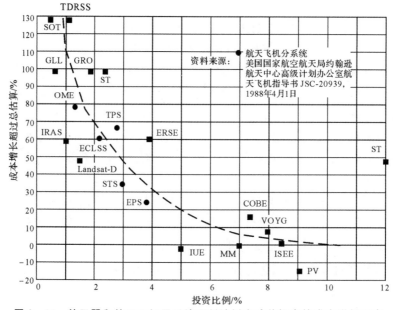

图2-64 航天器和航天飞机子系统研制计划启动前投资的成本增长历史

图 2-65 示出了一个典型的技术准备计划组织和目标——德国高超声速技术计划。这被认为是行业、研究组织(DLR)和大学的联合协调活动,是促进未来的高速航空运输系统($Ma=4$)以及采用涡轮冲压发动机推进的有翼 HOTOL 第一级(桑格尔Ⅱ概念作为参考系统)的航天发射系统领域的重要活动。

该计划最重要的成就是成功地运行了实验性的氢燃料冲压发动机测试装置,模拟了 $Ma=6$ 飞行状态(推力为 10 kN,持续时间为 25 s),燃烧温度达到 1 700℃。

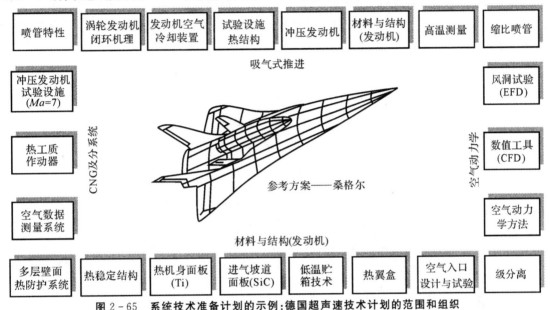

图 2-65 系统技术准备计划的示例:德国超声速技术计划的范围和组织

2.5.1.4 研制过程中的技术变更

研制过程中的技术变更有以下两类:

(1)顾客要求的变更(变更或补充技术要求);

(2)技术方法不成功或接口定义差造成的内部变化。

对于第二类变化,可以采用前面的章节所述的方法做好项目准备,实现成本最小化。

第一类变化是难以避免的,但在实施变更前必须明白会产生什么成本。许多变化在没有考虑任何成本影响就开始了,带来的问题是谁为变更负责,谁来出钱。

2.5.2 项目组织和合同类型对成本的影响

2.5.2.1 项目组织

对于复杂的技术研制项目,众所周知的组织原则是:需要清晰地界定责任。简单的如承包商与分包商的关系,这是一项久经考验的规则,但令人惊讶的是,这种规则往往被忽视。这主要是出于政治或"信誉"原因,存在几个平行的承包商,而"承包商中没有一个强有力的主承包商"。

通过客户或其他组织协调多个承包商(或共同承包原则)的组织,大概率会造成更高的项目成本,这很容易证明。这类组织最近的例子是多年前的美国空间站计划的第一阶段,问题后来才显现出来,但这是工业主承包商无法避免的。有人提出这样的论点——分包合同的主承包商收取的间接费用可以通过这种方式的组织节省出来。实际上,这是自欺欺人,因为额外的费用会出现在客户方,有时隐藏在一般预算中,但肯定不会消失。

根据历史案例,可以按照平行或相关承包商组织的数量建立经验模型。有时候,这种关系隐藏在很好的理由下,它取决于指令层级、"协调委员会"的数量和会议(与会者人数)。这表明了为什么这样一个组织意味着项目成本的增长:更多的人力资源、更多的接口、计划内和计划外的平行活动,及其由此造成的工期延误。

图 2-66 显示了由于平行组织数量导致项目成本增加的经验模型和参考点,由此得出的成本增长因子为

$$f_7 = n^{0.2}$$

式中:n 为参与的平行组织数量。

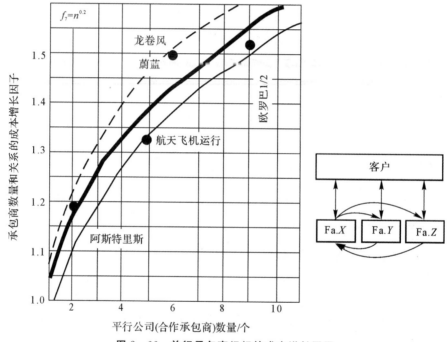

图 2-66 并行承包商组织的成本增长因子

有时提到的 n 关系式并不坏,但它并不是指为一个项目共同工作的公司或国家的数量。如果严格按照主承包商/分包商的组织原则,那么就应该没有成本增长。

推导成本增长因子 f_7 有许多例子。例如,由 9 个国家并行组建欧洲发射发展组织,研制运载器计划"欧罗巴Ⅰ/Ⅱ",特别是由两家公司(无主次)组成财团(工作组)研制第三级(AS-TRIS)。TRANSCOST 模型估算的成本约为 4.08 亿德国马克,而实际的总成本是 4.84 亿德国马克,成本增长因子 $f_7=1.19$,这包括一些其他的次要影响。笔者参与了这个项目,可以洞察其中的奥妙。欧洲发射发展组织的计划缺乏一个强大的工业主承包商,这不仅是一个增加成本的例子,也可能是导致失败的一个例子。类似的错误是,没有明确区分子承包商和总承包商的任务,即总承包商(机构)承担主要承包商的部分作用,而主要承建商(公司)降低到工程助手的角色。

另一个来自航天器领域的经验成本增长因子参考点是德国蓝色海岸卫星项目,其中来自客户组织的6家公司在平行合同下工作。参照当时其他卫星项目,"正常"成本应约为4 100万德国马克,而实际成本则是6 000万德国马克,或者说其成本增长因子为1.46。

最近通过明确的子承包商/主承包商关系节约成本的例子是,重组后的航天飞机运营的主承包模式:在1996年,NASA仅以一个合同授予"联合发射联盟",而不是将5份合同给平行工作的5家公司,每年的费用从32亿降低到24.3亿美元,减少了31.6%。

2.5.2.2 子承包商关系对成本的影响 f_9

在一个工业主承包商的标准框架下,所涉及的子承包商数量对总成本有影响,体现在以下方面:

1)首先是主承包商的管理和控制工作受到分包合同总价值(相对于主合同)和分包商数量的影响。

2)其次是分包商收取的利润,以及主承包商的主合同总价值的6%~14%总利润费用。

图2-67和图2-68代表这两个成本因子的TCS模型。除了材料、组件之外,相比于没有分包商的情况,将40%价值转包给其他5家公司,导致成本增加约21%(17%+4%)。

为了避免额外费用,较大的工程项目(如火箭发动机项目)往往直接签约,与主合同并行,这样可以节省一些费用,但增加了客户方的管理、控制和接口协调(见2.5.2.1节)工作量。可以通过与主承包商谈判,减少分包合同利润来降低对工业分包商成本的影响。

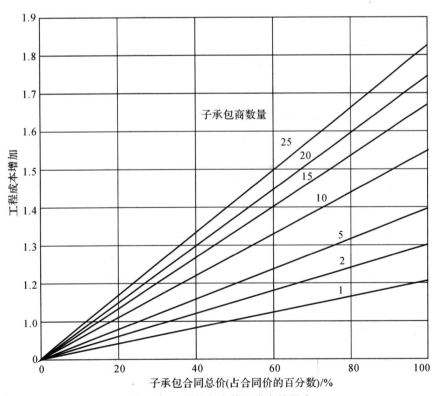

图2-67 子承包商管理成本的影响

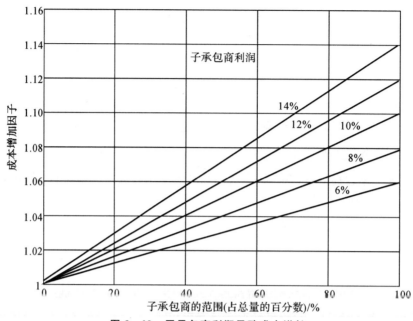

图 2-68 子承包商利润导致成本增长

2.5.2.3 合同类型

合同条件对项目成本的影响取决于合同类型,主要类型如下:

(1)成本加百分比的费用(5%~7%)。这类合同没有成本限制的挑战,但更多的情况恰恰相反。百分比的费用要面临着来自承包商尽可能增加合同规模和成本的挑战。

(2)成本加固定费用。这类合同试图解决消除成本超支的费用,却造成激励失效问题。

(3)成本加奖励费。这类合同以进度里程碑、技术性能和最终成本为基础,是成本管理的一个强有力的手段,特别是如果奖励额度根据所节约的成本确定。这似乎是唯一可以帮助避免成本超支,甚至可导致降低成本的合同类型,能为承包商提供更高利润的机会(高达15%),实现百分比介于0~15%之间,最终显示该公司的业绩成就。

(4)公司固定价格。这类合同看起来是最简单的,但实际上,对合同双方来说,它是最困难的类型之一。研制合同设置一定的风险措施,客户通常不会同意,即出于竞争原因,承包商不能这么要求。FFP类合同,要求对研制的主体和条件进行详细的定义。任何偏离基本合同的事项,需要一个新的"合同变更协议",这对双方来说,管理起来过于烦琐。此过程可诱发项目进度产生一个额外的问题——是谁引起的延误?由于这些原因,对客户来说,研制任务的固定价格类合同最终可能成为昂贵的合同。有些人认为,如果不能防止成本增加,那么固定价格合同就只适用于研究和生产。

2.5.2.4 项目管理和报告/评估

项目经理及其员工负责技术要求和性能的实施,但同时也负责成本预估的基本提案及后期成本相关的问题。项目管理团队还负责编制进展情况定期报告和审查会议,必须认真确定项目管理团队规模及其工作人员的技能和经验:团队规模应该尽可能小,人员要有一些成本工程教育经历。项目所需的团队规模(和成本)很大程度受到合同报告要求(范围和频率)的影响。客户项目团队大,承包商的(对接)团队就大,因此,其规模对计划成本有双重影响。

2.5.3 研制进度和资金投放剖面对成本的影响

2.5.3.1 主要进度/成本因子

研制进度和/或相关年度经费投放对项目成本有重大影响。每次相对于最初的"理想"进度的延迟,都会使成本增加。进度延迟有诸多原因:

(1)研制过程中的要求变化;
(2)技术变更(如改进);
(3)组件或软件故障;
(4)管理结构或人员变化;
(5)资金限制(每个预算年度)。

由于所有项目都会受到以上因素的影响,因此几乎没有任何计划可以按照最初进度完成(除非开始就留有足够的裕度)。

2.5.3.2 计划的期限和资金投放

使成本最小的最佳研制周期取决于运载器类型和研制工作总量。图 2-69 显示了几型运载器系统从阶段 C/D 开始,直到第一次飞行所需时间的变化趋势。这不是完整的研制周期,而是重要的节点。完整的研制周期要持续到首飞成功和运载系统被宣布"可使用"前所需的几次鉴定飞行。

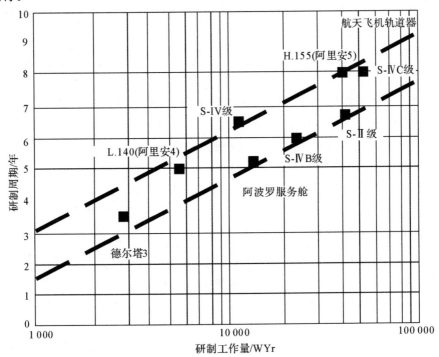

图 2-69 直到首飞前的研制时间与总研制工作量的关系

然而,不仅计划周期,还有资金投放剖面,即在研制周期内的资金分配对成本也有重要影响。根据研制活动的内在逻辑,存在一个"最佳资金投放剖面"。在年度经费达不到原始预算要求的情况下,或在对年度支出设置限制,人为延长研制周期的情况下,成本增加就不可避免。

图 2-70 示出了不同运载器子级资金投放剖面与最佳资金投放剖面的比较。显然,若在前几年(或由于规划不善和/或不可预见的技术困难引起工作进展延迟)经费不足,那么该项目下半段的成本就会增加,进度就会推迟。以下介绍 3 个案例。

(1)土星 S-IC 级最初规划为一个 7 年计划,但因在第 5 和第 6 年的延误而造成计划延长,甚至在第 8 年,相对于"正常"8 年项目剖面,资金和人力翻倍。

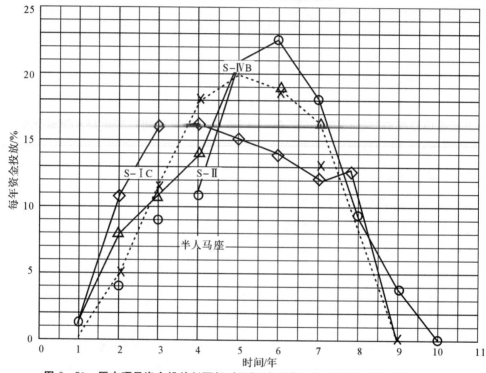

图 2-70 历史项目资金投放剖面相对于"理想的"分布(虚线)与研制周期的关系

(2)半人马座飞行器的研制最初被设想为 4~5 年的项目,这款第一型氢燃料飞行器研制工作量被大幅度低估。4 年后首次发射以失败告终,最终造成资金大量增加,进度推迟,远高于这样一个"正常"项目的实施计划。

(3)阿里安 5 火箭在错误的预算规划下,迫使欧空局/国家航天研究中心采用银行信贷,以支付相关的银行利息成本的资金缺口。因为研制计划的延迟会造成成本更加高昂。

2.5.3.3 优化研制进度

图 2-71 为从计划开始(阶段 C/D)到第一次发射的 6~9 年研制计划的标准研制成本预算剖面。如果预算限制低于理想剖面,通常会导致项目后续成本增加,并使首次发射推迟(进度延长)。由于全年通货膨胀或小时工资增加,以及工作程序或团队效率低下,总成本增长不可避免。

什么是航天运载系统的"理想"研制周期?当然应该尽可能短,这取决于组织形式和可用的资源。如果我们探究历史情况,可知工作量为 8 000~12 000 WYr 的项目,研制周期应规划为 5～6 年,工作量为 15 000～25 000 WYr 的项目,周期为 6～7 年,工作量为 3 500～50 000 WYr 的项目,周期为 7～8 年。过去,由于技术或资金投放问题,项目进度通常延期 1～2 年。

航天飞机轨道器,原计划成本约为 70 000 WYr、进度 7.5 年,最终进度延长为 9 年、成本约为 85 500 WYr。但这并不奇怪,因为这是第一型有翼载人可重复使用的再入滑翔机项目。阿里安 5 火箭研制比计划延长 13 个月(+15%),也是因为同类原因,加上技术变更的额外费用,直到首次发射,成本增长约 3 000 WYr(约 8%)。日本 H-2 运载器,由于研制周期延长约 19%,成本增长约 15%。

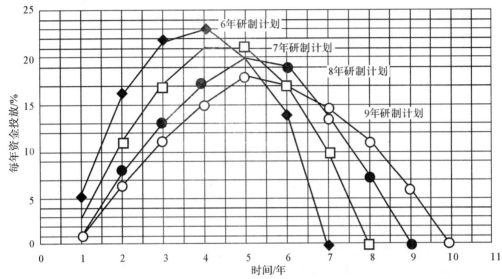

图 2-71　6、7、8 和 9 年的研制计划理想的资金投放剖面(从启动阶段 C/D 直到首飞)

作为第一型的经验方法,从历史经验中得到,延误或进度延长约 20% 将导致成本增长 10%～15%;延误约 40%,成本会增长 30%～35%,如图 2-72 所示。这也说明为加速项目进程,必须支付加班或临时活动和额外的并行工作费用,这会导致较高的成本。然而,这仅适用于常规研制计划。如在 2.6 节将讨论与"传统模式"的程序相比,减少工作量可缩短周期和降低成本。

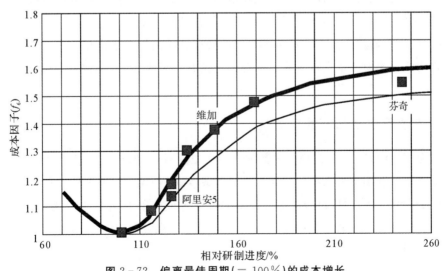

图 2-72　偏离最佳周期(= 100%)的成本增长

2.6 减少研制工作量的策略和商业企业

2.6.1 传统模式的成本动因

TRANSCOST 模型的成本估算关系式的定义是基于研制工作量的,并假定是政府机构(NASA、欧空局、日本宇宙开发事业团等)与工业承包商之间传统关系和条件的研制合同。由于传统的研制和控制功能所需的公共资金,整体研制计划需要额外工作量和时间,而对于工业与商业资金的项目,这不一定需要。

过去,航天器研制与政府机构签订合同,一直比较昂贵。此时,成本动因可归纳如下:

(1)客户和承包商的双重管理团队(互相关联紧密),要求承包商方更多的人员,以便处理政府的监督。

(2)微观管理程序:
1)过度规范(不必要的要求);
2)定期(每周)的进展报告;
3)过度项目评估[①]和文档;
4)可追溯性,以及其他更多的特性预案;
5)合同的变更和补充的大量管理工作。

(3)规避风险:不是一步步循序渐进的方式和验证,而是对每个组件单独的试验计划。

(4)周期延长:
1)采集周期长,中间有停滞期;
2)资金波动引起的频繁停止和启动;
3)设计变更和审批流程。

(5)设计是根据项目经理偏好,而非使用现有系统和硬件(也许不是最佳的)。

(6)连续小批量生产合同,而不是一个较长期的合同/订单。

(7)客户的工程监理队伍与主承包商之间的协调引起的需求变化和补充工作。

这些典型的传统模式特点成为成本的动因已经被广泛接受,在未来的计划中可以设法减少或避免。

2.6.2 未来项目成本降低的可能性

相比于为 TRANSCOST 模型提供数据库的历史项目,依据过去的经验,以及现在技术和工艺的改进确实可以期望未来项目研制工作量和成本减少。洛克希德·马丁公司的"臭鼬工程"活动已经成为军事(保密)项目符合成本效益要求的研制方式,被称为"臭鼬工程管理规则"(见表2-4),其实并不包括特殊或新的功能,而是严格应用这些规则并使该方法取得了成功。

---

① 欧空局1999年12月新闻稿《在站点上》中指出,对于 X-38 乘员飞行器,欧空局在21个月内举行了22次设计评审。

表 2-4　洛克希德·马丁公司的臭鼬工厂管理规则

序号	具体规则	序号	具体规则
1	具有全权的强势项目经理	8	消除重复检查
2	精干的客户项目办公室	9	承包商对飞行的最终产品进行试验
3	承包商团队里"好人"少	10	稳定的需求
4	简化的绘图发布系统	11	及时和充足的资金
5	最小的文档量,只有重要的工作记录	12	承包商和客户之间的相互信任
6	没有惊喜的定期成本评估	13	严格控制外部访问
7	承包商对分包商负责	14	基于对精益求精的奖励/补偿

在前面已经讨论的一个具有成本效益的研制策略的基本规则如下:

(1) 高水平的项目定义(包括从一开始的成本优化设计);
(2) 最大限度利用现有元素;
(3) 研制开始之前完成新技术的验证;
(4) 具有明确责任和奖励条款合同的主承包商/子承包商项目组织;
(5) 符合进度和资金配置的最佳工作程序;
(6) 尽可能晚确定子系统技术规范(以避免或减少变化)和采用竞争性采购;
(7) 采用早期实验和模型试验的理念。

上述第(7)条意味着必须在设计理论/计算工作与实验测试之间进行仔细权衡。"快速原型"是这样的设计策略,即验证设计时,耗时且昂贵的详细设计和理论验证工作由早期结构设计和测试(有时测试到失败)代替。这一策略在第二次世界大战期间军事项目中普遍采用,也是俄罗斯航天项目一直使用的策略。图 2-73 显示了快速原型的策略设想与一个标准做法的成本比较,如麦道公司"三角快帆"的经验(见参考文献[51])。重要的是进度快,以前项目已证明其可行性:$Ma=3.5$ 的 SR-71"黑鸟"飞机授出合同后,只花 30 个月就实现飞行(有很多新技术),雷神中程弹道导弹在 1955 年 12 月(见参考文献[48])批出合同后,只花 13 个月就进行了第一次发射,但在这种情况下出现了较高的试验失败率。

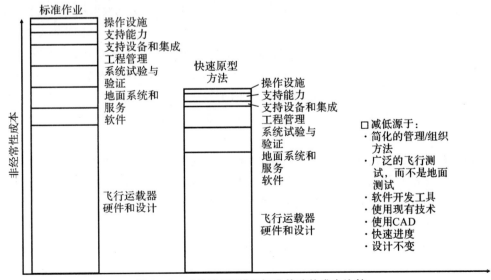

图 2-73　"快速原型"和标准策略的成本比较

根据 NASA 审计长办公室(见参考文献[94])的分析,在未来政府合同中利用以往的经验、"快速原型"的功能、"臭鼬工作原理"或"并行工程",可能会使成本降低 33%。

NASA 兰利研究中心(见参考文献[46])与洛克希德·马丁公司在升力式飞行器(H1-20)研制计划的一项研究中发现,其可能比传统模式方法降低研制成本的 55%。在这个例子中,研制周期缩短 20%。

由此可以得出结论,通过修订程序和引进一些现代研制的手段,政府签约的项目研制成本可降低约 33%～55%,也就是传统模式成本的 45%～67%。

总结:降低研制成本可以通过下列途径实现。

(1)严格应用成本工程原则;
(2)减少项目管理和文档工作(报告、评估);
(3)最大限度利用现有的元素;
(4)减少理论分析而偏向"快速原型"和测试;
(5)最小的项目团队规模和最短的研制周期。

2.6.3 商业研制的特点和成本差异

TRANSCOST 模型基于来自政府机构,如 NASA、欧空局和宇宙开发事业团传统的研制合同。由于 2.6.1 节中所描述的原因,这已被证明是一种昂贵的方法。

同时,航天运输技术已达到了一定的成熟度,成为私营投资可以实现完全商业化的工业项目,这已经被 SpaceX 公司所证明。基于自有资金或风险资本等商业化工业项目,还有其他"游戏规则",成本状态差异相当大。

在运载器领域的第一次重大商业投资,是 Kistler 航空航天公司(位于美国华盛顿州柯克兰)雄心勃勃的可重复使用运载器计划 K-1(1994—2000 年)(见图 2-74)。发射质量为 380 t 的两级运载器,采用传统的现有技术,受到资金影响,其测试和验证工作是有限的,这代表了一个风险投资。直到第一次飞行(计划在澳大利亚麦拉),研制成本为 80 亿美元,这只约为传统研制方式的 20%。其中,约 50 亿美元的初始资金主要通过发行本公司股票从私人投资者筹集,所以没有信贷投资回收期。不幸的是,由于缺乏新的投资者追加的风险资本,研制未能完成。

第二个案例也是第一个成功的商业项目是埃隆·马斯克的 SpaceX 公司在 2003—2008 年研制的猎鹰-1 运载器(见图 2-74)。研制时间比原先设想的更长,研制成本更加高昂,但终于在 2008 年 3 月 22 日,在夸贾林环礁奥美力克岛的第四次发射时取得成功。运载器发射质量为 27.7 t,到近地轨道载荷能力为 420 kg。其研制成本是"传统模式"成本的一小部分,其原因是多方面的(除了是一个纯粹的商业研制之外):

(1)简单的运载器设计,只有直径相同的两级,没有助推器,没有上面级。
(2)最大限度地利用成熟的技术和经验,采用最低成本的液氧/煤油推进剂。
(3)来自其他航空航天公司具有相关工作经验的小型专家团队。
(4)发射团队人数少,发射操作简单。

猎鹰-1 的成功鼓励了 SpaceX 公司进行后续更大的、采用同样技术的猎鹰-9 运载器,在 333 t 发射质量下,其近地轨道有效载荷为 10 t。第一次发射定于 2010 年初,从以前大力神Ⅳ在卡纳维拉尔角的第 40 发射台发射。进一步要研制的一个更大的运载器是猎鹰-9 重型,其计划发射质量为 885 t,近地轨道有效载荷为 30t。(猎鹰-9 重型运载火箭于 2018 年 2 月 7 日首飞,正进行了多次商业发射,最大起重量 1 428 t,近地轨道有效载荷 63.8 t。——译者注)

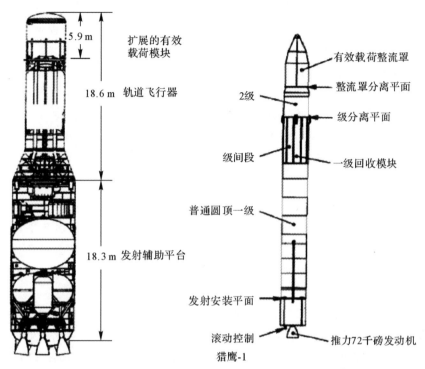

图 2-74 第一个商业运载器项目:Kistler 的 K-1 和 SpaceX 的猎鹰-1

这两种商业投资的一个共同特点是,均由新的创业公司发起并执行。这意味着专业团队小、开销低(没有复杂的组织、管理和设施),使得 WYr 成本远远低于传统的航空航天工业。

将 TRANSCOST 模型应用于商业航天运输项目需要成本降低因子 f_{10}:

> f_{10} 表示由经验、技术进步和应用成本工程带来的成本降低。

一些例子和项目研究表明,过去几十年通过总结教训和进行全面的数据收集,确实可使未来的项目降低成本。现代计算机支持的程序和应用成本工程的原则非常重要:例如,早期通过子单元真实试验(到失效),而不是对结构元素进行昂贵和费时的仿真分析。此外,电子/航空电子设备的成本已大幅下降。

据估计,与历史项目相比,充分利用经验和技术进步至少可使成本降低 15%~30%。这使成本降低因子 $f_{10}=0.85\sim0.7$,具体要依据上述特点和已实施的程度而定。

在商业、非政府项目下,必须使用影响因子 f_{11}。

> f_{11} 表示无政府合同要求和顾客干扰的自主研制得到的成本降低。

这种商业因素不考虑政府合同和程序要求,例如建立每种组件大量的文档和详细独立的质量保证、定期报告、进度报告、简报和正式评估活动。这些要求以及政府合同的条件,还需要涉及律师和行政人员,使公司的开销提高。

SpaceX 公司商业猎鹰-9 研制的例子表明,在这种情况下大幅的成本削减是可行的。NASA 对这个项目进行了成本评估,结果为 3.9 亿美元,而在 NASA 的合同下,按照传统模式,根据 NASA-空军成本模型(《航空周刊》,2011 年 5 月 23 日),研制需要 17 亿~40 亿美元。

基于这方面的经验可得:一个纯粹商业上的,没有政府的规范、要求、程序和报告的研制工作量,约低于以传统模式合同下传统航空航天公司的 55%~70%。

由此得出的商业研制成本修正系数是

$$f_{11}=0.45 \sim 0.30$$

这在一定程度上取决于成本工程的原则在各自研制计划的应用程度。

此外,如在后面讨论的那样,像 SpaceX 这样的初创公司与传统的航空航天工业 WYr 成本之间的差异,会增大成本差别。

┌─────────────────┐
│ 工作·年的成本 │
└─────────────────┘

与传统航空航天工业相比,在商业投资的情况下,第三个主要区别在于工作年的成本(WY_1)。这些公司的成本结构若按照政府合同的原则和要求设置,就会导致比较高的成本(WYr),这与商业项目是不匹配的。因此,由新成立的初创公司发起的商业项目具有本质的成本优势。

SpaceX 公司等企业表现出的结构简单、开销低等优势,得益于其组织简单、管理层少、管理人员有限、基础设施适度,以及其自身研制没有利润和附加税务。其成本(WYr)开始时较低,但随公司的规模和组织的发展而增长,不过仍将低于仅为或主要为政府合约工作的公司。

因此,航空航天工业的平均成本(WYr)(见表 1-3)不能用于商业项目。相反,具体公司适用的成本(WYr)必须用于成本估算。

2.6.4 试验和演示飞行器

考虑到真实运载器的使用状态延迟,缩尺实验飞行器或"演示飞行器"使整个项目成本降低还是升高是一个公开的话题。

不过,如果真实全尺寸飞行器的计划还不能得到资助,那么以缩尺飞行器进行技术验证似乎是不可或缺的,这对于运载器来说可以成为一个重要的研制步骤。

商业上首选的做法是采用实际运载器的"快速原型"(雷神中程弹道导弹、SR-71、Kistler 的 K-1 可重复使用运载器),而政府首选的研究和研制方式是建造缩比试验运载器,这是一个典型的逐步推进的方法,以尽量降低风险。这些试验运载器既可能是低成本的也可能是非常昂贵的。

一个低成本例子是由麦道公司研制的"DC-X 三角快帆"试验运载器,如图 2-75 和图 2-76 所示。SDOI 合同金额只有 7 000 万美元,在白沙导弹靶场进行飞行试验。仅相当于运载器研制后正常的"理论第一单元"经常性成本。总成本(包括工业份额)可能约为 1 亿美元(或 600 MYr)。试验运载器使用现有技术,起飞质量为 18 t,干质量为 9 850 kg,但具有几个令人感兴趣的新特性,如由 CFC 制成的完整外部结构、气动起落架系统、CFC 氢气罐和控制姿态的气氢/液氧推进系统。

DC-X 是专为低速工作设计的,其主要目的是演示反作用控制系统的姿态控制动作、火箭动力垂直降落动作、15名地面操作员工快速周转动作。已执行12次成功试飞,在3 000 m高空工作142 s,成功演示了其可操作性。垂直降落采用普惠公司4台推力可调的RL-10发动机,分别安装在四个可伸缩的支架上,这是一个新的首次演示的飞行器设计方案。该方案直到维修故障导致事故后,于1996年9月才结束。

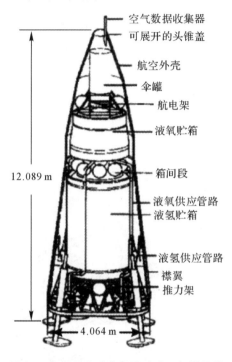

图2-75 DC-X垂直起降试验飞行器设计

图2-76 DC-X发射准备和垂直着陆操作

另一个低成本项目是空射的 X-34 有翼试验飞行器(见图 2-77),作为速度达 $Ma=8$ 的演示器,其发射质量为 21 t,干重为 7 700 kg。合同成本仅为 7 000 万美元(轨道科学公司),但不包括 NASA-MSFC 开发的 Fastrac 火箭发动机(约 4 000 万美元)和 NASA 的其他费用。所涉及的行业已经接受了 1.2 亿美元的成本分摊,因此总成本预测约为 2.5 亿美元或 1 250 WYr,比 1957—1959 年目标相近的有人驾驶 X-15 火箭飞机计划(1.63 亿美元,干质量为 6 700 kg 时,相当于 5 800 WYr)要少得多。其由于资金水平低、技术问题多以及项目组织复杂导致了严重问题,于 2001 年 3 月被 NASA 终止。

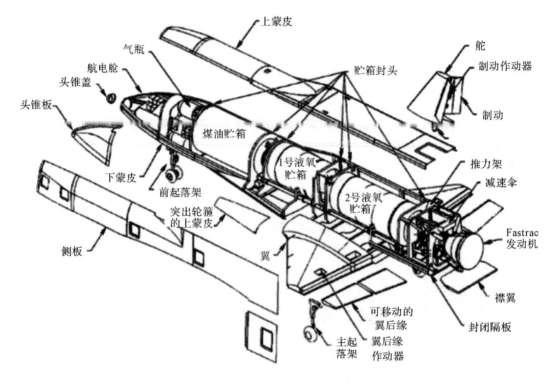

图 2-77 X-34 有翼试验飞行器

无人驾驶 X-33 升力体试验飞行器(见图 2-78 和图 2-79)作为洛克希德·马丁公司"冒险星"可重复使用运载器演示器,其预算要高得多。起飞质量为 135 t,推进剂(液氧/氢)为 96 t,干质量约为 36 t,NASA 的预算为 9.41 亿美元,另外还有洛克希德·马丁、波音和罗克韦尔等工业界最初投入的 2.31 亿美元。由于技术上的困难,经费增长约为 4 亿美元,并导致发射延迟了 3 年。总成本预估至少为 14 亿美元或 7 000 MYr。这是由于选择了复杂的技术方案(升力体上由 CFC 制成的复杂贮箱结构外形)和项目启动时尚未验证的技术(贮箱、热防护系统和线性塞式发动机)。根据洛克达因公司的情况,仅不可预见的发动机问题,就造成了 3 600 万美元的成本增加。质量的增加使最高速度仅为 $Ma=11\sim13$(原来的目标是 $Ma=15$)。由于技术问题和进一步融资困难,NASA 于 2001 年 3 月终止了该项目。

图 2-78 "冒险星"SSTO 的 X-33 升力体 RLV 演示飞行器

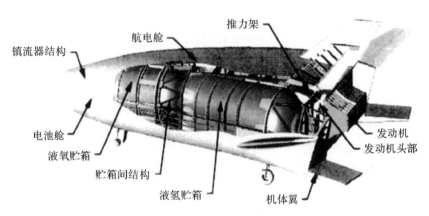

图 2-79 X-33 演示器的内部设计

2.7 成本估算的准确性、不确定性和风险

2.7.1 TRANSCOST 模型开发成本估算精度

TRANSCOST 模型研制成本数据的准确性可以很高,其主要取决于以下几方面:

(1)基于所有研制成本的细致考虑;

(2)基于对不同运载器和进度(项目周期)较为实际的输入数据;

(3)基于定义成本是参考年的拟议成本还是实际的"完成成本"[包括通货膨胀/年度成本(WYr)增加]。

研制期间通常的成本增长不是"成本增加",而是对经济条件的适应。

对于成本估算准确性问题的更深入讨论见参考文献[12]。

2.7.2 研制成本的历史/统计

曾经有这样的情况,即将研制成本当作统计成本概率分布的物理问题,如图 2-80 所示。有人曾经提议,研制成本低于或高于名义成本各有 50% 的机会。然而,现实并非如此。

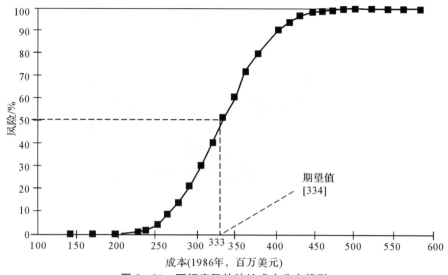

图 2-80 不切实际的统计成本分布模型

1993年,美国国会报告中显示了NASA的29项计划成本综合评价结果(见图2-81):

(1)14%的实际成本小于等于初始成本预估;

(2)53%的实际成本超过成本预估,有时高达100%;

(3)33%的实际成本增长超过100%。

这一结果表明,成本预估能力差且成本管理/成本控制也不好。然而,受心理/政治背景影响,项目建议书的发起人担心拿出非常真实的成本预估数,可能导致建议被拒绝。

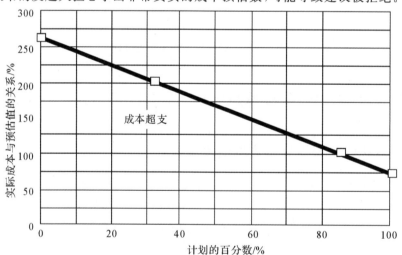

图 2-81 NASA29项计划(1993年)的有效研制成本

2.7.3 研制成本的主要风险

研制成本增长的主要潜在风险如下:

(1)所采用的技术在计划开始时并未完全得到鉴定。技术变化和额外鉴定不只是需要额外的资金,往往意味着延误并造成昂贵的进度延期。

(2)在计划开始时运载器技术要求还不完整、不冻结。技术要求或额外要求的任何变化将推动成本上涨并导致很难协调的修改。

（3）低估了运载器和发动机的干质量值。乐观的假设或不完整的质量估值存在很大风险。没有足够的初始质量裕度将会减少运载器的有效载荷或导致需要昂贵的重新设计。

（4）项目进度假设为一切都按计划（初始）进行。然而故障和延误总是会发生的。如果在初始进度中没有考虑时间裕度，进度将会延期，并造成成本不可避免的增长。

> 在此再次强调，TRANSCOST 模型的成本估算关系式的研制成本比理想成本或由自下而上的子系统估算得出的典型建议成本高 15%～20%，因为 TRANSCOST 模型的成本估算关系式是基于实际成本的，包括不可预见的技术问题和延误的成本。因此，TRANSCOST 模型的研制成本代表"最可能"或"最现实"的成本。

2.8 TRANSCOST 非经常性成本子模型的验证

2.8.1 航天飞机主发动机(SSME)的研制成本

SSME（见图 2-82）是技术先进的高压火箭发动机，用于航天飞机轨道器，原设想重复使用 55 次。项目研制工作在 1972—1982 年间进行，周期为 11 年，而不是最初预计的 9 年。

研制过程中发动机干质量从 3 010 kg 增加到 3 180 kg。

由 2.3.2 节中 TRANSCOST 模型的成本估算关系式得出预估值为

$$H_{EL} = 277 M^{0.48} f_1 f_2 f_3 f_8$$
$$= 277 \times 3\ 180\ M^{0.48} \times 1.30 \times 1.22 \times 0.85 \times 1$$
$$= 17\ 921 (\text{WYr})$$

图 2-82 SSME

发展水平因子 f_1 为 1.3，因为 SSME 是含新技术的第一型系统；技术品质因子 f_2 为 1.22（见图 2-11），因为到 1982 年底发动机已试验了 900 次（1981 年 4 月 STS-1 首飞时为 730 次）。团队经验因子 f_3 可以假设为 0.85，这是由于以前洛克达因有研制 F-1 和 J-2 发动机的经验。根据已经公布的 NASA 的预算值，其实际支出以及相关的 WYr 见表 2-5。

表 2-5 年度实际支出

年度	1972	1973	1974	1975	1976	TQ	1977	1978	1979	1980	1981	1982	总计
百万美元	45	41	56	95	135	36	182	197	173	141	134	127	1 362
WYr	1 023	820	1 018	1 597	2 045	545	2 528	2 472	2 005	1 530	1 357	1 206	18 146

实际成本和 TRANSCOST 模型值之间的比较表明，成本估算关系式的结果非常接近实际研制成本（差异为 -1.2%）。

然而，1971 年相互竞争的公司最初估算的研制成本仅为 5 亿美元（或 12 500 WYr）。成本增加约 15%。这可归因于第二到第四年的资金不足，导致研制周期延长 2 年（见图 2-69）。其余 30% 的差异可能是由质量增加带来的未预见技术问题，以及论证建议价格取了最低值造成的。

2.8.2 阿里安 5 的研制成本

对阿里安 5 火箭研制成本的预估和比较,是一个完整的运载器系统的例子。运载器不同要素耗费的成本见表 2-6,代表了 1999 年阿里安 5 火箭实际的技术状态。个别要素的成本可能会与实际值有所不同,这是由不同的定义范围引起的,但如果没有计划延期或进度延误,预估的总结果似乎与 1996 年宣称的成本吻合得较好。

根据欧空局官方 1987 年 3 月发布的文件《BP-阿里安(87)WP/22》,阿里安 5 火箭的研制成本为 3.496 亿欧洲货币单位(1986 年)。这相当于 30 600 WYr(见表 1-2)。1992 年 4 月,欧空局《BP 阿里安(92)42》发布的总成本为 4.747 亿欧洲货币单位(1991 年),相当于 32 500 WYr。1996 年 5 月公布的为 65.8 亿欧洲货币单位,相当于约 39 300 WYr。

表 2-6 TRANSCOST 预测的阿里安 5 研制成本

要素	参考质量 /kg	成本估算关系式 WYr	f_1	f_2	f_3	f_8	WYr
固体助推器(EAP)	39 300	5 938	1.1	—	0.9	0.86	5 056
芯级(EPC)	11 210	19 692	1.1	1.16	0.85	0.86	18 368
+整流罩	2 400						
火神发动机	1 685	9 800	1.1	0.79	0.9	0.86	6 592
第 3 级(EPS)	1 200	7 689	0.9	1.09	0.9	0.86	5 838
+仪器舱	1 300						
Aestus 发动机	119	890	0.8	—	0.8	0.77	438
要素研制总工作量							36 292 WYr
含系统工程因子 f_0(=1.043)计划总成本							40 827 WYr

该项目最终实际成本(CTC)约为 74 亿欧元,包括每年的费用增长或通货膨胀,但不包括国家航天研究中心执行主承包商任务的内部成本。通过把各年的预算数字折算成 WYr,总共为 46 500 WYr,比 1996 年的估计高出约 18%,比 1987 年初步估计高出 52%。

主要成本增长来自研制过程中的技术变化,"火神"发动机的推力从 770 kN 升级到 870 kN,第三级推进剂质量从 5 t 增加至 9.7 t,还有其他不可预见的问题、事件导致成本增加。

TRANSCOST 估计的 40 800 WYr 与 1999 年 46 500 WYr 之间的成本差异,可归结为到第一次飞行的实际进度比原计划延迟超过一年,以及在 1996 年 6 月首飞遭遇灾难性的失败后,又对控制系统进行了重新设计和鉴定。额外所需的两次试飞又花费了两年多的时间。

2.8.3 运载器研制成本比较(交叉核对)

为了修正不同运载器构型的净质量和干质量,用图 2-83 表示出了干质量与运载器(上升)推进剂质量之间的关系,运载器类型包括:

(1)一次性运载器;
(2)弹道式可重复使用运载器;
(3)有翼轨道飞行器;
(4)飞回式助推器。

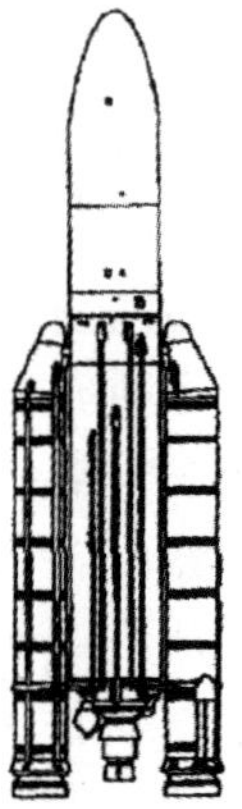

图 2-83 阿里安 5 构型

数值均取自由独立可用的参考项目得出的模型曲线。显然，曲线显示出良好的相关性。然而必须考虑到，为实现同样的性能（德尔塔5），可重复使用运载器净质量较高，推进剂质量也越大。利用图2-84的干质量数据、一次性运载器单独的成本估算关系式和三型可重复使用运载器的构型，建立图2-85的推进剂质量和研制工作量的关系（不包括发动机的研制）。从结果来看还算合理。

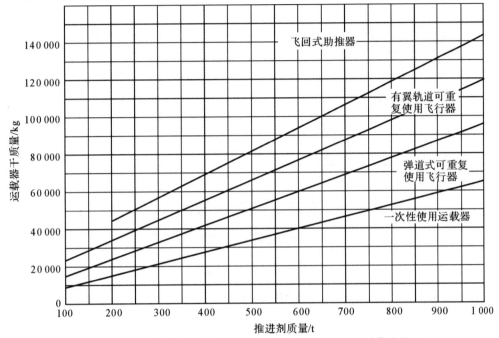

图2-84　与ELV相比的RLV概念的干质量与推进剂质量的关系

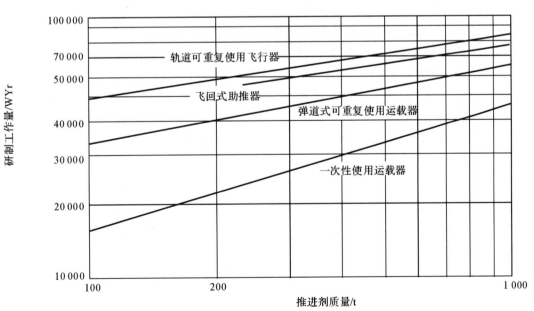

图2.85　RLV与ELV的名义研制成本比较

对于一些性能相同的运载器,研制成本关系如表 2-7 所示。括号内数据为仅根据成本估算关系式(假设具有与 ELV 一样的干质量)的研制成本。可重复使用运载器成本值较高,这是由较高的特定成本和固有干质量引起的。

虽然飞回式助推器干质量最高,并需要最大的推进剂质量,但其研制成本比有翼轨道可重复使用运载器低一点。这可以解释为,其结构和热载荷要比再入机动轨道飞行器的低,且其任务期限较短。

表 2-7 可重复使用运载器干质量和成本值与一次性运载器的关系

飞行器方案	干质量因子	研制成本因子
一次性运载器	1.0	1.0
弹道式可重复使用运载器	2.2	2.4(1.6)
有翼轨道可重复使用飞行器	4.1	4.0(2.1)
飞回式助推器	5.7	3.4(1.8)

2.9 未来项目研究的 TRANSCOST 研制成本子模型应用

2.9.1 可重复使用运载器多种方案的研制成本的比较

在相同的成本计算方法和假设下,对不同运载器选项的成本进行比较,然后再作出方案选择或决策,这是很重要的,但实际却很少能做到。TRANSCOST 模型可以针对不同的运载系统方案进行这样的成本预估,而无须详细的子系统设计。

从目前或近期的技术看,可重复使用运载器的主要选项如下:

A:垂直起飞和水平着陆的有翼火箭构型,如航天飞机轨道器。

B:垂直起飞和着陆的弹道式火箭构型,如由 DC-X、三角快帆演示飞行器。

C:多级并联的有翼两级入轨火箭构型,可具有同等大小的子级,垂直起飞和水平着陆(FSSC-9)。

D:第一级采用吸气式推进,第二级采用火箭推进的水平发射两级入轨运载器,如德国的桑格尔。

各类方案如图 2-86 所示,其规模基本相同,飞行到国际空间站轨道的有效载荷为 7 000 kg。由于大多数任务需要前往更高的轨道,因此通常需要两级。总之,这不是一个单级入轨与两级入轨的问题,而是第一级是否具有下列能力:

(1)进入轨道能力;

(2)亚轨道能力(飞回措施);

(3)只有助推能力(可滑翔返回发射场)。

四类可重复使用运载器选项的特点如下:

方案 A:采用火箭推进,具有入轨能力的有翼可重复使用运载器,其外形与航天飞机轨道器相似,意味着可以水平着陆。这已经被证明是一种很好的模式。但机翼和气动面的电源要求,使其在所有方案中发射质量最高(见图2-86)。具有亚轨道能力的运载器,需要额外配置涡轮喷气发动机和适于巡航飞行的设计,这大幅增加了干质量,但也缩小了运载器总规模。

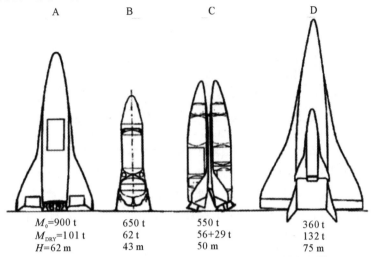

图2-86 可重复使用运载器主要方案的质量和规模

方案B:这种弹道式可重复使用运载器概念并不新颖,早在1963—1964年,克拉夫·埃里克和菲尔·波诺就分别设想过NEXUS和RHOMBUS。在当时的技术水平下,假设有效载荷规模为450 t,运载器则需要几千吨的规模,如1972年的克莱斯勒航天飞机方案(SERV)。现在,以现有的技术,有效载荷约15t的弹道式单级入轨运载器,发射质量在500~900 t之间,具体取决于有效载荷的任务轨道。1994—1995年间,DC-X实验飞行器验证过垂直起降技术,其周转时间短、地勤人员少。弹道式单级入轨运载器(低轨)具有较低的发射质量,干质量要求也较低,但是由于采用垂直降落模式需要推进剂,其净质量较高。

方案C:对两级有翼火箭运载器,已经研究了许多不同的方案。图2-86中显示的是一个子级外部形状相同的特殊设计,虽然其性能不是最佳,但可能会降低研制成本。运载器内部必须是不同的。在这种情况下,第一级具有较低的亚轨道速度能力,可以滑翔返回发射场。然而,必须研制两个完整的系统,加之还有级间的机械和动态问题,其总发射质量相对较低,但综合干质量不低。

方案D:运载系统使用先进的飞机设计方案,采用涡轮冲压发动机,可水平起飞,第二级为一个相对较小的有翼轨道火箭飞行器,最大限度地减少了总发射质量(而不是运载器的规模);由于第一级采用低密度的氢,运载器规模是最大的。在所有方案中,方案D综合干质量最高,任务灵活性最大,可从常规机场起飞,并具有几千公里的巡航能力。

图2-87示出了四种运载系统的研制成本。如果这些系统都在"传统模式"下研制,成本差异将是巨大的。这通常是一个重大的决定性因素,而不能是个人喜好。通过应用成本工程原则,如:①没有性能优化;②采用现有技术;③尽可能采用现有的火箭发动机,还有客户方缩减昂贵的"微观管理"组织,研制成本可以降低约50%。有翼单级入轨运载器的例子详见参考文献[78]。如果(但不太可能)在工业-商业模式下研制,成本可以降低到30%或图2-87所示的值以下。

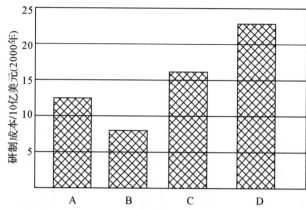

图 2-87 4 种可重复使用运载器方案的研制成本

运载器方案对研制成本的巨大影响清晰地表明,成本工程对筛选未来运载器方案的作用是十分重要的。对于更传统的两级入轨运载器,成本会比单级入轨运载器高出约 30%(尽管发射质量少 40%)。对于更加传统的水平着陆模式的有翼飞行器,研制成本会比用火箭动力垂直着陆的弹道式飞行器高出约 50%。虽然这已被成功证明,但由于它不是传统的着陆模式而遭受质疑。

对于大多数任务,尤其是静地转移轨道或地球逃逸任务,需要两级或三级运载器。因此,真正的问题不是"单级入轨与两级入轨",而是第一级是否应该有入轨能力,并且返回发射场时是否无需额外的发动机。第一级在亚轨道速度设计的情况下,要求具有以下特点:在大多数情况下,有翼飞行器拟采用吸气式涡轮喷气发动机飞回发射场。但是,这使第一级设计复杂化,其必须同时满足垂直起飞运载器级和货运飞机的要求。经验表明,飞机的设计要求大多被运载器设计师低估,而运载器的问题又通常被飞机设计师低估。在任何情况下,这类运载器的研制都既复杂又昂贵。此外,还有级间分离问题以及飞回操作所增加的工作量。

在第三种情况下,采用更简单的第一级,此时像低速度增量的助推器一样,可以滑翔回到发射场。然而,该情况下第二级规模会比较大,并需要具有与直接入轨(LEO)能力的运载器一样的系统和技术,这时就只是一个规模问题了。

避免了运载器额外系统研制以及运载器装配、级分离和第一级飞回操作等固有问题,无疑是一个理想的特征。因此,从成本和经济学的角度来看,相比于近地轨道两级(及三级以上)运载器,具有入轨能力的运载器显然是首选。

2.9.2 弹道式可重复使用运载器研制成本比较

以下对单级入轨和两种类型[推进剂使用液氧/液氢或者液氧/煤油(见参考文献[97])]的两级入轨运载器进行成本分析比较。

将 3 种运载器设定为可将 7t 载荷运送到国际空间站轨道(450 km,51.60°),全部使用现有的火箭发动机,即俄罗斯 D-57 液氧/液氢发动机(宇航喷气公司),NK-33 和 RD-120 液氧/煤油发动机。

单级入轨运载器的基本设计方案如图 2-88 所示,这是一个 BETA 形方案,拥有塞式发动机簇。两级入轨运载器方案类似于 Kistler 航空航天公司的 K-1 可重复使用运载器(见图

2-74)。主要质量数据见表 2-8。液氧/液氢运载器净质量和干质量值(不含发动机)与图 2-36一致。液氧/煤油级质量值基于参考文献[97]的图 6,发射加速度优化值不同,两级入轨运载器为 1.27,单级入轨运载器为 1.4,这已经将所需发动机数量考虑到其中了。

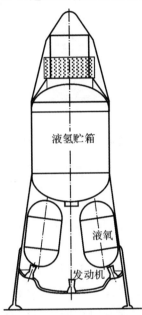

图 2-88 SSTO 运载器方案(MBB-BETA ⅡA)

表 2-8 单级入轨和两级入轨可重复使用运载器的质量数据

	单级入轨可重复使用运载器	两级入轨运载器	
推进剂	液氧/液氢	液氧/煤油	液氧/液氢
起飞质量/t	456	405	241
国际空间站有效载荷/t	7	7	7
推进剂质量/t			
一级	400		
二级	—		
干质量(不含发动机)/t			
一级	29	17.7	13.7
二级	—	7.13	6.6

应用 2.4.4 节所述的弹道式可重复使用运载器的基本成本估算关系式计算研制成本,并考虑系统工程因子(单级入轨和两级入轨可重复使用运载器系统的工程因子分别是 1.04 和 1.08),图 2-89 即为基于成本降低的传统模式策略(历史成本的 50%,见 2.6.1 节)。可见,虽然单级入轨可重复使用运载器几何形状最大、质量最高,但研制成本最低。

起飞质量和干质量最低的两级入轨液氧/液氢运载器研制成本高出约 36%。原因是必须研制两个不同的系统,还有级组装和飞行中分离。令人惊讶的是,采用常规推进剂两级入轨运载器,研制成本是最高的(另加 45%)。这是由于其综合干质量高于液氢构型,而且由于火箭发动机性能(I_{SP})较低,推进剂质量相对也较大。

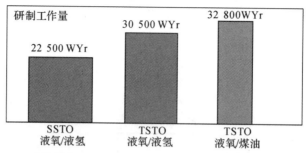

图 2-89　近地轨道弹道式单级入轨与两级入轨可重复使用运载器研制成本

2.9.3　有翼两级入轨(LEO)运载器的潜在研制成本范围

相同的运载器,或者具有相同性能的运载系统,研制成本可以在较大范围内变化。为了进行更详细的分析,选择了图 2-90 所示的有翼垂直起飞火箭运载器。参考飞行器(FSSC-1,见参考文献[98])发射质量(起飞质量)为 916 t,其中发动机质量为 2 540 kg,干质量为 97 760 kg。采用新型火箭发动机:分级燃烧循环发动机,室压为 15 MPa,推力为 1 637 kN(SL)。8 台发动机中的 4 台配备较大的喷管,以获得 448 s 的真空比冲。推进剂总量(液氧/液氢)为 794 t (+6.8 t的剩余量、裕度和 RCS 推进剂)。CTV 或 OTV 在 250 km/5° 轨道的有效载荷质量为 17.5 t。

TRANSCOST 模型的成本估算关系式建立在传统模式条件下,得出的是"最有可能的研制成本"。这意味着成本包括不可预见的技术问题和延误,而这在运载器计划中通常是经常发生的,约占成本的 15%～20%。这并不意味着成本不会更高,如果发生灾难性事故或技术要求重大变化时就会出现这种情况。根据 TRANSCOST 模型的成本估算关

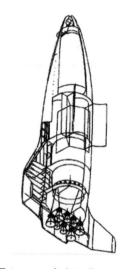

图 2-90　参考运载系统

系式,传统模式下运载器系统最有可能的研制成本为

$$H_{vw} = 1\,421 M^{0.35} f_1 f_2 f_3 f_8 (\text{WYr})$$
$$= 1\,421 \times 72\,350^{0.35} \times 1.2 \times 1 \times 0.9 \times 0.86 (\text{WYr})$$
$$= 66\,270 (\text{WYr})$$

对于质量为 3 176 kg 且进行了 600 次鉴定试验的火箭发动机,有

$$H_{EL} = 277 M^{0.48} f_1 f_2 f_3 f_8 (\text{WYr})$$
$$= 277 \times 3\,176^{0.48} \times 1.0 \times 1.07 \times 0.8 \times 0.86 (\text{WYr})$$
$$= 9\,780 (\text{WYr})$$

这两个值相加并乘以系统集成因子 1.04,可以得到欧空局研制计划的总成本约为 79 100 WYr (或 160 亿欧元,2003 年)。

由于理想研制成本或拟议成本可通过自下而上的成本估算或从子系统的成本模型导出,

通常被视为"官方计划成本",这在研制开始时使用会低 15%～20%,即约 65 000 WYr(约 135 亿欧元,2003 年)。

在《进出空间研究》(见参考文献[98])中有一型类似的有翼单级入轨运载器(起飞质量为 890 t,推进剂 790 t,见图 2-91),采用传统模式,NASA 兰利研究中心估计成本为 81 800 WYr(145 亿美元,1994 年),在欧洲相当于 70 400 WYr。

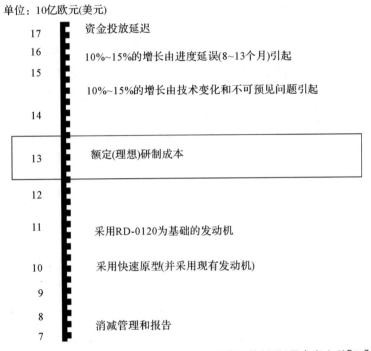

图 2-91 有翼单级入轨运载器研制可能成本范围的例子(见参考文献[78])

应用快速原型进一步降低研制成本是可行的,使用计算机辅助设计和集成技术,估计可以降低到 100 亿欧元(2002 年)。

应用成本工程可以实现第一个重大的成本削减。例如,通过使用现有的组件和子系统,即使用现有的火箭发动机并作必要的调整(事实上,俄罗斯的 RD-0120 适合这种情况),发动机研制成本就可以从 9 780 WYr 减少到 1 000 WYr。在这种情况下,理想研制成本就只有 58 000 WYr(120 亿欧元,2003 年)。

最后,减少客户的微观管理和报告/审查活动,可以减少所需的人力,估计为 36 000 WYr(72 亿欧元),这是理想研制成本的 52%,与 2.6 节中提到的案例一致。

总之,根据项目筹备好坏、成本工程应用、研制和测试策略,以及客户管理/合同条件,欧洲规模庞大的有翼单级入轨运载器的研制成本(根据欧空局的合同)可能为 70 亿～170 亿欧元。

考虑到成本(WYr)和生产力的不同,对于同样的有翼单级入轨飞行器,在美国纯粹的商业-工业研制模式下,成本可以进一步降低到 21 500～24 000 WYr 的水平(45 亿～50 亿美元,2000 年)。这个成本范围已经在洛克希德·马丁公司的"冒险星"商业项目得到证明。然而,由于采用了线性气动塞式发动机系统的升力体构型(相比图 2-90 更传统的参考构型)所带来的复杂性和技术问题,商业研制成本为 65 亿～80 亿美元是比较现实的。

2.9.4 发动机规模和数量(单级1~9台发动机)对研制成本的影响

火箭发动机系统的决策是运载器的主要决策之一。对于一级运载器,可以选择1台大推力发动机或者2、4、5或9台发动机组合(如猎鹰-9)。

是否使用现有发动机是一个重大的影响因素,虽然发动机最终会有改进,但这是迄今为止成本最低的选项。在需要新研制发动机的情况下,采用单发动机最昂贵,还需要配置专门的滚控系统,但这在多发动机系统中则不需要。

另外,单发动机系统具有最低的质量。表2-9提供了关于单个和组合发动机总质量(包括每台发动机1%的附加管路和阀门),以及具有5 000 kN推力量级(真空)推进系统的典型研制成本的研究结果。名义研制成本可使用2.3.2节中的成本估算关系式计算,其中技术品质因子设置为1.0。多台发动机的研制成本和推进系统的质量如图2-92所示。

表2-9 发动机成本影响的数量(总推力量级为5 000 kN)

发动机数量/个	1	2	4	5	9
发动机推力量级/kN	5 000	2 500	1 250	1 000	555
单台发动机质量/kg	5 700	3 100	1 700	1 400	800
发动机装配质量/kg	5 757	6 324	7 072	7 350	7 850
名义研制成本/WYr	17 590	13 130	9 840	8 965	6 850
相对成本/(%)	100	75	56	51	39

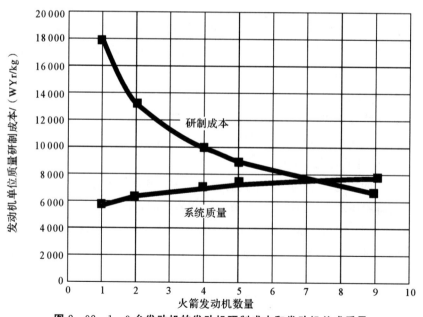

图2-92 1~9台发动机的发动机研制成本和发动机总成质量

对于生命周期分析或评估发动机每次飞行成本影响,必须考虑生产率和发动机总数量,因为学习因子对发动机生产成本有重要影响,如3.7.2节所示。

2.9.5 商业运载器研制(猎鹰-9 运载器)与"传统模式"的比较

据 SpaceX 公司创始人兼负责人埃隆·马斯克(Elon Musk)称,与政府机构签订的合同相比,猎鹰-9 运载器作为一种商业项目,开发成本仅大约为 3.9 亿美元。其中不包括为猎鹰-1 运载器研制的梅林火箭发动机,它属于 SpaceX 最初运载器项目估计的 3 亿美元研制成本的一部分。

SpaceX 的成本低于美国传统航空航天行业的平均成本(WYr),但随着从初创公司到大企业的转变,成本(WYr)将持续增长。2007—2011 年的 3.9 亿美元可折算为 2 230 WYr。相比过去的传统模式,SpaceX 的商业研制企业如何?与以前的所有此类项目相比,以较低的成本进行商业开发可行吗?

据 NASA 估计,猎鹰-9 的研制成本报价为 40 亿美元(根据《航空周刊 23.5.2011》),相当于约 14 400 WYr(假设研制周期为 2005—2011 年,7 年),这还是基于过去的经验并设定为传统的合同条件。

基于"传统模式"条件,TRANSCOST 模型会产生什么样的研制成本?

估计猎鹰-9 的第一级干质量为 16 000 kg,如果不含九台发动机,参考质量为 9 700 kg。使用 TRANSCOST 模型的成本估算关系式对运载器级的研制成本计算(2.4.3 节)公式为

$$H_{EL} = 100 \times M^{0.555} \times f_1 \cdot f_2 \cdot f_3 (\text{WYr})$$
$$= 100 \times 154.6 \times 0.7 \times 1 \times 1.1 (\text{WYr})$$
$$= 1\,190 (\text{WYr})$$

第二级是第一级的简化版本(相同直径,相同的推进剂)。因此,仅计算包括单个发动机机架在内的改装费用就可以了,这些估计约为 1 000 WYr。此外,运载器集成和系统测试成本也要用 f_0 系数估算,其值为 1.04^2(两级)或 8.2%,总计约 14 000 WYr,非常接近 NASA 的值。这还没有考虑到过去几十年的技术进步对降低成本的作用。与历史参考项目(在传统模式的合同中)相比,现代项目的成本降低了 10%~20%。

但是,考虑到商业开发功能,使用 TRANSCOST 模型进行研制成本估算的结果是什么呢?

在这种情况下,对于猎鹰-9 和 SpaceX,必须考虑以下几种因素:

(1)研制周期只有 4 年(正常是 7 年);

(2)由于管理费用较低以及组织结构扁平,不需要支付监理和高级管理人员的薪水,因此与传统的美国航空航天业相比,SpaceX 的成本(WYr)较低;

(3)减少了客户条件、限制和报告要求;

(4)减少了分包商,按内部工作份额占 80% 分配。

仅仅 4 年研制周期,只有快速、非官僚的决策才行。因此,与政府合同中要求的安全逐步验证和测试方法相比,采用快速原型制造会冒一定的风险。但正如 2.6.2 节的分析所说明的那样,这种研制策略可将成本降低 45%~55%。

因此,在 TRANSCOST 模型中,针对商业项目引入了影响因子 f_{11},使潜在的研制成本降低了约 50%。但是,这还不足以解释猎鹰-9 的实际研制成本与传统模式的合同相比降低

了84%。

与TRANSCOST模型成本估算关系式所基于的参考项目相比,另一个新的成本影响因素是过去数十年来取得的技术进步。这一因素还考虑到在猎鹰运载器的设计和生产中不断引入的成本工程的特点,这是猎鹰-9运载器首次实现的。据估计,这种影响将使现代运载器的成本降低15%～25%。

在猎鹰-9/SpaceX案例中,降低成本的第三个重要因素是80%的运载器研发工作(包括火箭发动机)都是在公司内部完成的,而只有20%的分包合同。与其他分包合同通常在50%～70%范围内的项目相比,这是一个很高的值。根据2.5.2.2节的规定,少数几个主要分包商会导致18%～23%的额外成本,及分包合同的4%～7%的额外利润。SpaceX减少了这22%～30%的额外成本,仅将20%的分包合同的数量减少到10%～12%,从而节省了总研制成本的12%～18%。

借助猎鹰-9项目的这3个主要的成本降低因素,可以充分解释以下情况是如何降低研制成本的(以所需的WYr计):

(1)没有客户/官僚主义、要求和条件,组织简单,团队规模小,采用成本工程(设计)和快速原型设计,使得研制周期缩短,成本降低50%。

(2)充分利用技术进步和经验,以及在制造上采用成本工程设计,还有高度的子级通用性,成本降低20%。

(3)减少分包商的管理工作量和利润,成本降低14%。

根据实际美元研制成本比较(仅占传统模式合同的10%),必须考虑特定的WYr成本,在SpaceX的情况下,该成本要低于美国航空航天业的平均成本。但是,WYr成本一直在增长,并将随着公司规模和运营活动的增加而继续增长。

第3章 运载器和发动机的生产成本（飞行硬件的制造、集成和验证）

3.1 生产成本基础

3.1.1 运载器的生产成本

生产成本包括材料成本、加工制造成本、组装验证或验收测试成本，以及工程技术支持和质量保证成本。生产成本的最大份额是生产保障带来的，如图3-1所示。但这些都没有固定的比例，不同项目、不同公司都有所差异。劳动力成本是比较低的，在大多数情况下，即便使用昂贵的材料，材料占成本的份额也是最小的（4%~8%）。

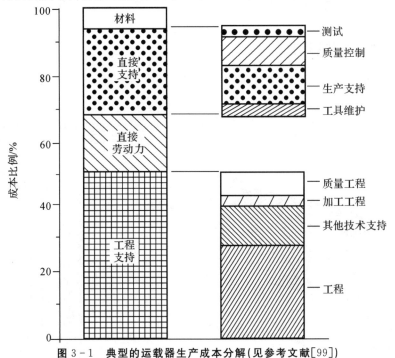

图3-1 典型的运载器生产成本分解（见参考文献[99]）

由于第一飞行单元的制造和测试被作为研制计划的最后一项工作，专用（大）夹具和工装的成本被认为是研制成本的一部分。

运载器的研制成本和生产成本之间的差异是巨大的,即相对于传统模式的研制成本,存在一个 55~65 倍的关系。换句话说,一次性运载器的生产成本只有研制成本的 1.5%~2%。例如一个捆绑式液体推进剂助推器(ALS方案)子系统的成本分布如图 3-2 所示,其中不包括主发动机的成本。

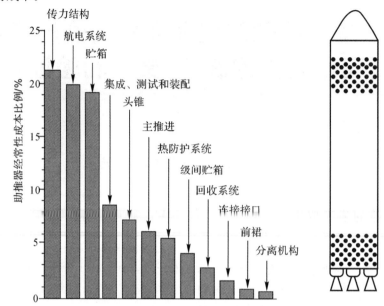

图 3-2 不含主发动机的液体推进剂助推器子系统成本分布(来自参考文献[99])

3.1.2 材料对成本的影响

当然,先进(昂贵)材料的成本效益取决于具体应用情况。图 3-3 为飞机机身材料成本与质量的比较。

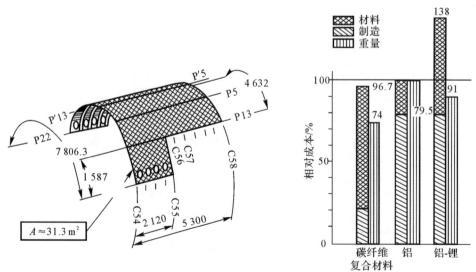

图 3-3 备选结构材料的成本和质量的比较(例如:空中客车机身)

使用铝-锂合金可使质量减少 9%,但会使成本增加 38%。采用碳纤维复合材料结构,材料成本是最高的,在大约相同的成本下,将使质量减少26%。

生产成本方面的关键因素是"第一单元成本"或"理论的第一单元成本",在生产数量较大的情况下,"学习因子"(p)对降低成本非常重要。

3.2 学习因子 p/产量影响

3.2.1 学习因子的定义和实例

所谓的学习因子是由 T.P. 赖特在1936年定义的,考虑到后续单元制造与第一单元相比,所需的工作量会减少。学习因子以 $p=0.80$ 或 80% 表示,单元制造数量每增加一倍,成本将降低到80%,这意味着2号单元的成本是第一单元的80%(或更好:将只需要80%的原工作小时量),第4单元只需要第2单元的80%,第8单元只有第4单元的80%,等等。

对于一个简单的应用,学习因子值 $p=1.0\sim0.70$,图3-4示出了以下两种情况的成本降低因子 f_4:

(1) 从第一单元开始的 n 个单元为一批的平均总成本降低;

(2) 单元生产中,第 n 个单元相对于第一单元的成本降低,这也适用于第20至第30单元成本确定的情形。

适用的航天系统学习因子值在0.75和1.0之间。具体值取决于单元规模(质量)以及年产率。单元规模越大,生产速度越低,学习效果越差(p 接近1)。x 轴取对数标度,使学习因子曲线 p 接近线性,如图3-4所示。

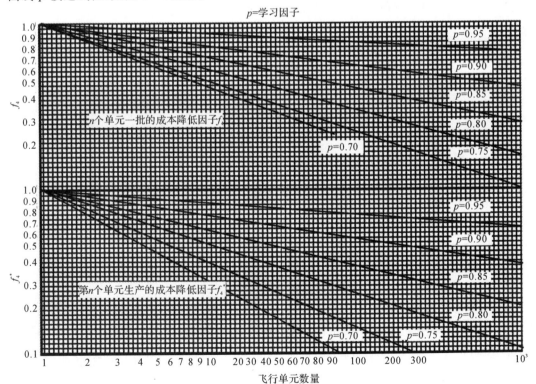

图3-4 学习因子图(以学习因子 p 作为参数的生产成本降低因子 f_4 与生产单元数的关系)

图 3-5 显示[14],洛克希德的阿金纳-A 上面级飞行器(1959—1960 年)实际学习因子为 85%或 0.85,以及阿金纳-C 和阿金纳-G 型由于技术的变化需要增加的工时。

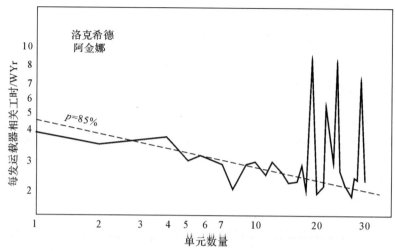

图 3-5 实际成本减少与生产单元数量关系的例子
(洛克希德的阿金纳上面级的生产和装配工时)

另一个更近的例子来自欧洲防务公司,是关于阿里安 4 L.220 和 H.10 运载器(见参考文献[125])一级和三级的生产。在 1989—1997 年间,共生产了 150 个单元。在每年 17 个单元的平均产率下,综合得出 p 值为 0.875,见图 3-6 所示。

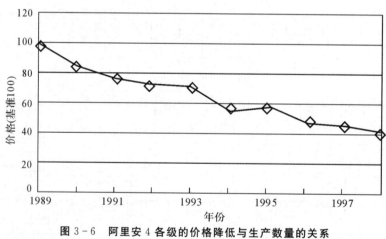

图 3-6 阿里安 4 各级的价格降低与生产数量的关系

图 3-7 来源于欧洲防务不来梅的阿里安 4-PAL(液体推进剂助推器)的汇编文献,与 $p=0.85$ 的学习曲线非常吻合,但也可看出实际生产中出现的个体差异。在单元编号 165 之后,引入了用于存储和过程控制的软件,应用该软件,使后 75 个单元的学习因子提高到 $p=0.82$。

第3章 运载器和发动机的生产成本(飞行硬件的制造、集成和验证)

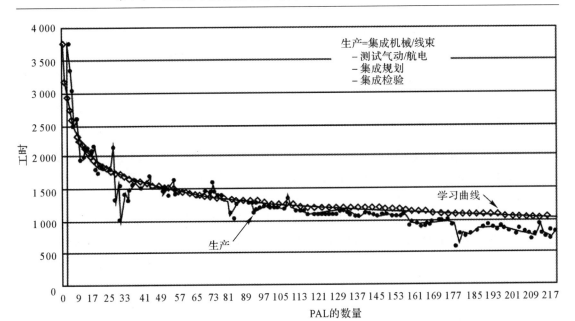

图 3-7 PAL 装置的历史生产工作量(工时)和比较 $p=0.85$ 学习曲线(欧洲防务不来梅)

在各种情况下,高效的 p 值均受特定生产条件和生产率(年产单元数量)影响。在图 3-8 中采纳了许多从实际生产经验中得到的学习因子,并得到了一个基本事实,即随着单元规模/质量的减小,以及生产率的提高,学习因子 p 减小。运载器要素越小,越不复杂,学习效果就越明显。在图 3-8 中可非常明显看出,每年生产 100 个单元的宇宙神运载器的学习因子与每年生产 10 个单元的战略弹道导弹(LRBM)第一级的学习因子之差。

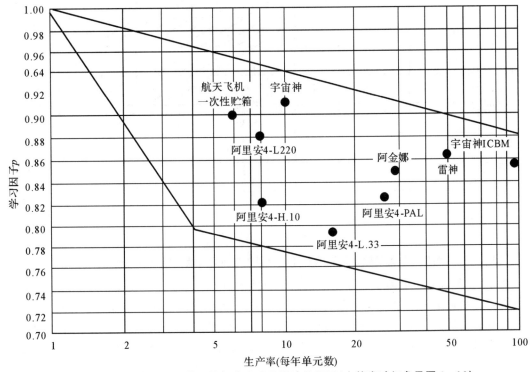

图 3-8 运载器级现实的 p 值与生产率的影响的例子(火箭发动机参见图 3-16)

完整的多级运载器的生产成本显示,学习因子约为 0.9 或 90%。阿里安 4 运载器的总生产数量为 116 个单元,最后一批 10 发运载器有相对于理想成本降低 50% 的潜力,但实际成本仅降低 35%,而这是由于在 16 年的生产期间(1986—2001 年)型号变化(阿里安 40~44L)和改进导致的。

3.2.2 生产率和单元数量对单元成本的影响

运载器要素的学习因子取决于要素类型(运载器系统、发动机、助推器等)、大小(质量)和生产率,如图 3-9 和图 3-10 所示。但是,除对学习因子外,生产率对单元生产成本本身也有重大影响。

其原因参见图 3-1 的生产成本构成,迄今为止占比最大的是固定成本,例如设施的租金或分摊费(建筑物和基础设施)、设施保障(采暖、空调、清洁),工具和工装的存储和维护以及一般工程支持费用。"接触劳动"(直接工时)仅占一小部分,约占生产总成本的 20%。每年大部分的间接费用几乎是恒定的,因此,生产的单元数量越少,单元生产成本就越高。

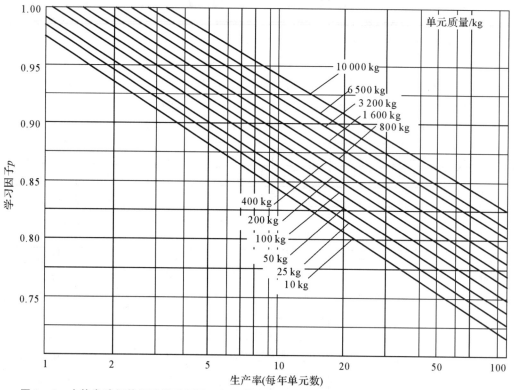

图 3-9 火箭发动机的经验学习因子 LF(p) 模型图与单元规模(质量)和生产速度之间的关系

图 3-9 所示为一种用于火箭发动机的学习因子模型。它显示出发动机尺寸/质量以及生产率对有效学习因子 p 的影响更加明显。这是一个经验模型,实际值将取决于具体制造商的技术和商业条件。必须进一步强调的是,只有在生产相同单元而无需变更的情况下,才能获得完整的学习因子效果。不管在生产过程中进行了何种技术变更,都将使通过学习降低成本(参见图 3-5)的效果打折扣。只有连续的生产线才能获得最佳的学习因子,从而降低成本。

当1969年J-2发动机的生产率从每年36台降低到每年仅12台时,学习因子从0.84变为0.91,每台发动机的成本增加了10%(见参考文献[66])。

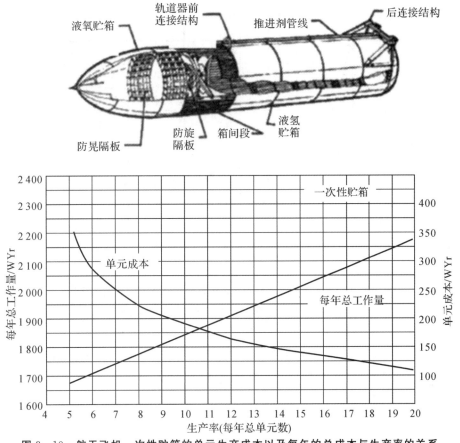

图3-10 航天飞机一次性贮箱的单元生产成本以及每年的总成本与生产率的关系

在特殊情况下,当大型单元在专用设备上作为唯一的产品生产时,例如航天飞机的一次性贮箱,每年的总成本几乎是恒定的,与生产的数量无关。图3-10显示出这种情况,其中包括初始生产成本、每年建造的单元数量以及WYr的总数。例如,如果ET生产从每年12个单元减少到每年6个单元,则总成本将减少200 WYr,实质上是材料成本的减少,但是每单元成本从165 WYr增长到270 WYr(或从3 800万美元增长到6 100万美元,2003年)。然而,随着生产单元总数的增加,学习效果使成本逐年降低。对于ET,一段时间内的学习因子为0.90。在理想情况下约为0.85,但是技术变更和改进一定会降低学习效果。洛克希德·马丁公司管理的NASA米修德(Michoud)生产设施的总员工为2 200人(与WYr成本核算的要素不同,WYr成本核算要素包括了一些管理人员、材料和间接费用)。

在另一个示例中,分析了生产率对阿里安5运载器总经常性成本的影响,评估见图3-11。在这种情况下,由于年产量从6发减少到3发,估计成本增加了大约23%。这种相对适度的增长是由于在大多数情况下,欧洲防务公司的企业中,Les Mureaux的人员可以转移到其他任务,并且可以在许多不同的项目中分配间接费用(而不是像ET例子那样仅分配给一个项目)。

在年生产率降低的情况下,确切的成本有所增加(反之亦然),当然增加多少取决于相关公司的实际情况、生产方案和组织情况。

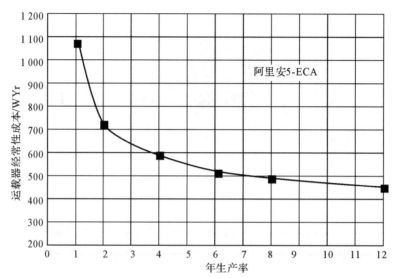

图 3-11　年生产率对阿里安 5 运载器经常性成本的影响的评估

(根据 2011 年的条件,制造了 60 发运载器之后)

根据不同运载器要素成本对学习因子的综合影响分析,计算了 H-2 和 H-2A 运载器的年生产率对生产成本的影响(见图 3-12)。结果表明,H-2A 运载器研制通过技术变更,成功降低了成本。

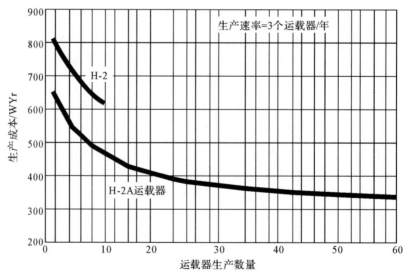

图 3-12　根据学习的影响减少运载器单位成本与生产数量的示例

3.3 TRANSCOST 生产成本子模型

3.3.1 子模型的范围和结构

TRANSCOST 生产成本子模型用于运载器系统及发动机制造、集成和验证的成本估算。研制成本子模型只包括测试单元、一发完整的飞行试验运载器及其发射操作。随后的飞行试验运载器可采用相同的基本结构，但在每种情况下需要不同的专用生产成本估算关系式。

生产成本子模型的结构如图 3-13 所示。该模型被细分为运载器系统和发动机，还有管理和集成，这与研制成本子模型相同。

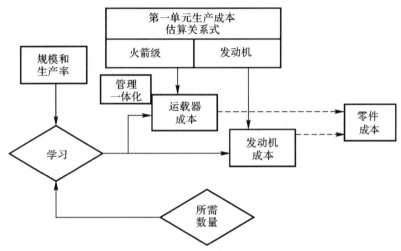

图 3-13 生产成本子模型结构

根据定义，制造所需的夹具和工装都已列入研制成本子模型。这是因为在研制计划中，通常至少会有一套原型单元(如果不是第一飞行单元)需要的夹具和工装。只有在大规模生产的情况下(尚未出现在航天运输项目中)，才必须考虑额外的工装成本。

对于可重复使用运载器，还必须考虑备件的成本。然而，对 TRANSCOST 模型，除发动机外，不提供子系统和组件的成本。备件的成本计入整修成本(参见 4.3 节)。经常性成本的基本成本估算关系式如下：

$$F = n \cdot a \cdot M^x f_4 (\mathrm{WYr})$$

式中：F 为总工作量，WYr；n 为制造的单元数量；x 为每个硬件组的成本/质量比敏感系数；M 为参考质量，kg；f_4 为批生产成本降低因子。

成本降低因子取决于所适用的学习因子、待生产的单元数，以及其是否为初始单元(1号到 x)或系列外(如第 20~30 个)某一个批次，如图 3-14 所示。

对以下种类的发动机和运载器系统，已经建立了经常性成本的成本估算关系式：
(1)固体推进剂发动机和助推器；
(2)低温火箭发动机(液氢)；
(3)可贮存推进剂的火箭发动机；
(4)单组元推进剂火箭发动机；

(5)涡轮喷气发动机；
(6)推进模块；
(7)弹道式运载器(一次性和可重复使用)；
(8)载人航天器；
(9)飞机和有翼一级运载器；
(10)有翼轨道飞行器。

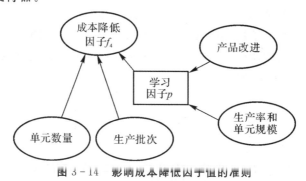

图 3-14 影响成本降低因子值的准则

3.3.2 完整的运载器生产成本

完整的运载器工业制造、组装和测试总成本是指由每个元素成本的总和乘以系统管理、运载器集成和出厂测试因子 f_0，即

$$C_F = f_0 N \left(\sum_1^n F_S + \sum_1^n F_E \right) \cdot f_9(\text{WYr})$$

式中：N 是运载器级数或系统元素的数量；n 是每个元素的单元数目(例如发动机或助推器数量)。如果运载器设计高度模块化，也适用于贮箱模块。f_0 在 1.02~1.03 之间，视运载器和计划的复杂性而定。因子 f_{10} 和 f_{11} 适用于纯粹商业的企业新研制的运载器。

对于学习效果，一次性运载器在连续生产线上生产，其成本具有随时间降低的优势。

对于可重复使用运载器，因为只需要少数运载器，情况就不同了。由于生产不能根据计划的要求频繁启停，那么只有以下两种选择：

(1)计划运营期间，所有所需的运载器和备件在最佳时间(最低成本)生产、入库存放，直到需要。之后关闭生产设施，或转用于其他项目。

(2)保持一个连续的生产活动，这意味着按计划投放新的运载器。然而，这需要不断增长的业务容量，或每架运载器寿命不太长。

3.4 发动机生产的成本估算关系式

3.4.1 固体火箭发动机、捆绑式助推器和级系统

固体推进剂火箭发动机广泛应用于发射系统：从小型反冲发动机到简单的捆绑式助推器(如德尔塔2火箭)，到具有推力矢量控制的大型发动机(代表了完整的第一级，如阿里安5、大力神4和美国航天飞机)，再到具有滚动控制姿态控制系统、电源和电子设备的完整运载器子

级(如维加运载器)。

图 3-15 示出了 ATK Castor 120 发动机,它是现代固体推进剂发动机的典型代表,具有摇摆喷管和石墨环氧树脂发动机外壳,其最初是为"和平卫士"导弹研制的,现用作洛克希德·马丁"雅典娜"运载器的第一级和第二级。

图 3-15 ATK-Thiokol Castor 120 发动机(来源于互联网,ATK 航天推进公司)

成本估算关系式的构思来自美国、欧洲和日本的 19 个参考项目,数据相对较多,涵盖 4 个数量级,如图 3-16 所示。虽然以发动机的惰性质量为参考特征量,但成本对完整的发动机是有效的(包括推进剂)。

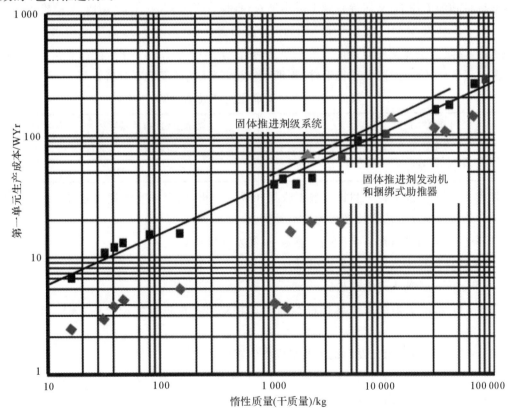

图 3-16 固体火箭发动机的参考项目和相关的基本成本估算关系式

固体推进剂发动机和助推器的成本估算关系式为

$$F_{ES} = 2.3M^{0.40}f_4 \cdot f_8 \cdot f_{10} \cdot f_{11}(\text{WYr})$$

成本估算关系式也可应用于具有整流罩、连接/分离机构和回收设备等特殊装备的助推器上,因为这可以通过增加的净质量体现。净质量值与推进剂质量的关系如图2-5所示,推进剂成本包含在单元生产成本中,占单元总成本的10%～20%。相对液体推进剂,固体推进剂是昂贵的。固体推进剂的价格取决于发动机规模和年度总产率(参见4.2.3节)。

带有完整飞行控制系统和电子设备的、完全基于固体推进剂的子级系统成本要高一些,其成本估算关系式为

$$F_{ESS} = 2.75M^{0.412}f_4 \cdot f_8 \cdot f_{10} \cdot f_{11}(\text{WYr})$$

3.4.2 液体火箭发动机

原著作者早在1965年就进行了火箭发动机的生产成本评估,以期在发动机干质量、推力或质量流量和比冲中找出最佳成本相关性(见参考文献[67])。最终结果偏向于发动机干质量,这也在TRANSCOST的成本估算关系式上得到应用。

因为已有公开资料主张低压发动机可降低成本(见参考文献[68]),这里专门进行了燃烧室压力对成本的影响分析。参考文献[40]与原著作者的结果一致,表明低燃烧室压力不会降低发动机的成本,但压力高于12 MPa会导致成本增长。事实上,压力非常高时,必须采用更先进的材料和加工技术,从而导致制造成本增长(根据参考文献[40],20 MPa发动机约9%)。航天飞机主发动机SSME的生产成本约为5 000万美元(2001年),远高于平均水平,但我们必须承认,这是为重复使用而设计的第一型发动机,其室压为22.2 MPa,设计非常复杂,组件也很多。表3-1给出不同发动机组件、管理/集成和测试的典型成本分解。

表3-1 SSME 单元生产成本分解

燃料和氧化剂泵	24.1%	燃烧室(含喷注盘)	18.2%
喷管	14.5%	预燃室	3.0%
附件/控制系统	6.5%	管理、装配、试验、利润	33.8%

对21种不同的发动机项目进行数据收集和成本分析,结果确实表现出差异,由此得出了以下3个具有特定成本估算关系式的技术类别:

(1)泵压式低温推进剂组合(液氧/液氢)火箭发动机;
(2)常规可储存推进剂火箭发动机(挤压式和泵压式);
(3)单组元推进剂火箭发动机。

图3-17示出了小型单组元推进剂和可贮存双组元推进剂发动机的"理论第一单元"成本。

从参考项目可得单组元发动机的初步成本估算关系式为

$$F_{EP(m)} = 1.2M^{0.535}f_4 \cdot f_8 \cdot f_{10} \cdot f_{11}(\text{WYr})$$

而双组元发动机相对高出约50%的成本,则有

$$F_{EP(m)} = 1.85M^{0.535}f_4 \cdot f_8 \cdot f_{10} \cdot f_{11}(\text{WYr})$$

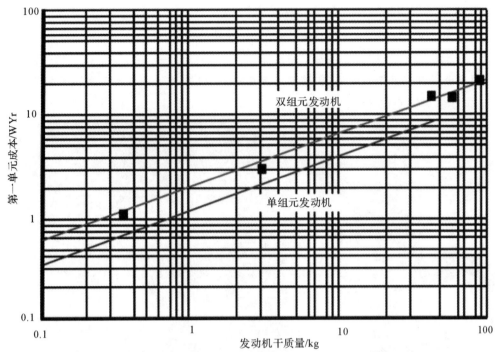

图 3-17　参考项目和小型双组元和单组元发动机基本成本估算关系式

至于推力更大的火箭发动机,主要范式的变化发生在 1990 年,其设计目标从最高性能变为成本效益,这通过鲁棒式设计和元件数量大幅度减少来实现。"国家发射系统"(NLS)项目的"航天运输主发动机"(STME)是第一型以成本效益为设计目标的发动机。表 3-2 通过 STME 和 SSME 发动机部件之间数量的对比,很好地反映了其简化程度。

表 3-2　通过减少发动机零件数量降低成本

发动机	SSME	STME
燃烧室零件数	60	6
燃烧室焊缝数	96	4
主喷注器零件数	3 200	1 641
主喷注器焊缝数	360	13
液氧涡轮泵零件数	153	78
液氧涡轮泵焊缝数	128	0
液氢涡轮泵零件数	198	60
液氢涡轮泵焊缝数	810	1
喷管零件数	1 600	580
喷管焊缝数	113	15

第一次实现新型火箭发动机设计原则的是洛克达因德尔塔Ⅳ运载器系列的 RS-68 发动机,其将室压进一步降低到 10.4 MPa(而不是在 STME 设计时的 17.7 MPa),且使用了烧蚀喷管。该发动机的真空推力为 3 320 kN,也是到目前为止推力最大的液氧/液氢发动机。这

型发动机单元成本报价 2 000 万美元(《航空周刊》,2006 年 5 月 22 日)。RS-68 发动机于 1996—2002 年间研制,构型相对简单,如图 3-18(a)所示。

图 3-18(b)所示是 RL-10 火箭发动机,研制于 1954—1960 年,是由位于佛罗里达州西棕榈滩的普惠公司开发的第一型液氧/液氢发动机,他们已制造了 400 台不同型号的发动机,其中 1995 年最多交付了 26 台。

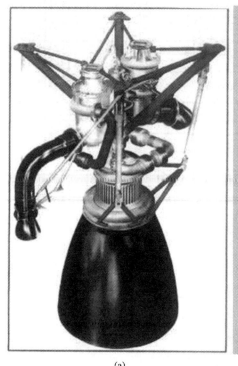

(a) (b)

图 3-18 作为成本优化设计例子的洛克达因 RS-68 和自 1958 年
以来在普惠公司批量生产的 RL-10 发动机

过去 10 年中,唯一的大型火箭发动机研制活动,是起步阶段的 SpaceX 公司于 2002—2008 年研制的梅林发动机,这是一型传统的液氧/煤油发动机,真空推力为 617 kN,是具有成本效益现代设计特征的发动机,也带来了对现代火箭发动机成本估算关系式的修订。

正如图 3-19 所示,现有的发动机显示出生产低温发动机和可贮存常规推进剂发动机生产的成本差异。由此得出的成本估算关系式如下:

(1) 液氢低温发动机(泵压式):

$$F_{EL(c)} = 3.15 M^{0.535} f_4 \cdot f_8 \cdot f_{10} \cdot f_{11} (\text{WYr})$$

(2) 可贮存推进剂发动机(挤压式和泵压式):

$$F_{EL(c)} = 1.9 M^{0.535} f_4 \cdot f_8 \cdot f_{10} \cdot f_{11} (\text{WYr})$$

然而,对于新型发动机项目,按成本工程的基本规则,生产成本下降约 40%~50%(与 SSME 相比,甚至达 60%),而推进剂组合的影响已经不存在了。

所有现代火箭发动机新的成本估算关系式如下:

$$F_{EP} = 1.2M^{0.535} f_4 \cdot f_8 \cdot f_{10} \cdot f_{11} (\text{WYr})$$

因子 f_{10}（技术进步、成本工程）已经包含在这个成本估算关系式中。相比于存在国际竞争的商业发射发动机，因子 f_{11}（商业条件下）可以在有限的范围内适用在政府合同条件下（大量的文档和鉴定控制程序）生产的发动机。

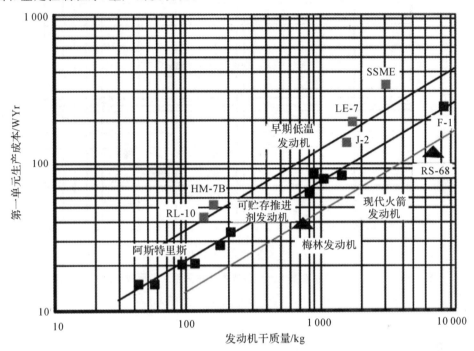

图 3-19 参考项目和标准推进剂发动机及液氧/液氢发动机（灰色）
得出的基本的成本估算关系式（黑色）

3.4.3 涡轮喷气发动机

吸气式发动机对需要巡航飞行或返回到发射场回程能力的有翼一级运载器很重要。因为目前还没有研制出工程应用状态的冲压发动机，这里只能建立涡轮喷气发动机经常性成本的成本估算关系式。

与火箭发动机不同，涡轮喷气发动机存在着价格竞争的形势，每种类型或规模的火箭发动机只有一家供应商，这使得难以建立起理论第一单元的成本估算关系式。发动机的价格受市场状况及预计可出售的发动机总量的影响。此外，研制成本可正常分摊到发动机的销售价格中。

尽管如此，这里还是根据 11 个参考项目和估计的产量，建立了初步的成本估算关系式（见图 3-20）。理论第一单元成本是一个非常合适的定义，其成本估算关系式接近火箭发动机生产的成本估算关系式，这一事实支持了其可信度，即

$$F_{ET} = 2.29M^{0.545} f_4 \cdot f_8 \cdot f_{10} \cdot f_{11} (\text{WYr})$$

发动机的销售价格在很大程度上取决于生产数量，典型的学习因子如图 3-20 所示，其值约为 0.8。由于相同的发动机和发动机系列具有相似性，学习因子以及生产的发动机总数的

定义可以变化。

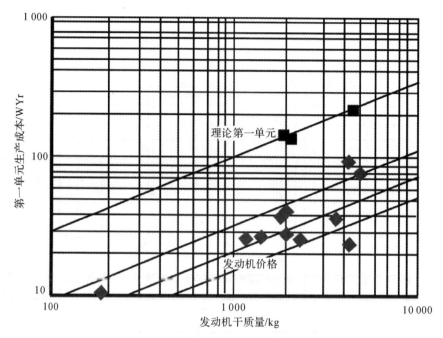

图 3-20 参考项目和涡轮喷气发动机成本估算关系式及取决于生产单元总数
（100—400—1000 个单元）的生产价格水平

3.5 运载器系统的生产成本估算关系式

3.5.1 推进舱

推进舱的应用范围非常宽：从运载器的加强级，到大型通信卫星（电视卫星、国际通信卫星 VI，VII）的远地点和轨道舱，以及星际航天器（伽利略、CRAF）。推进舱采用分布式系统（而不是一个完全集成的系统）的特殊设计，这已被证明是一种具有成本效益的方案。

根据定义，推进舱是有独立结构的完整推进系统，但没有姿态控制电子设备、遥测、电源等设备。MBB 公司为 NASA 喷气推进实验室制造的伽利略 RPM（见图 2-22）就是一个这样的典型推进舱。其净质量为 210 kg，4 台贮箱加注 930 kg 推进剂，加上两个氦气瓶，12 台 10 N 小推力器和一台 400 N 发动机。RPM 飞行单元在 1981—1983 年间制造和装配，花费了约 1 350 万德国马克（65 WYr）。由于延长寿命的需要而高度冗余，其成本比卫星推进舱昂贵。

另一种案例是欧洲阿里安 ATV，其包括对接设备和太阳能电池阵列。虽然这是一个独立的飞行器，但由于只有一个由小型发动机构成的机动推进系统，因此放在本节分析。其项目成本与本节参考项目非常吻合，因此与得出的基本成本估算关系式一起在图 3-21 展示：

$$F_{VP} = 3.04 M^{0.581} f_4 \cdot f_8 \cdot f_{10} \cdot f_{11} (\text{WYr})$$

第 3 章　运载器和发动机的生产成本（飞行硬件的制造、集成和验证）

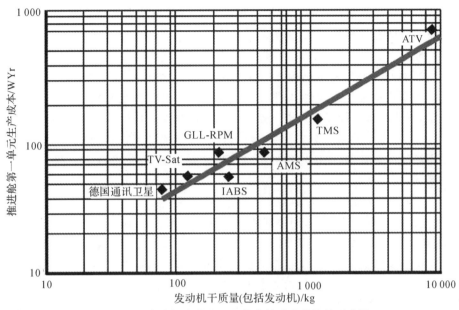

图 3-21　参考推进舱项目和得出的成本估算关系式图

推进舱的生产成本高于弹道式运载器的子级，这是由于其大多采用了多贮箱总成及专用设备，如在欧洲 ATV 上用于同国际空间站补给任务的对接适配器（见图 3-22）。由于安装有额外的太阳能电池阵列，其生产成本比模型计算值要高。

图 3-22　具有 4 台小火箭发动机的国际空间站补给任务的欧洲自主转移飞行器

与其他成本估算关系式不同，由于推进舱参考质量包含了发动机的质量，因而也就包括发动机成本。该类型飞行器使用可贮存推进剂。由于推进舱没有成本相对较低的大型结构件，因此其曲线斜率及成本水平高于运载器子级是合理的。

3.5.2　弹道式运载器/子级（一次性和可重复使用）

在过去 40 多年中，由于 16 种运载器制造数量不同，这组运载器参考项目数量比较多。为了使数据具有可比性，以创建一个统一的成本估算关系式，需要考虑到学习因子的影响，再仔细地将成本回归到第一飞行单元。

图 3-24 参考数据点显示出可贮存推进剂运载器与低温液氢系统之间的成本差异,这与相关的火箭发动机的差异是相同的(参见图 3-19)。这组数据中唯一的例外是 ASTRIS 运载器(ELDO/欧洲 1 号运载器第三级),运载器成本高可以解释为其独特的钛夹层结构(它由 0.1 m 厚的钛金属板材制成,外部结构有不少于 350 000 个焊点)。

成本估算关系式适用于一次性和可重复使用系统。由于可重复使用运载器需要高出约 40% 的干质量,制造起来更加昂贵。以下是导出的可贮存推进剂运载器成本估算关系式:

$$F_{VP} = 1.265 M^{0.63} f_4 \cdot f_8 \cdot f_{10} \cdot f_{11} (WYr)$$

对于使用液氢的运载器,由于特殊的绝热处理和安全规定,生产成本较高,适用于以下的成本估算关系式:

$$F_{VP} = 1.84 M^{0.63} f_4 \cdot f_8 \cdot f_{10} \cdot f_{11} (WYr)$$

其中,参考质量是运载器干质量(适用于其他成本估算关系式),不含发动机质量,但包括级间适配器、有效载荷整流罩(如适用)以及遥测和姿态控制设备质量。

图 3-24 中的参考数据表明,氢燃料运载器系统比煤油或偏二甲肼运载器系统成本高约 50%。另外,由于相同的推进剂质量需要更大的贮箱容积,运载器干质量增加了 50%~60%。但是,此缺点可以通过液氧/液氢推进剂组合的总冲提高 40%~50% 来平衡,与可贮存推进剂相比,其总推进剂量需求更少。

成本估算关系式中的成本对质量的敏感性表明,对于干质量为原来 10 倍的运载器,成本仅为原来的 4 倍,或增加 15% 的干质量作为裕度,或采用更常规的技术制造,运载器成本仅提高几个百分点。

图 3-23 所示为半人马座级,这不仅是研制的第一型低温级,还是长期生产的一型。2012 年 9 月 24 日,这款上面级迎来了第 200 次发射。半人马座上面级的另一个特征是,利用压力稳定的不锈钢贮箱。参考文献[21]介绍了半人马座上面级经历的长期改进工作。

图 3-23 半人马座装配线(第一个低温级,由 KrafftEhricke 在 1956—1963 年间研制)

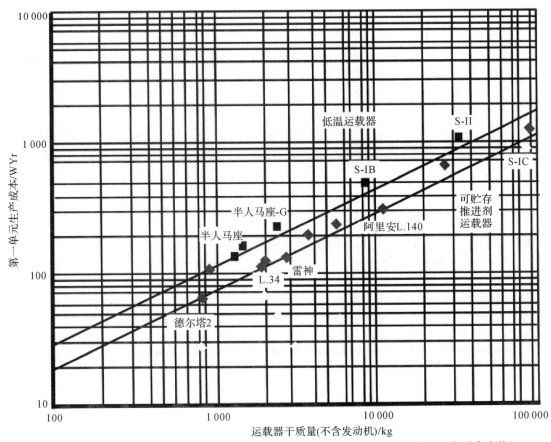

图 3-24 弹道式运载器/级的参考项目及由此产生的成本估算关系式(实点＝回归后参考值)

3.5.3 高速飞机/有翼一级运载器

商用飞机丰富的生产成本数据库还为未来有翼一级或飞回式飞行器的研制提供了基础。理论第一单元成本和基本成本估算关系式建立在协和飞机和其他先进飞机的生产基础上,其中包括 X-15。同时参照生产量超过 400 架的亚声速商业飞机系列生产,得出学习因子 $p=0.8\sim0.85$ 时,学习成本降低系数为 $0.15\sim0.2$。

图 3-25 示出了用于建立基本成本估算关系式的有关参考项目及其成本数据综合信息。在这种情况下,含发动机的运载器干质量,或者飞机术语"工作空重"(OWE),被用来作为参考。飞机和飞回式运载器第一级的理论第一单元的成本估算关系式如下:

$$F_{\text{VF}} = 0.357 M^{0.762} f_4 \cdot f_8 \cdot f_{10} \cdot f_{11} (\text{WYr})$$

对于商用飞机,所用到的数据是价格而不是生产成本,价格受到市场和竞争形势的强烈影响,而且也受生产数量和研制成本分摊份额的影响。单元平均价格是理论第一单元成本的 20%～30%。对于商用飞机的价格估算,可用以下关系:

$$C_{\text{CA}} = 0.046 M^{0.805} (\text{WYr})$$

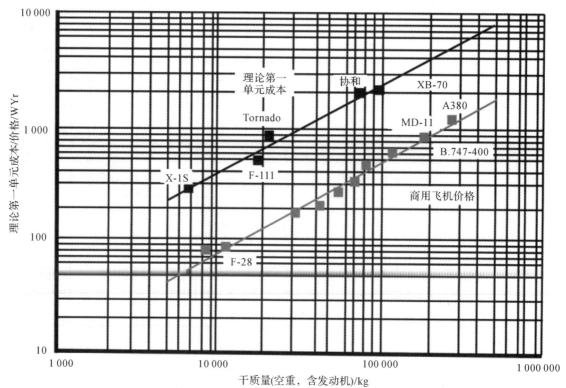

图 3-25 飞机及有翼第一级运载器参考项目及其基本成本估算关系式

3.5.4 有翼轨道火箭飞行器

这组运载器包括有翼单级入轨运载器以及具有再入和飞回能力的有翼上面级。尽管航天飞机轨道器也有类似的外部构型,但由于缺乏整体式的推进剂贮箱,而且其内部设计有座舱并作为载人轨道实验室用于延长在轨时间,因此它不是一个典型的例子。

对这样的运载器方案已进行了许多详细研究,但很少有详细的生产成本估计。最近的案例是 FESTIP 分析(见参考文献[101]),使用的是 PRICE-H 的模型,进行了详细的以子系统为基础的生产成本估计。由于缺乏实际运载器的生产成本数据,但出于对此类运载器方案的极大兴趣,就建立了一个临时的成本估算关系式。

成本/质量的基本趋势取自弹道导弹低温运载器(见 3.5.2 节),成本水平取自计算的两级入轨运载器上面级方案 FSSC-9/Ⅱ,以及单级运载器 FSSC-Ⅰ,二者都是垂直发射模式:

FSSC-9/Ⅱ:运载器质量为 27 200 kg(不含发动机),理论第一单元成本为 2 820 WYr。

FSSC-Ⅰ:运载器质量为 72 500 kg(不含发动机),理论第一单元成本为 5 130 WYr。

有翼轨道飞行器临时生产成本估算关系式如图 3-26 所示。临时的理论第一单元成本估算关系式获得的成本水平介于弹道式运载器和载人航天飞机轨道器之间,这是合理的。弹道式与有翼运载器之间的成本系数存在近 3 倍的关系是否现实,仍有待观察。然而,成本水平只是比一些飞机高 50%,这似乎是很实际的。另外,航天飞机轨道器的理论第一单元制造成本是无人有翼运载器理论第一单元成本的 2.5 倍。

有翼轨道运载器临时生产成本估算关系式为

$$F_{\text{vw}} = 5.83 M^{0.606} f_4 \cdot f_8 \cdot f_{10} \cdot f_{11} (\text{WYr})$$

这类运载器一旦制成,就需要尽快进一步证实或修正成本估算关系式。为了便于比较,弹道式运载器的成本估算关系式也显示在图 3-26 中,该图在一定程度上确认了有翼轨道运载器的成本估算关系式是符合实际的。

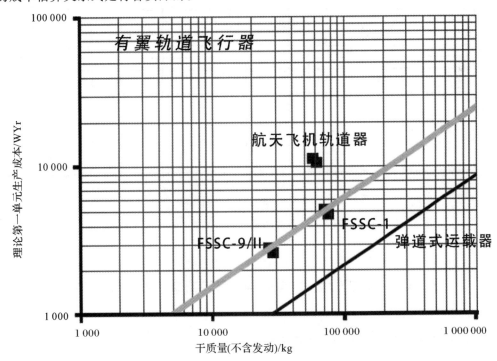

图 3-26 有翼轨道飞行器临时成本估算关系式参考项目和来自图 3-24 的
弹道式运载器(液氧/液氢)初步的成本估算关系式

3.5.5 载人航天系统

这组航天系统在 2.3.8 节已介绍过,包括从载人再入舱、月球转移、着陆器以及航天飞机轨道器(不含发动机)等多种飞行器。其成本估算关系式的质量/成本指数接近 1,是迄今为止独一无二的。这意味着在该情况下,生产成本几乎与运载器质量成正比。

另一个普遍存在的事实是,其生产成本也是所有系统中最高的。这主要是因为载人航天系统所需生命支持系统复杂,它还包括电源和电子设备(通信)。

图 3-27 所示的 7 个参考项目得出的基本成本估算关系式与实际很吻合,具体如下:

$$F_{\text{VS}} = 0.16 M^{0.98} f_4 \cdot f_8 \cdot f_{10} \cdot f_{11} (\text{WYr})$$

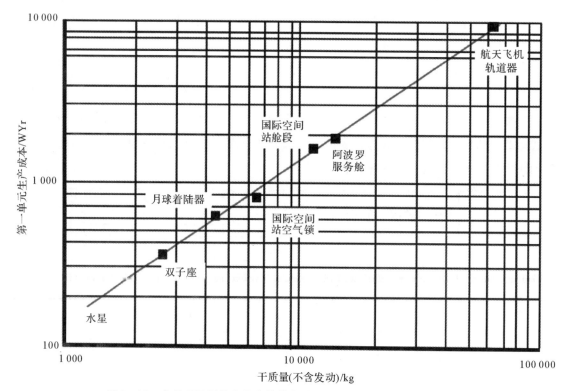

图3-27 参考项目及从中导出的载人航天系统的基本成本估算关系式

3.6 生产成本影响、不确定性和风险

3.6.1 生产成本标准和改进（因子 f_{10}）

(1) 对生产成本的主要影响因素是验证/验收测试项目的范围。在组件测试与子组件或系统的测试之间，以及最终的全系统测试（例如火箭发动机）之间，需要进行权衡。

(2) 如果由独立的并行组织进行质量保证，则成本很高。一体化质量保证是更具成本效益的方法。

(3) 与过去项目的传统方法相比，现代自动制造过程可将生产成本降低15%~30%。

对于未来的项目：

$$f_{10}=0.7\sim 0.85$$

因为尽可能地使用了符合标准的材料，也根据工业标准获得更可靠的设计和制造公差，从而减少了检查和验证过程的成本。

NASA一项从2005年开始的分析得出结论（见参考文献[144]）：在大约50年后的今天，阿波罗硬件的工作量会减少22%。

3.6.2 政府合约与商业企业(因子 f_{11})

NASA 或国防部的每个合同都有许多必须遵守的要求和程序,这些由客户项目团队严格控制。这样做的一个重要特点是每个组件和每项活动都具有详细而独立的质量保证、定期报告、进度报告、简报和正式评估等大量的文档要求。这些要求以及政府合同条件还需要律师和行政人员参与,这使公司的开销提高。这在一定程度上与欧洲或日本一样。

另一种特征和成本驱动因素是,政府项目管控团队与主要承包商公司的项目管理团队的持续互动。这意味着原来的要求会不断修改和补充。这种成本驱动活动在独立的工业项目管理的情况下是不会发生的。

Futron 公司的董事菲尔·麦卡利斯特说过,"飞马"运载器的原始成本预估与猎鹰-1 相当,但客户质量保证、文档和控制的要求,使最后成本比初步预估值增加了一倍(《航空周刊》,2003 年 8 月 12 日)。空中发射的"飞马"运载器有三级(含有翼的第一级),总质量和性能与猎鹰-1 相似,但更为复杂。2009 年 3 月 27 日,SpaceX 公司业务发展副总裁格温·肖特韦尔在博客(POPSCI)中提到,与商业任务相比,国防部的近地轨道任务由于特殊和额外的要求,需增加约 32% 的额外费用。

由此可以得出这样的结论,可假设在纯粹的工业-商业工作条件下(没有政府干预),公司的生产、测试和运营所需的工作量低于根据政府合同工作和相关文化约 30%~50%。最终,对于纯粹商业生产活动,没有政府的合同条件,同时受到国际竞争力的影响,适用的商业成本修正系数 $f_{11} = 0.5 \sim 0.7$。

3.6.3 其他非技术成本标准

(1) 主要的不确定性与生产量相关。很明显,单元生产成本很大程度上取决于一个批次订货的单元数量,以及已经实现或计划订购的单元生产总量。为通过学习最大程度地实现成本降低,必须尽可能地在一个恒定的生产率下(每月或每年)确保连续生产。

(2) 对生产成本产生重大影响的次要因素是实际每小时的生产数量或特定公司、工厂或车间的成本(WYr)。而 TRANSCOST 模型使用了涉及航空航天工业的平均 WYr 值,具体费用可能会有所不同,这根据车间/工厂的规模及其有关管理费用的核算方法而定。如果能以特定的车间生产,这对得到实际的成本(WYr)值,进而改善生产成本预估是有益的。

(3) 另一个关键因素是人才的经验。新员工不完全熟悉特殊的生产特征,发生问题和造成成本增长的事件屡屡发生。

(4) 子承包商数量越少,管理的工作量和成本就越低。

3.7 生产成本子模型的应用

3.7.1 火箭发动机生产(F-1 发动机)

本节以 F-1 发动机(见图 3-28)作为 TRANSCOST 模型应用的示例,5 台发动机构成土星 5 S-IC 级推进系统,发动机推力 6 910 kN(SL),迄今为止仍然是推力最大的单推力室发动机。改进型(F-1A)甚至进行了 8 170 kN(SL)推力测试。

图 3-28　洛克达因公司于 1963—1970 年间在加利福尼亚州的坎加诺园区为土星 5 第一级制造了 106 台 F-1 发动机（液氧/煤油）

1966 年，NASA 授予洛克达因第二批 30 台发动机（第 76~106 号）合同，总价为 1.41 亿美元 + 410 万美元（配套件），即每台发动机 483 万美元（根据 NASA 新闻稿 66-297，1966 年 11 月 21 日）。发动机干重为 8 452 kg。使用 3.4.2 节中的 TRANSCOST 模型的成本估算关系式，得出的每台发动机平均成本为

$$F_{es(s)} = 1.9 \times 8\,452^{0.535} f_4 (\text{WYr})$$

根据图 3-9，该质量规模和每年 14 台的生产率（从 1963—1970 年 8 年间生产总量为 106 台发动机），发动机的学习因子在 0.92 左右。利用图 3-4 中下方的曲线，可以发现，在 $p = 0.91$ 下，生产序号 76~106 发动机的平均成本折减系数为 0.58。使用来自表 1-1 中 1967—1969 年生产周期的平均成本（WYr），可以由此计算出生产成本值为 34 300 美元（WYr）：

$$F_{es(s)} = 1.9 \times 126.2 \times 0.58 (\text{WYr})$$
$$= 139.1 \times 0.034\,3 (\text{WYr})$$
$$= 4.77 \text{ 百万美元 / 每台发动机}$$

这几乎与实际吻合得完美无缺，二者之间的差异很可能在 ±10% 左右。原因是这里使用的制造商的实际"人·年"成本，与从行业的平均值推导出的值有差异，以及如果生产率改变、制造工艺或技术发生变更，学习因子的成本降低因子则不是理想的。

3.7.2　作为第一级推进系统的 1~9 台火箭发动机的成本权衡

考虑到运载器的总生产成本，在液体推进剂运载器中，火箭发动机的份额在 22% 和 45% 之间。对于第一级使用 9 台发动机的猎鹰-9 运载器，最大值为 45%（火箭发动机份额较高，与包括大型固体助推器的阿里安 5 相同）。对于由固体推进剂发动机组成的运载器，推进系统

的成本份额可达运载器总成本的 50%～60%(参见图 7-1)。

猎鹰-9 运载器的第一级装配了 9 台火箭发动机，比通常的 1、2 或 4 台发动机构型要多得多。这样做的原因是为了避免研制新的大型发动机所需的时间和成本。取而代之的是，稍为提高了猎鹰-1 运载器梅林发动机的推力。

与单发动机构型相比，使用多发动机组合具有以下优点：

(1) 通过使用现有发动机可以避免研制新发动机。

(2) 如果有 4 台或更多的发动机，即在上升过程中可以关闭 1 台或 2 台发动机(如果有传感器和软件可以及时关闭)，则可能具有应对发动机熄火的能力。但灾难性故障的风险仍然存在。

(3) 由于需要制造数量更多的发动机，每台发动机的基本成本会随时间延长而降低。

但是，使用多发动机装配也有以下缺点：

(1) 发生灾难性发动机故障和运载器损失的可能性更高，如俄罗斯 N-1 火箭第一级(有 30 台发动机，见图 7-2)。

(2) 更大的发动机总质量，导致有效载荷减少。

(3) 更高的发动机集成工作量、推进剂分配和输送复杂性(推进剂管和阀门数量)。

对于 5 000 kN 的总起飞推力，利用图 2-8 发动机质量数据统计，再加上每台发动机管道和阀门所需的 1% 的附加推进剂，得出发动机系统质量值如下：

1 台发动机：5 000 kN, $1 \times 5\,700$ kg = 5 757 kg 全系统。

2 台发动机：2 500 kN, $2 \times 3\,100$ kg = 6 324 kg。

4 台发动机：1 250 kN, $4 \times 7\,00$ kg = 7 072 kg。

9 台发动机：556 kN, 9×800 kg = 7 850 kg。

单发动机方案是质量最低的构型，但是在这种情况下，必须添加一个特殊的、配备约 4 台小型火箭发动机的滚控系统。

根据 TRANSCOST 模型的成本估算关系式，发动机的理论第一单元成本可以计算如下：

$$5\,000 \text{ kN}-\text{发动机} = 122.6 \text{ WYr}$$
$$2\,500 \text{ kN}-\text{发动机} = 88.5 \text{ WYr}$$
$$1\,250 \text{ kN}-\text{发动机} = 64.2 \text{ WYr}$$
$$556 \text{ kN}-\text{发动机} = 42.9 \text{ WYr}$$

发动机簇总成本加上集成成本(1.01^n)，得出基本的理论第一单元成本为

$$1 \text{ 台发动机}：123.8 \text{ WYr}$$
$$2 \text{ 台发动机}：180.5 \text{ WYr}$$
$$4 \text{ 台发动机}：267.0 \text{ WYr}$$
$$9 \text{ 台发动机}：420.8 \text{ WYr}$$

对于任何发动机簇应用来说，这似乎都是一个很大的损失，但是，这仅对要制造的第一发运载器(理论第一单元成本)有效。通过学习因子降低成本的作用，不断增加的生产数量将降低成本，并且发动机越多，成本越低。适用的学习因子 p 取决于发动机尺寸(质量)和年生产率。这种效果的模型如图 3-29 所示。在单发动机示例中，每年仅生产 5 台发动机，预计成本不会降低多少，而采用一些更自动化的加工工艺，则每年最多可生产 45 台发动机。

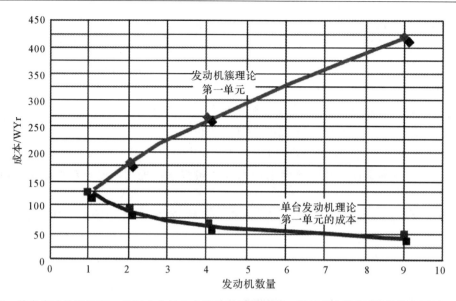

图 3-29 单台发动机理论第一单元成本与 9 台发动机簇理论第一单元成本的比较(总推力量级 5 000 kN)

图 3-29 示出了由 2~10 台发动机组成的发动机簇的生产成本比较。如果仅比较理论第一单元成本,则单发动机选项似乎优于任何多发动机簇。但是,如果考虑到随着生产数量增长而产生的学习效果(一个更现实的考虑),那么比较的结果看起来就完全不同了,如图 3-30 所示。

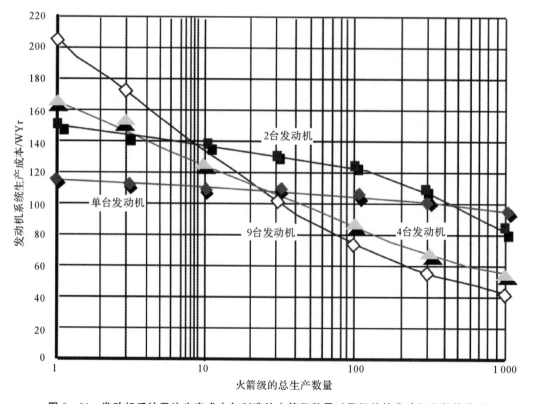

图 3-30 发动机系统平均生产成本与制造的火箭级数量以及相关的发动机总数的关系

对于最初生产的 20 发运载器，单发动机是成本最低的选项。但是，对于随后的运载器，四发动机甚至九发动机的组合体会降低运载器的生产成本。除了前 20 发运载器以外，双发动机的组合体似乎是最昂贵的方案。在这种情况下，发动机系统的生产成本是总生产批次（编号 $1 \sim n$）中每个系统组的平均成本。

然而，相对于生产数量而言，这种降低成本的方法仅对不受干扰的高效生产过程才是现实的。这会被技术变更中断，从而相应地降低学习效果并增加生产成本。

3.7.3 运载器子级生产成本（土星 5 的 S-Ⅱ 级）

1967 年 9 月，北美航空（NAA，后来的罗克韦尔，现在的波音）得到由 NASA 发布的合同，生产 5 套土星 5 S-Ⅱ 级（见图 3-31），价值 15 971.6 万美元。在 1968—1970 年间，每年生产 2~3 套，产品序号为 11~15。采用 3.5.2 节的成本估算关系式，得到预估值为

$$F_{VP} = 1.84 \times n \times M^{0.59} \times f_4 (\mathrm{WYr})$$
$$= 1.84 \times 5 \times 34\ 457^{0.59} \times 0.76 (\mathrm{WYr})$$
$$= 3\ 762 \times 0.036 (\mathrm{WYr})$$
$$= 135.4\ 百万美元$$

（1968—1970 间平均 WYr 为 36 000 美元）

TRANSCOST 模型的结果比实际合同价值低约 15%。可能原因有：奖励费，或公司 WYr 成本高于假设的美国平均值。

这一级质量和生产效率的学习因子是 0.96 左右，得出序号 11~15 的运载器成本降低因子 f_4 为 0.86。

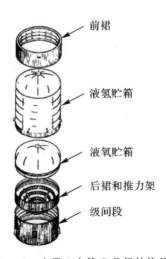

图 3-31　土星 5 火箭 S-Ⅱ 级结构总成

3.7.4 固体推进剂运载器不同方案的成本比较

TRANSCOST 模型的成本估算关系式也可以用于比较不同构型的、采用固体推进剂火箭发动机的小型运载器生产成本（见参考文献[102]），以确定一个最具成本效益的构型。图 3-32

显示了 500 kg 有效载荷的基本运载器选项：

方案 A 是一个典型的性能优化而具有最低发射总质量(53 t)、类似金牛座的运载器,由一台 P.38(38 t 推进剂)发动机加上一台 P.7(7 t 推进剂)发动机组成。

方案 B 是一个简化的积木式构型,有两台同样大小的发动机(如雅典娜-2 运载器)。使用两台 P.32 发动机,这与最佳分级原则相去甚远,导致发射质量高达 70 t。

方案 C 是一种模块化的运载器,使用单一标准化发动机(P.10),试图满足优化分级的条件,用 4 台发动机作为第一级。发射质量为 60 t,介于前面的两种运载器构型之间。

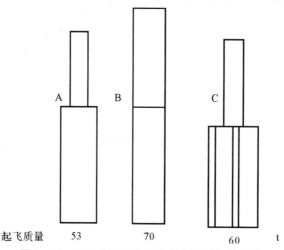

图 3-32 通用公司固体推进剂运载器各种构型

为了进入到高轨道,给所有 3 种运载器构型都配备了一个小型第三级或远地点发动机(EBM 有 1 622 kg 推进剂)。

为比较运载器的成本,需要假设计划生产数量的范围,即估算需要多少台发动机。假设 10 年期和每年发射 4 次,便可以得到发动机的数量,以及采用 0.85(或 85%)的学习因子,便得到相关的成本降低因子。为了确定单元成本,应用固体推进剂发动机相关的 TRANSCOST 模型的成本估算关系式(见图 3-16)。三型参考运载器的火箭发动机的结果显示在表 3-3 中,其中包括每台发动机研制成本分摊费。

表 3-3 发动机生产和研制成本

发动机规模(推进剂质量)	P.38	P.32	P.10	P.7	EBM
净质量/kg	3 200	2 600	830	600	141
所需总数	40	80	200	40	40
成本降低因子	0.54	0.46	0.38	0.54	0.54
单元成本/百万欧元	6.0	4.7	2.5	3.1	1.8
研制成本/百万欧元	300	265	147	125	58
分摊费用	7.5	3.3	0.73	3.1	(0.3)

基于表 3-4 的发动机成本数据,使用来自雅典娜-2 和金牛座运载器的子级设备和组合体的代表值,可以得到运载器总成本(VRC)。

从一个潜在的小型运载器的 ESTEC 研究中得出的结论如下：

(1) 固体推进剂运载器，应采用现有生产量大的发动机(因为发动机成本占运载器总成本的 46%~60%)。

(2) 以运载器最小起飞质量来优化发动机的规模不具成本优势。与之相反，如果必须研制新的发动机，这将会是最昂贵的方法(见表 3-4)。

表 3-4 完整的运载器单元成本(40 次发射计划)(1996 年值)

单位：百万欧元

运载器方案	A	B	C
基本发动机成本	10.9	11.2	14.3
基本运载器系统	2.4	2.6	3.2
第 3 级(含电气系统)	3.5	3.5	3.5
总计	10.68	17.3	21.0
＋发动机研制费	10.6	6.6	3.7
总计(含发动机研制成本分摊)	27.4	23.9	24.7

(3) 无论如何，应尽量减少用于运载器的发动机品种。这意味着，雅典娜-2 采用大小相等的两台发动机(现有)的方案，虽然从性能的角度来看，这是最差的一个，而且发射质量相对也高，但却是最具成本效益的一个。

(4) 如果方案 A 或 B 能采用现有的发动机，采用发动机簇第一级(方案 C)的运载器没有成本竞争力，但如果要研制新的固体发动机，方案 C 是最佳的运载器构型。这是由于其每次飞行成本与方案 B 相当，但研制成本(只有 1.47 亿欧元，而方案 B 为 2.65 亿欧元，方案 A 为 4.25 亿欧元)要低得多。

该案例表明，优化运载器性能是一种昂贵的做法。成本优化的运载器构型与直观感觉有很大不同。

第4章 地面和飞行操作成本

4.1 适用范围和定义

4.1.1 主要准则和相互关系

相比研制成本和生产成本模型,对运载器使用成本的评估和建模最为困难。其原因如下:

(1)大量使用标准之间的复杂关系,尤其是对于可重复使用系统(见图4-1)。

(2)可靠的参考数据库稀缺,特别是可重复使用运载系统更是如此。

部分飞机的使用经验可以用来作为参考资料,但因为技术成熟度的差异,并不能直接应用于航天运载系统。这也是采用可靠性和裕度等因子来处理的主要原因,体现为不同的飞行率和飞行时长。图4-1显示出发射率(年发射数量)的核心作用,其很大程度影响着地面操作的所有参数。术语"依赖度"是指地面上的部分失败,如总检时测试发现的问题。

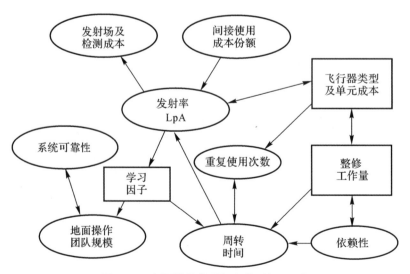

图4-1 主要操作准则相互关系(RLVs)

4.1.2 TRANSCOST 的使用成本子模型结构

通过对地面和飞行操作成本子模型进行更新，来定义运载器使用的成本模型，当然这还需要进一步验证并在未来改进。

这里定义的使用成本主要由以下三方面组成（见图4-2）：

(1) 直接使用成本(DOC)。包括运载器地面准备以及与发射和飞行操作直接相关的所有活动。

(2) 间接使用成本(IOC)。包括或多或少的独立于单个发射活动的诸类成本，如发射服务提供商的行政管理、技术支持费用和发射场使用费以及监控成本。

对于可重复使用运载系统还包括：

(3) 整修和备件成本(RSC)。

考虑到系统的整修，以及在飞行一定次数后，运载器大修需要更换发动机。

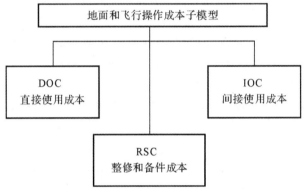

图 4-2 使用成本子模型的主要因素

该定义不含有效载荷相关的活动，如：

1) 有效载荷准备和总检。
2) 任务专家的培训和技术支持。
3) 在轨有效载荷和任务操作。

对于实际发射率约为10次时，地面和飞行操作成本在每次飞行总成本中占比：一次性运载器为20%~35%（其余为运载器硬件成本）；可重复使用运载器为35%~70%。较小数值用于较大的运载器或较高发射率，而较大数值适用于小型运载器或低发射率。如图4-3所示，每次飞行总成本将在5.1节中讨论。

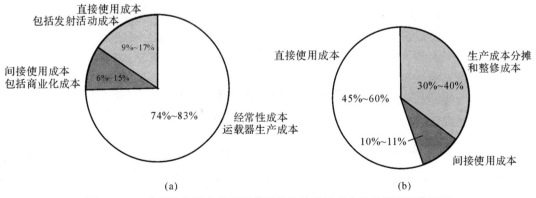

图 4-3 一次性和可重复使用运载器的直接使用成本的份额有显著不同

(a) 一次性运载器；(b) 可重复使用运载器

航天飞机和阿里安4地面操作经验表明,根据3.2节所述的学习因子基本规则,在使用成本中,可以考虑成本降低与时间(即与累积飞行次数之间)的关系。

美国航天飞机的直接使用、整修和备件成本占很大的份额,是每次飞行成本总量的76%。这归因于固体助推器和轨道器非常高的整修工作量。必须(可以)假设,未来可重复使用运载器的使用成本要低得多。

作为TRANSCOST使用成本模型计算成本的一个例子,航天飞机使用和整修成本见表4-1。这些数据参考了1998年度预算案,共6次发射(见参考文献[81])。

1991—1997年间由于参与操作人员的减少,航天飞机总使用成本减少了约11%。这证实了90%的学习因子的成本降低效果(见3.1.3节)。

从表4-1中可以明显看出,一些主要的成本项并未计入,尤其是发射场相关的间接使用成本(肯尼迪航天中心有自己的运营预算),以及保险费和其他费用。根据定义,太空中8～14天有效载荷操作成本不能当作航天运输成本,否则还需包括这些高昂的使用成本。为了取得每次飞行总成本,必须加上一次性贮箱的成本(在6 LpA下为285 WYr,见图3-10)。通常还有运载器和发动机经常性成本份额。然而,在实际的航天飞机计划中,最初5架航天飞机机队被计作非经常性成本的一部分(航天飞机每次飞行总成本,见5.1.4节)。

表4-1 年发射率6次下航天飞机每次飞行使用成本

直接使用成本	1 160 WYr
(1)发射前地面操作*	690 WYr
(2a)推进剂(液氧/液氢,轨道机动/姿态控制推进剂等)	14 WYr
(2b)固体推进剂(固体火箭发动机)	75 WYr
(3)飞行和任务操作	350 WYr
(4)运输和回收(固体助推器)	31 WYr
(5)费用和保险	0 WYr
整修和备件成本	600 WYr
(6)固体火箭发动机/固体助推器(2)整修和备件	362 WYr
(7)轨道器热防护系统整修和备件	82 WYr
(8)轨道器其他子系统整修和备件	56 WYr
(9)航天飞机主发动机(3)整修和备件	100 WYr
间接使用成本	230 WYr
(10)系统管理和行政(份额)	158 WYr
(11)发射场支持和维护**	—
(12)技术系统/网络支持	72 WYr
每次飞行总使用成本(年6次发射)	1 990 WYr

注:* 包括轨道维护(大约总数的50%),** NASA肯尼迪航天中心总预算的一部分。

4.2 直接使用成本

4.2.1 成本要素和标准

直接使用成本构成如图4-4所示,包含5个主要活动,以及覆盖发射中止和运载器故障的费用和支出。

这些活动都需要一定的地勤人员规模和一定的时间,通常被称为周转时间,即两次发射之间的最短时间间隔。所需地面人员规模和时间取决于以下因素：
(1)运载器的规模和复杂度，特别是级数和辅助推进单元数量；
(2)有人或自主式运载器；
(3)组装匹配及运输方式（垂直或水平）、运输至发射场方式（用平板车或专用车辆垂直或水平运输）；
(4)发射模式和设施的类型（从固定或移动的专用发射架/集成结构垂直发射，或从跑道或专用的轨道水平发射）；
(5)年发射数量（LpA）。

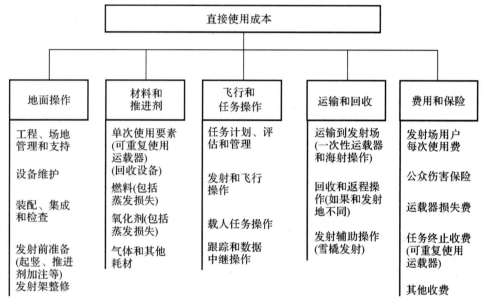

图 4-4 直接使用成本要素

直接使用总成本是以下成本要素之和：

$$DOC = C_C + C_P + C_M + C_T + 费用$$

对于有效载荷自身的准备工作，比如其在与运载器对接之前的集成和检验不被视为运载器地面操作的一部分（这些成本必须作为有效载荷成本的一部分来考虑）。

4.2.2 地面操作成本

4.2.2.1 发射前的活动范围（加发射后发射架整修）

运载器发射准备包括下列活动：
(1)地面设施准备；
(2)运载器元素（子级、助推器）功能检查；
(3)任务和飞行软件更新和装载；
(4)有效载荷封装（与运载器整流罩集成）；
(5)运输至发射架并起竖；
(6)有效载荷安装、整流罩与运载器配装；
(7)推进剂加注；
(8)接口总检；

(9)地面操作管理和技术支持。

对于 RLVs 还有其他的工作,如:

(1)飞行后运载器检查;

(2)运载器维护,包括一次性使用件更换(参见 4.2.2.3 节)。

维修是在线的活动。这与整修活动不同。整修是在若干次飞行后离线执行的,堪比于飞机的大修。关于整修将在 4.3 节介绍。

4.2.2.2 运载器处理方案及相关设施

发射前采用的不同操作程序如下:

A:运载器在发射架上垂直装配,使用发射前移走的大型装配服务塔。该方法已用于大力神 2、德尔塔 2 以及欧洲阿里安 1 火箭,这需要比较长的准备时间,且需占用发射架约一个月。

B:更灵活的发射准备方法是运载器远程垂直集成(德尔塔 4、宇宙神 5 和阿里安 5 火箭),之后完整的运载器组合体以垂直模式转运到发射架。运载器在发射架的时间可缩短到几天,这样可以并行准备两发运载器。

对于固体推进剂助推器,安全起见需要一个单独的中间装配站。根据运载器的规模和复杂性,这种类型运载器的发射前地面操作,需要员工 200~500 人。

C:最有效的地面操作模式是使用水平的运载器集成,通过与之相连的平台运送到发射架、起竖、推进剂加注并发射。由于其最初的军事性质,俄罗斯所有的运载器使用这种模式。操作高度自动化,在发射架上只需要 1 或 2 天。质子号火箭在 12 天之内(2000 年 7 月 1 日至 12 日)成功完成了 3 次发射。C 模式也被德尔塔 4 采用,将发射架工作时间减少到 6~8 天,而德尔塔 2 则需要 24 天。

发射场基础设施如图 4-5 所示。

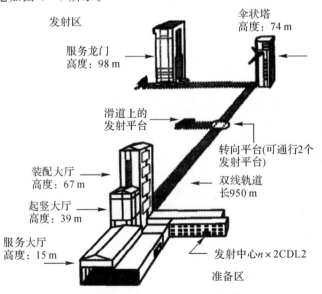

图 4-5　运载器准备和装配大楼,机动发射台的轨道,带塔的发射架(ELA-2,库鲁)
(最初也被用作移动服务龙门,现代的方案,即阿里安 5 不再要求)

地面操作形式和必需步骤,取决于运载器的类型、规模和发射率。对于小型运载器或测试运载器,可采用最简单的地面操作方案,即可移动装置(见图 4-6)。运载器水平集成的做法或军用移动操作方案也被用于雷神和木星导弹,并于 1993 年在三角快帆(DC-X)实验火箭上重新使用。这个方案也可用于采用固体推进剂子级的小型运载器。

图 4-6 示出了用于 DC-X 的地面操作模式,在美国新墨西哥州的白沙导弹靶场,只有约 20 人的团队进行操作。对于有效载荷更大的营运系统,人数肯定要更多。

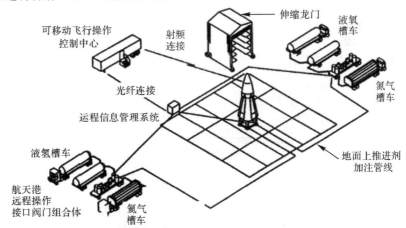

图 4-6 DC-X 飞行器移动式地面操作设备(见参考文献[51])

载人的美国航天飞机是可重复使用的有翼轨道器,该运载器第一级为可回收的固体助推器,其地面操作和设施非常复杂。该方案如图 4-7 所示,需要 12 000 人为航天飞机地面操作服务。加之重复使用和轨道飞行器每次飞行后需要重维护和整修,使其成为地面操作选项 B 最复杂的形式。最初,该设施是在每年 65 次发射的假设前提下设计的(不现实)。此外,两发固体助推器的回收和整修也使其复杂性增加。

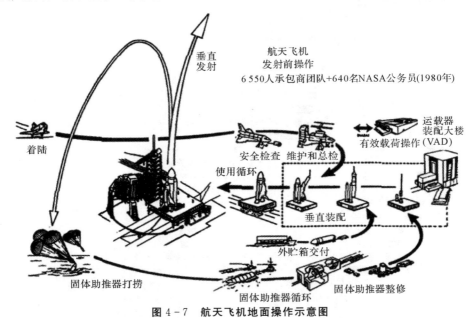

图 4-7 航天飞机地面操作示意图

然而,航天飞机远远不只是标准的货物运载器,它是一种多用途系统,包括运送宇航员和在轨道上两个星期的任务时间内作为轨道实验室。占每次飞行总成本较大份额的是地面和轨道上专门对有效载荷操作的飞行任务成本(约 500 WYr),因此,当与其他货运系统比较时必须从中扣除。

关于地面操作活动和可重复使用运载器的周转时间,波音一项研究(见参考文献[11])概述了3种不同的可重复使用运载器系统的地面操作流程。使用相同的基本规则,图4-8～图4-10显示了所需的活动和预计持续时间(h)。

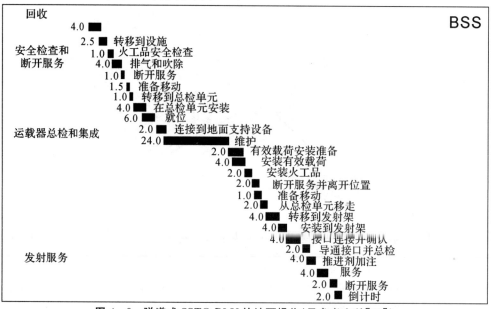

图4-8 弹道式 SSTO-RLV 的地面操作(见参考文献[11])

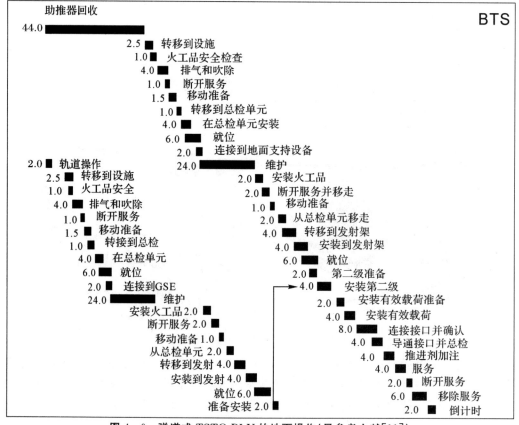

图4-9 弹道式 TSTO-RLV 的地面操作(见参考文献[11])

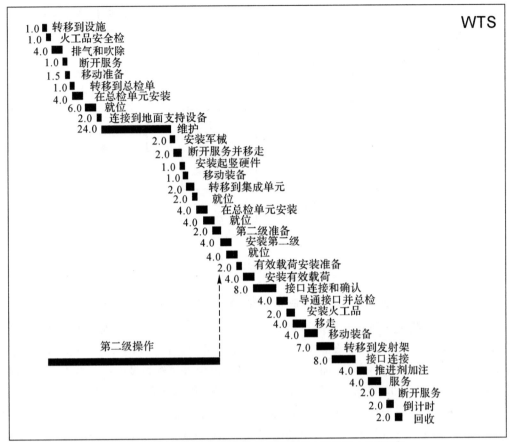

图 4-10　带翼 TSTO-RLV 的地面操作（见参考文献[11]）

(1) 弹道式单级运载器(BSS)：需要 90 h(包括 24 h 维护)或最低为期 6 天的周转期。考虑到 1 天的轨道操作和 25 天后为期 6 天的整修时间，每年最多将允许 42 次飞行。

(2) 两级弹道式运载器(BTS)：第一级从海上回收操作需要 44 h，加上第一级和完整运载器 116 h 的发射前操作。第二级预计需要 70 h。假设每天两班倒，再加上一个小时的裕度，这样得出为期 11 天的周转期。采用上述相同的假设，每年最大可行的飞行任务约为 25 次。

(3) 有翼两级运载器(WTS)：第一级和完整运载器的地面操作需要 130 h，第二级需要 65 h。得出为期 9 天周转期，每年最多 29 次飞行。

虽然具体活动及其持续时间可能有所不同，但是 3 种可重复使用运载器构型之间的相对差异是显著的，因为这对地面操作成本有直接影响。此外，在一个繁忙的计划下，利用最低周转期的方案，运载器机队规模(即对应制造的运载器数量)，受周转期的影响，两级入轨系统需要的数量比单级入轨多。

4.2.2.3　可重复使用运载器和可重复使用火箭发动机的维护

可重复使用运载器的维护活动是特定的，需要更换大量的装配件，并进行目前一次性运载器所需的检查活动，包括使运载器着陆后恢复到标准状态的所有活动。然而，这不包括为每次飞行需要重新更换的硬件项目，因此必须要分别核算。

正如先前提到的，维修是指两次飞行之间的在线活动。所有离线活动，被称为整修。与维修相比，只有当运载器飞行一定次数，脱离服务以后，才执行整修活动，进行详细检查，包括结构、贮箱，并在单元损坏前更换（例如火箭发动机），这可堪比飞机的"大修"（见 4.3 节）。可重复使用运载器的地面和飞行操作如图 4-11 所示。

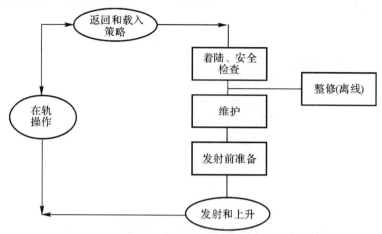

图 4-11 可重复使用运载器的地面和飞行操作周期

在这方面必须把航天飞机作为一个特例考虑。每次飞行后，航天飞机需要重保养，相当于整修操作。然而，额外的重大整修活动，在服务两年后进行。这意味着，通常只有 3 架轨道飞行器在发射场（肯尼迪航天中心），而另一架在加州帕姆代尔的整修设施里。航天飞机"亚特兰蒂斯"整修和 1997—1998 年间的升级成本约为 7 000 万美元[国际航天工业报告（ISIR），1998 年 9 月 28 日]。为了降低成本，此后的整修活动转移到了肯尼迪航天中心。

对于未来低成本可重复使用运载器的维修成本，需要减少到航天飞机轨道器维修费用的 5% 以下。考虑到飞机类的操作、热防护系统及发动机系统制造的技术进步（而航天飞机轨道器是 20 世纪 70 年代早期设计的），这应该是可行的。对于未来可重复使用运载器，自诊断系统被认为是一个标准功能。

:::
火箭发动机维护
:::

自诊断系统也适用于未来可重复使用运载器的火箭发动机。宇航喷气公司估计，根据 RD-0120 设计（见参考文献[88]），可重复使用运载器发动机维护工作量为每次飞行后每台发动机 20 个工时。

对于航天飞机固体火箭助推器，平均维修和整修工作量约为 270 WYr，加上推进剂成本 74 WYr，再加上每次飞行回收成本约 26 WYr，两发助推器加起来达 370 WYr。考虑到系列化生产带来的成本降低（学习因子）和不必要的回收设备，这个成本大约相当于两发新的一次性助推器。

4.2.2.4 地面操作成本估计数据库

参考其他运载器，只获得了少数发射前操作所需人力工作的可靠数据。其中一个例子是德尔塔，如图 4-12 所示（见参考文献[5]）。该图不仅显示了单次发射的工作小时数（Wh），也有发射率的重要影响。单次发射工时数不断下降是合乎逻辑的，因为在一定程度上尽可能缩减发射团队的规模是必需的。如图 4-12 所示，当年发射率为 6~12 次时，工作量在 42~21

WYr 的范围,反映了团队规模约 200 人(假设有一些加班费,这项工作通常这样)。使用来自垂直起飞其他发射系统的额外数据,可以得出这样的结果,当年发射率为 3~12 次时,美国传统的运载器的各种地面操作如图 4-13 所示,图中也示出了阿里安 1 与美国发射操作很吻合,而对于阿里安 4,当年发射率为 11 次时,人力资源逐步降低到约 50 WYr。周转时间或两次发射间隔时间也减少了,从最初的 35 天降到 29 天、22 天,最后只有 18 个工作日。

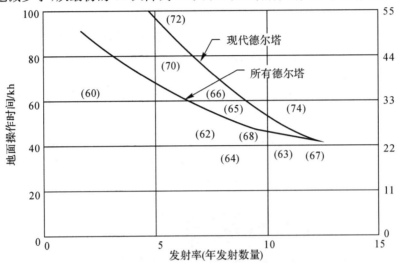

图 4-12 德尔塔 II 运载器各种地面操作:人力资源需求与发射率

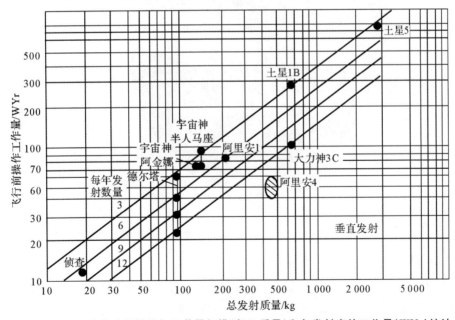

图 4-13 飞行前的地面操作与运载器规模(起飞质量)和年发射率的工作量(WYr)统计

俄罗斯运载器发射流程最初是为军事操作设计的,其自动化程度高、操作简单,需要的人力少、时间短:天顶号运载器在发射架上只需要 1 天(5 h),而阿里安 4 约 6 天,大力神 4-半人马座运载器则要 90 天。

据报道,一次性运载器宇宙神 5 和德尔塔 4 地面操作工作量和复杂性已大幅降低。在卡纳维拉尔角处理宇宙神运载器以前需要 17 种不同的地面设施,新方法已减少到只有 3 个设施。可以预期,原 300~350 人的发射团队可以削减约 25%,采用新的垂直装配设施(VIF),运载器装配时间减少 70%。发射前 1~2 天,质量为 700 t、高为 90 m 的移动式平台(MLP)将宇宙神 5 运载器转运至发射架。推进剂管路和电缆会自动连接。宇宙神 5-400 的发射准备工作,现在只有 18 天,而宇宙神 2 或宇宙神 3 需要 28~30 天。

德尔塔 2 和德尔塔 3 运载器甚至用 43 个独立设施来实现飞行前的地面操作,现在,德尔塔 4 已减少到 3 个主站点。此外,已经采用水平装配技术,在新的水平装配设施(HIF)上,具备同时集成 3~6 发德尔塔 4 的能力。老德尔塔运载器在卡纳维拉尔角的任务检查设施上停留 3~4 周,而在新的水平装配设施上,处理时间只有 2 周。这种方法减少了发射架上约 58% 的工作量,在发射架时间将只有 8~10 天,而旧运载器为 22 天。猎鹰-1 等新型商业运载器只需要约 25 人做发射准备工作。对于在 ETR 的猎鹰-9,使用更多的自动化程序,预计团队只有 150 人。

图 4-14 作为不可重复使用的发射系统的一个例子,显示了 1992 年波音为可重复使用 Beta-Ⅱ 概念设想的运营和支持服务活动的成本份额(见图 2-48)。在这种情况下,假设每年飞行 5 次(两级有翼飞行器的发射质量为 650 t,LEO 的有效载荷为 10 t)。

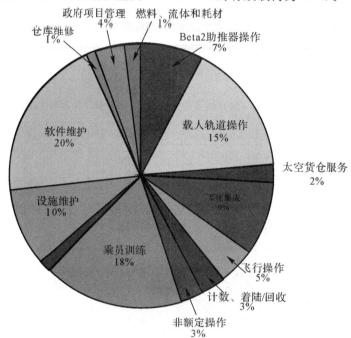

图 4-14 Beta-Ⅱ(5 LpA)各类操作、支持活动及其成本份额

4.2.2.5 地面操作成本的成本估算关系式定义

根据航天飞机和德尔塔的经验数据,甚至如 DC-X 这样的小型验证运载器数据(一个 20 人的团队,1 天的周转时间),建立如下临时成本估算关系式:

$$C_{\text{OPS}} = 8M_0^{0.67} \cdot L^{-0.9} \cdot N^{0.7} \cdot f_v \cdot f_c \cdot f_4 \cdot f_8 \cdot f_{11} (\text{WYr})$$

式中:M_0 为发射质量(t),其指数代表运载器规模对发射前活动工作量的影响,从图 4-13 所示的趋势中导出。然而,这并不意味着发射质量是地面操作成本的决定因素,在以下讨论的其他因素影响更大。

L 为发射率,它决定了所需的发射团队的规模与发射率的关系。L 的指数用来定义团队规模随发射率的增长,意味着一个恒定的发射团队的规模,独立于发射率。这对年发射率 6~12

次是有效的,但年发射率次数较高时就不太现实了。

N 为火箭级数,当运载器主元素为 0.7 时表示,与单级(单级入轨)运载器相比,两级运载器需要高出 62% 的工作量,三级运载器则高出 115% 的工作量。由于一个小型加强级或小型附加助推器算作半个元素,而必须将在发射场组装的两个大型分段式固体助推器算作两种元素。

因子 f_v 用于描述运载器类型的影响:

对于一次性多级运载器:

(1)液体推进剂运载器,低温推进剂,$f_v=1.0$。

(2)液体推进剂运载器,可贮存推进剂,$f_v=0.8$。

(3)固体推进剂运载器,$f_v=0.3$。

对于可重复使用运载系统(带一体化健康监控系统):

(1)自动货运运载器(低温单级入轨),$f_v=0.7$。

(2)乘员/有人驾驶飞行器(航天飞机类),$f_v=1.8$。

对于有不同类型子级的运载器,使用来自各个级值的平均值。

因子 f_c 表示组装和集成模式的影响:

(1)在发射架上垂直组装和总检(模式 A),$f_c=1.0$。

(2)垂直组装和总检,然后运到发射架,$f_c=0.7$。

(3)水平装配、总检、运输到发射架,起竖,$f_c=0.5$。

因子 f_4 是学习成本降低因子(见 3.2 节)。成本降低与时间的关系已被经验很好地证实,即随着发射次数越来越多,发射准备时间缩短:对于"飞马座"运载器,在发射 20 次后,从最初 45 天缩短到 30 天;对于阿里安 4,大约 50 次发射后,从最初 35 天缩短到 27 天;对于 X-15,大约 40 次飞行后,周转时间从 34 天减少至 27 天。对于航天飞机操作,图 4-15 显示 19 次任务后,周转时间从最初的 200 天减少到 30 天。

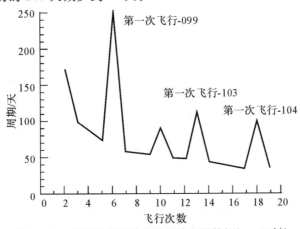

图 4-15 航天飞机周转期随经验积累缩短($p=70\%$)

可以得出,有效的学习因子在 0.70~0.85 之间,具体视运载器规模、复杂性和发射率而定。但学习的效果只适用于同类型运载器至少 5 LpA 的连续发射操作活动的情况。

图 4-16 提供了发射前地面操作工作量与发射率的成本估算关系式的全面研究结果,可见发射率是最有影响的参数。

图 4-16 中给出了主要运载器的案例。实心参考线说明,对于带综合性的健康监控系统

的单级重复使用运载器(起飞质量为800 t),成本取决于发射率。

验证性飞行器DC-X每次飞行发射前的操作成本为525 000美元(3 WYr,见参考文献[121])。应用该成本估算关系式得出每次飞行成本为2.5 WYr,还必须额外加上推进剂的成本等。

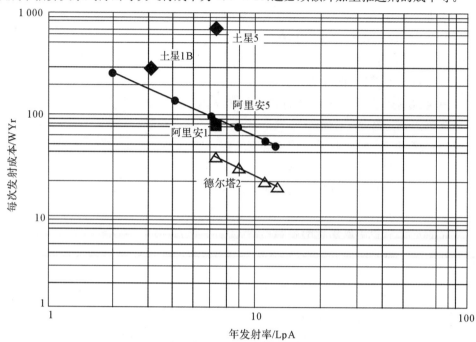

图4-16 以运载器发射质量作为参数(学习因子95%)的发射前的
地面操作工作量与发射率(LpA)之间的关系

4.2.3 推进剂和气体的成本

4.2.3.1 总则

即使在某些情况下推进剂价格较高,其成本也仅占每次飞行总成本的一小部分。推进剂实际成本极度依赖于生产源头的能力,即每年的需求量。最昂贵的液体推进剂是一甲基肼(MMH),价格超过300美元/kg。相比之下,液态氢相对便宜,6~8美元/kg,同时生产率对其有重大的影响。液氧的成本最低,大概是0.2美元/kg。

4.2.3.2 固体推进剂

固体推进剂的成本,包括在TRANSCOST模型固体推进剂发动机研制和制造成本中。然而,有时单独获得推进剂的成本是有用的。图4-17示出了欧洲和美国不同的发动机成本。显而易见,它们有很大的差别。在欧洲,推进剂成本很大程度上取决于发动机大小(和每年的生产量);在美国推进剂成本几乎是恒定的,因为小发动机使用的是为航天飞机和大力神4助推器建立的大规模生产线生产的推进剂。如果利用在库鲁为阿里安5助推器建成的推进剂生产能力,欧洲的发动机也有这样的机会。

图4-18为欧洲大、小型运载器专用生产设备的年生产率。可见美国的成本和价格有所回落。生产量的影响是很大的(当年产量为1 000 t时,价格为750欧元/kg,1999年),而大量生产可将价格降低到约70 WYr/t(13欧元/kg)。采用美国ATK-Thiokol(航天飞机的助推

器)和大力神(海神三叉戟)的大型生产设施,甚至可将成本降低至仅 9 美元/kg。

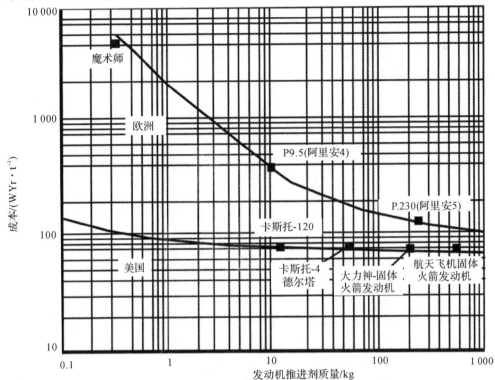

图 4-17 美国和欧洲发动机固体推进剂成本

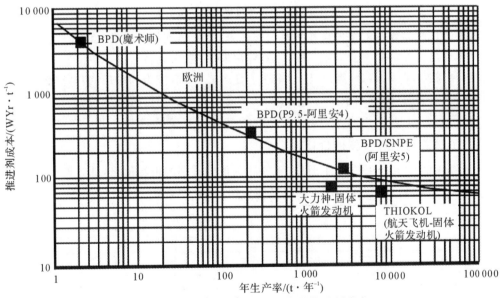

图 4-18 美国和欧洲发动机固体推进剂成本

4.2.3.3 液氢/液氧

液氢是运载器最重要的推进剂之一。由于生产液氢所需的电能成本高昂(在欧洲生产的成本几乎是美国的2倍),替代的生产方式正在研究中。图4-19所示的成本数据来自不同的生产企业在不同的时间、不同生产批量的报价,可见成本与生产数量很协调。为了计算运载器所需的推进剂质量,必须考虑运输和地面存储过程不可避免的蒸发损失。与运载器加注量相比,这项额外的推进剂需求:液氧高达50%~70%,液氢高达75%~95%。另一个成本因素是发射场与生产厂的距离。

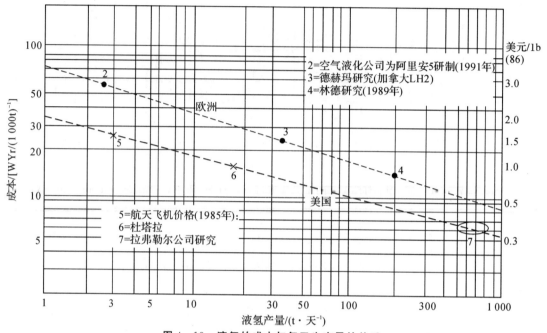

图4-19 液氢的成本与每天生产量的关系

就近生产比距离较长的地面运输更具成本效益,如果有连续和足够大的氢气需求,在发射场建设专用厂房是经济的。欧洲阿里安5运载器的库鲁发射场就是这样的情况。法国空气液化公司在那里投资了3 000万美元以上,建立了日产2.4 t氢能力的工厂(裂解甲醇)。

图4-19还表明,随着未来氢的需求量增加,成本将减少到目前水平的1/3或更少。目前在欧洲约45 WYr/1 000t的水平(10欧元/kg,2006年),在美国约15~25 WYr/1 000 t。

4.2.3.4 液体推进剂和气体的价格表

美国2009年10月1日发布了液氧/液氢和其他推进剂的市场价格,具体见表4-2。

表4-2 推进剂与气体价格(见参考文献[159])

名 称	价 格	名 称	价 格
液氢	7.16 美元/kg	液氧	0.21 美元/kg
煤油(RP-1)	3.2 美元/kg	异丙醇	2.31 美元/kg
四氧化二氮(MON-1)	88 美元/kg	无水肼	340 美元/kg
一甲基肼	340 美元/kg	偏二甲肼	340 美元/kg
混肼50	340 美元/kg	过氧化氢(85%)	5.5 美元/kg
氦气	18 美元/kg	氮气	0.11 美元/kg
氢气	10.6 美元/kg		

4.2.4 发射、飞行和任务操作成本

4.2.4.1 发射、上升和下降的飞行控制

在这方面的工作量构成如下：
(1)任务规划和准备，包括软件更新；
(2)发射和上升飞行控制，直到有效载荷分离；
(3)可重复使用情况下在轨和返回的飞行操作、发射系统操作(不包括乘员操作)；
(4)飞行安全的控制和跟踪。

根据定义，工作量不包括在轨的各种实验，这些不属于航天运输任务，而是与任务有关的活动。

对于一次性运载器，任务规划、发射和飞行操作的工作量比较小。飞行时间不到 15 min 上升到近地轨道，约 30 min 进入静地转移轨道。

对于可重复使用的运载器，任务要求变得更为苛刻，由于任务时间长得多(几个小时或几天)，且包括轨道操作、全球数据传输和返航阶段，这些活动所需的工作量取决于运载系统的复杂性，即级数、一次性、可回收的或可重复使用的以及任务剖面(类型和持续时间)。

此外，年发射率非常重要，因为或多或少需要聘用固定的团队，加之考虑到学习效果，每次飞行成本随发射次数下降而增加。

只有极少的参考数据可用于任务成本控制。对于华洛普斯岛(Wallops)发射场和"雅典娜"小型运载器，安全和监控活动(由 NASA 提供)的成本报价为每次发射 30 万美元(年发射率 4~5 次)。加上任务规划和准备工作，任务总成本可能是 50~70 万美元(2.5~3.5 WYr)。

根据以上主要成本驱动因素的分析，无人发射和任务操作的初步成本估算关系式如下：

$$C_m = 20(\sum Q_N) L^{-0.65} \cdot f_4 \cdot f_8 (\text{WYr}/\text{每次飞行})$$

式中：L 为年发射率。f_4 为由学习因子带来的成本降低因子，视运载器的复杂性，即数量和类型而定。Q 为子级特定值(单次)，则有

(1)小型固体发动机子级，$Q=0.15$；
(2)一次性液体推进剂子级或大型助推器，$Q=0.4$；
(3)可回收或飞回式系统，$Q=1.0$；
(4)无人可重复使用的轨道系统，$Q=2.0$；
(5)载人轨道飞行器，$Q=3.0$；
(6)一次性月球转移飞行器 $Q=2.0$。

将本成本估算关系式应用到上述的"雅典娜"运载器的第 10 次飞行(90%的学习)和在华洛普斯岛进行 4~5 次发射，每次任务操作成本是 2.4 WYr。假设成熟的操作(第 50 次飞行)，90%的学习效果和每年 8 次飞行，该模型-成本估算关系式得出的结果是，两级一次性运载器为 2.3 WYr，单级可重复使用运载器为 5.7 WYr。航天飞机构型的是每次飞行 15 WYr(乘员操作除外)。

一般情况下，对于乘员运载器的任务操作阶段，仅适用于上升和下降阶段，而不包括最终的轨道逗留时间(分离操作除外)。对于未来向空间站提供服务操作和乘员更换的载人飞行器，在运载器对接到空间站时，运输任务就结束了，这也适用于回程飞行任务。

4.2.4.2 载人运载器的任务成本(模型)

载人运载器操作是高成本项目,成本不仅包括在轨道上活动(依据在轨道上的乘员人数和任务时间而定),还有乘员本身成本,即其地面支持和培训成本。但是,训练只是对运载器的操作,不包括对具体的有效载荷和实验操作。根据定义这些不属于运输任务和成本。另一个相关的成本项目是全球语音通信系统,还有整个任务期间工作人员的成本。

为了涵盖其他载人相关的任务工作量,对于载人和混合飞行器,如航天飞机轨道器、已寿终正寝的"欧洲赫尔姆斯"项目,或日本"希望"运载器载人型号,设想了以下的成本估算关系式来量化操作成本,即

$$C_{ma} = 75\ T_m^{0.5} \cdot N_a^{0.5} \cdot L^{-0.8} \cdot f_4 \cdot f_8 \cdot f_{11} (WYr/每次飞行)$$

式中:T_m 为在轨道上的任务时间(天);N_a 为乘员人数;L 为年发射率;f_4 为成本降低因子。

在这项活动中,显然学习效果是存在的,所以任务序数和任务总数是重要的。通常学习因子 f_4 以 90% 为基础。

对于载人运载器,有 2 名飞行员,任务时间为 2 天,每年进行 2 次发射,对于第 10 次飞行,成本估算关系式模型得出约 68 WYr 额外任务成本。任务时间延长至 10 天,成本会增加到约 150 WYr。

对于早期航天飞机轨道器任务(第 10 飞行,每年发射 4 次),在轨 14 天,多达 10 名机组人员,得出乘员任务工作量为 235 WYr。对于成熟的操作(第 95 次飞行,每年发射 6 次),乘员任务的成本将降低到 122 WYr。

4.2.4.3 航天飞机任务成本验证

对于航天飞机实际的飞行和任务操作成本,在参考文献[52]中提到,已经从最初每次飞行 120×10^4 h(540 WYr)减少到 1993 年的不到 70×10^4 h,再到 1999 年 60×10^4 h(约 270 WYr),这证明了学习的效果。

然而,实际成本水平远高于 TRANSCOST 的两个成本估算关系式得到的结果(1998 年航天飞机的任务操作成本估算值为 140 WYr,而实际为 300 WYr,见表 4-1)。差异是由有效载荷和实验操作(空间实验室、EVA 活动等)引起的,这不被认为是属于运输业务的一部分。得出的结论是,平均 130~160 WYr[26~32]百万美元,1998—1999 年],或约 50% 的任务操作,相当于每次飞行总成本的 6% 或 7%。为了便于与其他运载器的单位质量运输成本比较,必须将其扣除。

4.2.5 地面运输和回收成本

4.2.5.1 将运载器(元素)运送到发射场

该成本包括下列情形:

(1)用公路、船舶或飞机将运载器元素从制造点运送到发射区域,其中包括商业运输服务,或较大单元采用的专用运输车辆。

(2)将可重复使用运载器从远程着陆场运回到发射区域(即 1991 年 6 月,将航天飞机轨道器用波音 747 从加利福尼亚州爱德华兹空军基地运回到佛罗里达州肯尼迪航天中心,成本为 280 万美元)。

(3)海上发射设施的运输,包括从母港到发射地点和回程(这是海上操作的完整周期,但不

包括海上发射准备阶段)。

对这些运输成本不能一概而论地用特定的成本估算关系式覆盖,这是因为情况有很大的不同,每个计划也各有特点。

4.2.5.2 回收操作

运载器或运载器元素的回收,如航天飞机固体火箭助推器回收,是一种潜在的降低成本的特定手段。但是,必须考虑回收操作成本是昂贵的,尤其是在低发射率下更是如此。

在运载器(元素)上添加回收设备所需的成本,再加上必要的整修成本,使回收在经济性上是存疑的。例如,航天飞机固体火箭助推器的回收(见参考文献[24]),并没有达到预期的降低成本30%的目标。经验表明,与没有额外回收设备的一次性新助推器相比,回收没有真正节省成本,如每年6次发射,每个固体火箭助推器单元的回收操作成本约300万美元(15.5 WYr,1998年)。

欧空局/法国国家航天中心就回收阿里安第一级($M=13.8$ t),委托汉堡一家经验丰富的海上回收公司进行了一项研究。结果是:在年操作频率为6次的情况下,单次成本100万德国马克(1982年),这相当于约8 WYr。早在1963年,道格拉斯公司的ROMBUS研究报告中(见参考文献[54]),公布了级或助推器从海上回收的成本。

根据这些参考个案,建立了如下运载器回收成本的初步成本估算关系式为

$$C_{Rec} = 1.5/L(7L^{0.7} + M^{0.83}) \cdot f_8 \cdot f_{11} (WYr)$$

式中:L 为发射率;M 为回收质量(t)。

该成本估算关系式考虑回收操作需要一定的团队规模,加上设备,使每次回收的单位成本随年发射率(对应年回收操作次数)升高而降低。

4.2.6 费用和保险费

4.2.6.1 发射场用户费用

商业以及政府控制和资助的发射场需要向商业发射运营商收取每次发射使用费。在美国发射场,美国运输部收取费用标准是:近地轨道最大有效载荷下,2.50美元/lb。这意味着有效载荷为11 000 lb的德尔塔2运载器每次发射费用为27 500美元。据《航天新闻》报道(2000年9月21日),弗吉尼亚州太空港收取60万美元的使用费,加上30万美元的监控支持和安全费用(由NASA提供)。商业佛罗里达航天港的操作基础设施开价为每月25万美元(《航空周刊》,12.1,1998)。

直接使用成本考虑的只是每次发射收费。此外,可能还会有每年额外的固定费用需要分担,但这属于间接使用成本的一部分,在第5章讨论。

4.2.6.2 公共损害保险(第三方责任)

发射服务商通常应政府的要求,对公众的伤害进行投保,比如投保由运载器残骸坠落到地面造成的损害。对于1亿美元的险别项目,保险费用通常为10万美元不等。投保政府和军方发射豁免遵守这项规定。在20世纪80年代早期,美国要求投保1亿美元的第三方保险。法国国家航天研究中心对阿里安发射采取了同样的要求。1984年的商业航天发射法案出台后,美国单次发射的赔偿金额提高到5亿美元,如果出现损伤,美国政府收取高达15亿美元的赔偿金。根据2000年2月21日的《航天新闻》,对于在哈萨克斯坦发射的质子号,最小险别为3

亿美元(加4 000万美元发射设施的潜在损害),在俄罗斯最低为20万美元,对于联盟号和天顶号发射,所需的覆盖是2亿美元(加发射设施2 500万美元),对于较小的俄罗斯运载器,为1亿5 000万美元(加发射设施500万美元)。

4.2.6.3 运载器保险

对于一次性运载器,发射失败和有效载荷损失保险通常由顾客分别支付到一家保险公司。详情请参阅5.2.1节和5.2.2节。

对于可重复使用的运载器,情况是不同的。发射服务商是运载器的业主,必须保证其寿命,即获得计划的总飞行次数,因为,对于可重复使用运载器,经常性成本通常是按计划使用飞行次数的分摊收取直接使用费用的。这里存在一个小概率情况,即灾难性故障导致运载器过早的损失(未达到计划飞行次数),必须由保险或储备基金(自我保险)覆盖这个风险。

可重复使用运载器的"灾难性失败率"(运载器损失)相比于一次性运载器大幅降低。原因是它增加了冗余,安全余量大,有应对多发动机故障的能力,拥有综合健康监控系统和紧急情况下固有的着陆能力。此外,与目前的一次性运载器相比,可重复使用运载器还存在操作使用之前进行飞行测试的可能性。

可重复使用运载器的可靠性目标是提高一个数量级,以后提高两个数量级,即第2代1 000次飞行出现1次故障,第3代10 000次飞行出现1次故障,但不可能达到军用或商用飞机的可靠性,如图4-20所示。多级运载器尤其如此,由于使用两种或三种不同的系统,再加上固有的级间分离动作,其损失率会更高。

作为一型部分可重复使用运载器的美国航天飞机,计算出的灾难性故障率为1/245(乘员损失)。如果采用更好的子系统并把固体助推器更换成液体助推器,灾难性故障率可以降低到1/430。

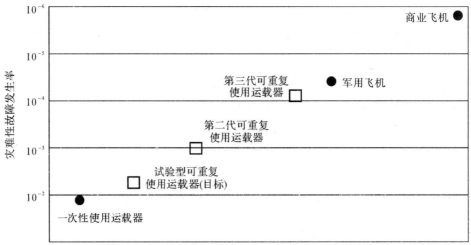

图4.20　一次性运载器和飞机灾难性故障率(乘员损失)与可重复使用运载器的目标(第2、3代)

4.2.6.4　任务中止附加费

根据定义,可重复使用的运载器是能够返回到发射场或至少能执行紧急降落的。未能完成有效载荷运送(随后免费重新发射)也是有成本的,这须由发射服务提供商覆盖。服务商可以采取商业保险或建立自己的储备基金。

飞机飞行中止案例的经验如下：
民用飞机(4台发动机)：2 000 次飞行 1 次。
民用飞机(2台发动机)：4 000 次飞行 1 次。
军用飞机：100 次飞行 1 次。

由于必要的事故调查和后续处理工作，中止飞行的全部成本可能高于普通任务(2 或 3 倍)。

未来可重复使用运载系统的潜在中止率是难以评估的，它将取决于运载器系统方案以及使用成熟度。对于单级入轨运载器，假设的因子是 30～50 次飞行 1 次，对于两级入轨运载器，是 20～30 次飞行 1 次。未来运载器的实际飞行可靠性受前期为实现目标可靠性的工作多寡的强烈影响。

4.3 整修和备件成本

4.3.1 成本结构和定义

可重复使用运载器飞行一定次数后，必须下线接受详细的检查，并在组件和元素损坏前更换相应组件和元素。这些离线的活动堪比每隔几年执行的飞机大修。根据定义，整修一词用在这里，只代表离线活动。在连续两次飞行之间进行的一切活动被称为维护，其中包括降落伞和安全气囊，小型维修和更换一次性使用的物品。所有的维修都属于发射前地面操作的一部分。

航天飞机轨道器作为第一型可重复使用运载器，是航天运载器的一个例外，因为每次飞行后需要整修("重保养")，单次 1 000 万美元(55 WYr)。这是由其采用的运载器设计和技术(1970 年状态)导致的。而未来的可重复使用系统，预计飞行多次才需要整修。成熟的系统操作有可能约在 30～60 次飞行后连同火箭发动机更换一起进行整修。

包括运载器寿命内备件的总整修成本，在总飞行次数情况下，以运载器的平均生产成本的占比形式分摊。由于运载器系统和发动机的成本估算关系式是独立的，所以整修工作也分别定义。

主要整修活动可分为以下 4 个任务(见图 4-21)。
(1)详细的运载器系统检查(特别是结构、贮箱和防护)；
(2)关键(热)的结构元素更换，如热防护系统的隔热瓦的更换；
(3)完整的主火箭发动机更换；
(4)增压和供应系统(即阀门，调节器)、电力和发电系统等关键部件的更换。

根据飞机的经验，总整修成本中约 75%～87% 是备件成本，13%～25% 是详细的检查和组件更换的人力资源成本。

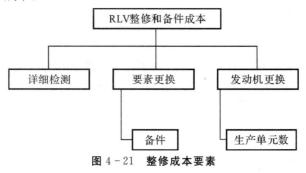

图 4-21　整修成本要素

4.3.2 运载器系统整修成本

航天运输系统的整修成本估算只有极少的历史数据。X-15 火箭飞机和航天飞机轨道器只能被视为采用 20 世纪六七十年代技术的实验与原型飞行器。航天飞机轨道器每 4.5 年,或 6 次飞行后执行一次整修,需要 235 个的岗位 18 个月时间,包括将整个飞行器拆解并进行检查和整修。此项活动已在波音公司加利福尼亚州的帕姆代尔设施进行了 20 多年。为了节省每次 3 000 万美元的运输费,并避免用波音 747 运输航天飞机,此项活动在 2002 年才转移到肯尼迪航天中心。

图 4-22 反映了进一步的整修经验可从飞机操作上获得,但这是大规模成熟操作的另一个极端。数值表明,每次飞行的检查、备件和更换活动的工作量作为飞行器生产成本的一定比例体现。未来营运的可重复使用运载器整修次数肯定会多于飞机,但少于实验运载器。因此,作为第一个解决问题的方法,可用图 4-22 所示的插值方法预计未来可重复使用运载器整修的因素,这已经被评估过。实际值将取决于选定的运载器设计方法和所采用的技术。还可以预见,在运载器工作期间,飞行总数与整修工作量并不是独立的:随着飞行次数越来越多,有待于更换的元素也越来越多,预计相对整修工作量将达到更高水平。造成这一趋势的原因是重复飞行次数超过了最佳值,此时,采用新运载器会更具成本效益(参见 4.3.4 节)。

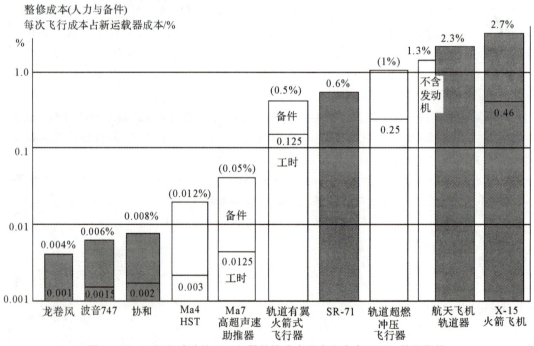

图 4-22 飞机和试验航天飞行器整修成本因素和未来 RLVs 的预期值

以飞行次数表述重复使用运载器寿命,各个子系统和元素是不同的,实际的期望值见表 4-3。

表 4-3 运载器不同元素的假设飞行次数

	亚轨飞行器	轨道飞行器
气动框架,冷机构(=飞行器寿命)	200～600	100～300
热防护系统和热机构	100～150	20～40

续表

	亚轨飞行器	轨道飞行器
进气道,冲压发动机元素	150~200	
起落架	100~120	100~120
航电	150~200	100~150
燃料贮箱(液氢)	100~150	60~120
氧化剂贮箱(液氧)	150~200	80~150
增压和推进剂输送系统要素	100~200	80~120
供电系统要素	100~200	80~120

整修成本不仅取决于运载器的设计和技术,还取决于可重复使用运载器的预计飞行次数。随着在生命周期的飞行次数的增加,整修工作也在不断增加。图 4-23 所示为 SSTO 运载器或 TSTO 第二级的 3 个选项。

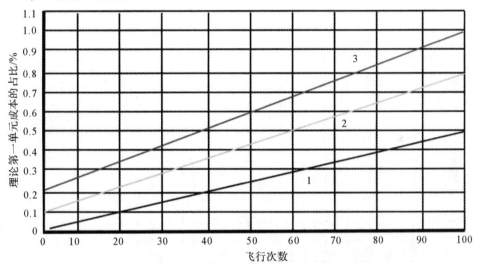

图 4-23 特定整修成本在理论第一单元的占比与寿命周期内飞行次数的关系

注:1—理论第一单元成本占比从第 2 次飞行的 0% 增加到第 100 次飞行的 0.5%(平均每次飞行占比为 0.25%);
2—从 0.1% 增加到 0.8%(平均每次飞行占比为 0.45%);
3—从 0.2% 增加到 1%(平均每次飞行占比为 0.6%)。

随着飞行次数的增加,整修工作量(以 WYr 计)也随之增加,然而,飞行次数的增加具有降低运载器经常性成本(单次飞行 WYr)分摊份额的效果。两种不同的趋势将会在某处达到最佳。为此,图 4-24 示出了运载器分摊份额与飞行次数的对比,以及根据图 4-25 的选项产生的额外的整修费用。在这种情况下,运载器总的经常性成本假设为 1 000 WYr。

图 4-24 揭示了以下重要事实:

(1) 对于运载器和整修成本,在超过 100 次飞行后,进一步降低成本几乎是不可行性,这与整修成本水平无关。

(2) 由于整修成本的增加,当飞行次数超过大约 80 次时,运载器每次飞行的总成本可能无法降低(除非整修成本低于 TFU 成本的 0.25%)。

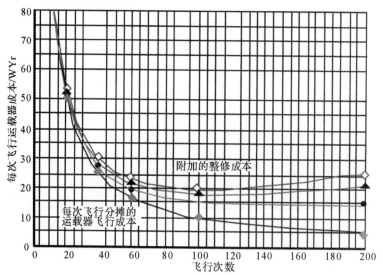

图 4-24 运载器每次飞行的生产成本分摊及其他整修费用与飞行次数的关系

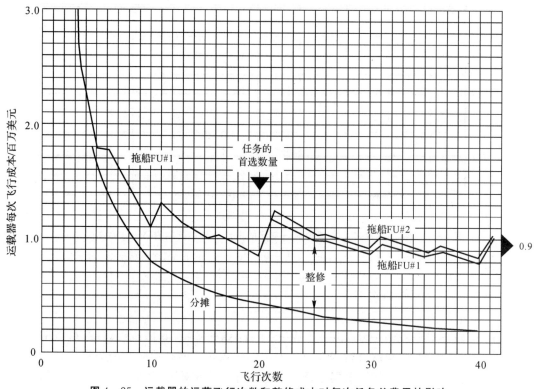

图 4-25 运载器的运营飞行次数和整修成本对每次任务总费用的影响

在 20 世纪 90 年代,以飞机运营为背景,NASA-HRST 研究分析了"高度可重复使用的发射系统"的设想。但是,基于太空轨道飞行器的任务要求,机械载荷和热载荷要高得多,这对于轨道飞行器而言可能是有意义的,因为在未来的研究中,对每个飞行器都需要进行较高的整修工作。因此假设不超过 80 次飞行。

在可重复使用的低温轨道转移飞行器研究(太空拖船或轨道转移飞行器)中,还进行了详细的整修成本分析。已经估算了所有子系统和组件在 5、10、15、20 和更多次使用后的预期整修成本。图 4-25 显示了结果,即将每次任务的飞行器经常性成本(或分摊成本)与估算的整修成本相加,得出的结论是,每个飞行器超过 20 次任务就不一定具有成本效益。对子系统整修和组件寿命进行详细分析后,对于 20 多次任务,每次任务成本几乎恒定为 90 万美元(1971年),运载器单元生产成本为 870 万美元(1971年),或 218 WYr(6 800 万美元,2012年)。

4.3.3 火箭发动机的整修成本

主推进发动机在 TRANSCOST 模型中作为独立的元素考虑,而不是子系统单元。因此整修工作也分开处理。仅有的历史经验是洛克达因为航天飞机设计的第一型可重复使用 55 次的火箭发动机 SSME。然而,20 世纪 70 年代的设计经验和技术未能满足这个要求。发动机过于复杂和敏感,尤其在设计功率的 107% 使用时更是如此,高压燃料和氧化剂泵的寿命只能够支持 11~13 次飞行,因此每次飞行后需要整修。而发动机的其他组件满足设计要求,如图 4-26 所示。

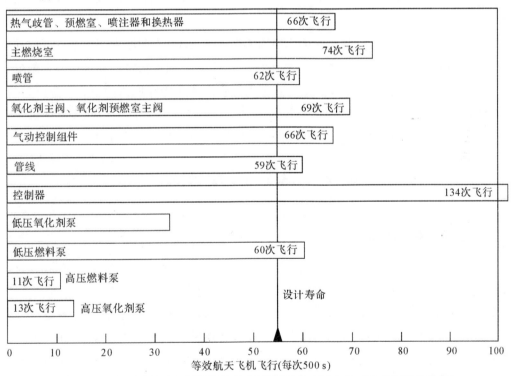

图 4-26 SSME 发动机零部件的寿命(根据文件 AIAA-89-209 SSME 的升级)

在采用普惠公司新的具有较高寿命的涡轮泵组件之前,SSME 每次飞行的总整修成本(包括备件)约是生产成本总额的 11%。大幅减少零件数目,采用更健壮的火箭发动机设计,可以使每次飞行整修工作量降低几个百分点。

虽然最初设计时,俄罗斯 NK-33 发动机为一次性发动机,但已通过宇航喷气公司的鉴定,可在凯斯特勒公司的 K-1 RLV 上进行 20 次飞行,并在 10 次飞行后进行了整修。对于改进的 AJ-26-33 状态,仅在经过 25 次飞行(即平均大修间隔时间)后才考虑进行整修,生命周期内需要两次大修。同样对于最新的 RD-0120 配置（RD-0120AD-1），平均大修间隔时间估计为 25 次任务，在生命周期内两次大修，即总共进行了 75 次飞行（见参考文献[88]）。发动机的寿命也受其压力水平的影响——超高压发动机通常寿命较短，并需要较大的整修工作量。就延长使用寿命而言，过设计发动机并仅使用设计推力水平的 90% 也是有效的（见 2.3.2 节）。

有效推力水平也对平均大修间隔时间产生重大影响，具体为：仅使用设计推力水平的 85%~90% 即可增加整修之间的任务次数；对于航天飞机 SSME，推力水平为 107% 时，更高的推力水平导致飞行次数实质性减少，在这种情况下，每次飞行后都需要整修。134 架次航天飞机使用了 51 台发动机，平均 8 飞行次，有一台发动机最多飞行了 22 次，详见图 4-26。

未来可重复使用运载器发动机将采用自诊断系统以减少检查工作量，并指明维护要求。该功能可以预示火箭发动机的整修工作，发动机每次飞行整修工作量可以减少到小于 0.5%，20~25 次飞行后整修（每台发动机总飞行次数为 40~80）。洛克达因估计，每 20 次飞行后每台发动机的整修工作量约为 240 工时，再加上 10% 的备件费用。

对于高速涡轮喷气发动机，根据 SR-71 的 J58 发动机 600 h 后更换的经验，可以假设飞行总数为 600~800 次。

假设每个单元参与 12 次飞行，航天飞机固体推进剂发动机（助推器）已实施的回收和整修可减少 50% 的成本（见参考文献[24]）。然而经验表明，由于固体火箭发动机在海上的损伤影响比预期更高，只能重复使用几次。此外，固体助推器上回收操作所需的回收设备价格昂贵。由于实际整修工作量的成本为 (362+31+75)WYr=468 WYr（见表 4-1），考虑到量产带来的成本降低，回收成本与整修成本之和高于一对新的无回收设备的固体助推器。

4.4 间接使用成本

4.4.1 成本要素和定义

间接使用成本是除了直接发射成本外的发射服务商组织本身的各种费用，只有发射场由发射服务商公司拥有并经营时，发射场成本计入间接使用成本中。

发射服务商公司的成本以相对恒定的团队规模为基础，而规模一定的年发射率对其业务范围有次要影响（参见图 4-29）。公司年度总成本必须转换成每次飞行成本，并必须除以相应的年发射率。在发射次数少的情况下，发射服务成本可能成为单次发射成本的重大影响因素。

正如图 4-27 所示，间接成本划分为以下四个方面：

(1) 计划行政和系统管理。航天发射系统运营商，无论是作为一个专门公司（如欧洲"阿里安"），还是作为大公司的一个部门，都需要一定数量的行政和管理人员。此外，还有各种费用、保险费用和利润收取。

(2) 市场营销和合同管理。发射服务商的第二个主要活动是营销，包括展览、研讨会和出版物等。此外，还有客户关系和发射服务承包以及发射合同的处理、会计、控制和最终融资安排工作。其另一项重要任务是用户手册的推送和不断更新。

（3）技术支持活动和工业关系。其包括运载器的采购和生产控制，运载器技术标准和性能的监督，以及发射操作人员组织。此外，用户手册更新、性能和弹道分析也是很重要的任务（包括故障分析，如果适用的话），在可重复使用运载器的情况下，备件的管理和存储是额外增加的任务，在有人驾驶飞行器的情况下，需要乘员保障和培训。

（4）发射场的基础设施和维护成本。这个成本要素只有在发射场由发射服务公司拥有并经营的情况下，才是间接使用成本的一部分。

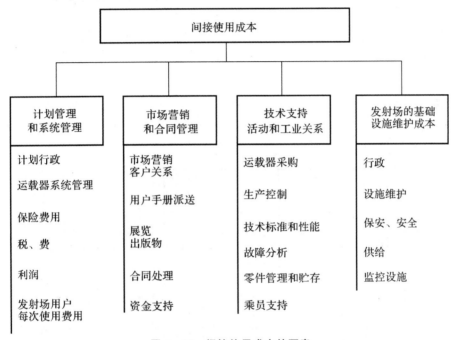

图 4-27 间接使用成本的要素

4.4.2 间接使用总成本评估

发射服务商公司的任务在图 4-27 中示出。为了定义这些间接使用成本所需的人力和费用，对人员规模与每年发射数量之间的关系进行了评估。例如，阿里安公司在 2011 年有 332 名员工，假设包括总部 82% 的直接人员成本，WY_r 值就可以计算出来。

间接使用成本通常被添加到每年的固定费用预算中。这些总成本必须按 5.1 节中的定义细分到每年发生的真正发射次数，占"每次飞行的总成本"的一部分。

通常情况下，即每年发射 5~12 次，间接使用成本在每次飞行成本中占 15%~8%，但对于小量发射，间接使用成本占的成本份额可能是巨大的。由于成本都强烈依赖于当地的情况和在发射场的具体条件，建立间接使用成本的成本估算关系式是不可能的。

总成本估计必须根据以下条件：

（1）项目管理、系统管理和市场营销需要的人员规模，加上这个团队一般费用（总部）；

（2）所需的技术系统支持团队的规模，加上一般费用；

(3)保险所收取的费用,以及批准的所收取的利润(政府发射)或可行的商业发射利润,这取决于竞争形势。

例如,阿里安航天公司作为全球首个典型的发射服务公司,拥有阿里安5、联盟号和维加运载器,在2011年7月有员工332人,其中包括南玻集团库鲁发射场的63人和华盛顿、东京和新加坡办公室的11人。

建于1996年的俄罗斯和法国的合资公司STARSEM,营销联盟1运载器,从拜科努尔发射场发射,拥有约50人的团队。根据2001年4月9日的《航空周刊》,海射公司拥有310名员工,最多可进行6 LpA的天顶号运载器的直接和间接运营活动。参照日本的RSC和伯尔尼的海射公司办公室,发射服务商公司的最低员工人数约为80。基于这些数据,已经对商业化活动进行了初步评估,以量化每次发射的成本份额。

图4-28示出了在两个参考点之间进行插值的人员总数,以及年平均发射1~12次的工作量(WYr)。这些值用于定义上述3个案例的单次发射WYr成本。这些是发射服务组织和管理的所谓商业化成本。在某些情况下,还可能要支付分摊费或特许权使用费,以及发射服务商可能提高的利润,具体取决于合同条件和竞争状况。

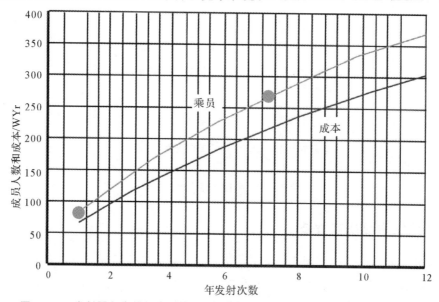

图4-28 发射服务商的工作人员、WYr和间接使用成本值与发射率关系的评估

图4-29所示为此方法的结果以及发射服务商组织的成本估算。以下3个案例代表了发射服务提供商市场上现有的不同组织结构。

案例A是一家专门的发射服务商公司,其将运载器采购成本的100%签约给一家或多家其他公司(例如阿里安航天公司)。

案例B指运载器主承包商和发射服务商是同一个实体,这具有更高的成本效益并需要更少的工作人员(例如操作H-2A和H-2B火箭的三菱重工MHI)。

案例C是效率最高的案例,运载器制造商同时提供发射服务,例如SpaceX,其只有20%的外包份额。

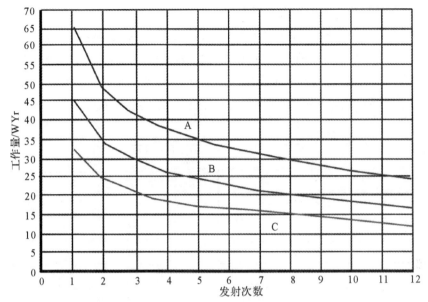

图 4-29 发射服务商单次发射的工作量与年发射率(LpA)的关系

4.5 发射场成本(支持和管理)

过去,发射场在专项预算下由政府机构建立和使用。因此,国家的航天器发射,不收取任何场地和保障费用。但是,用于商业发射的情况有所不同。目前的情况是,商业发射服务公司每月或每年要支付一定额度的基础设施使用费用。此类用户单次发射费用作为直接使用成本的一部分计到该模型中,见 4.2.6 节。

2004 年,阿里安 4/5 在南玻集团库鲁发射场进行完整操作,平均需要的员工总数约为 1 300 人(另加 25 个来自有效载荷供货商开展有效载荷准备和检查工作的专家),来自 23 个国家。运载器发射准备所需约 500 人,包括在直接使用成本中(每次发射约 50 WYr,年发射率 11 次)。而发射场保障和管理所需的欧空局和国家航天研究中心的工作人员约 800 人,他们从事以下业务:

(1)行政和管理;
(2)安全保卫措施;
(3)基础保障及用品(水、电、废物管理);
(4)监控站使用成本。

南玻集团库鲁发射场年度使用总成本:1999 年达到最高,约 1.9 亿欧元,2001 年以来已减少为 1.77 亿欧元。由法国国家航天研究中心出资 54%,欧空局其他国家出资 46%。新设施和相关人员的投资不包含在内。正如图 4-30 所示,大部分发射费用份额已由商业发射服务商——阿里安航天公司在 1992—1999 年为阿里安 4 发射支付。但是,这种情况已经改变,取而代之的是阿里安 5。

南玻集团库鲁发射场 2006 年的基本预算是 2.12 亿欧元,国家航天研究中心支付 1.26 亿欧元。而 NASA 肯尼迪航天中心的费用由美国政府支付。2001 财年 NASA 肯尼迪航天中心的预算(包括那里的 1 850 名 NASA 公务员)是 4.4 亿美元。位于卡纳维拉尔角的美国空军东部试验场和加利福尼亚西方试验场范登堡空军基地,2000 财年批准了 4.92 亿美元的预算。因此,美国政府对发射场、监控和安全操作的总投资,超过 9 亿美元,这相当于年均单次发射费用超过 2 500 万美元(每年发射 37 发)。为从根本上降低这些成本,目前已经启动了若干举措。

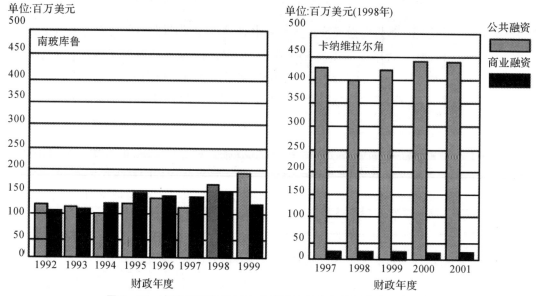

图 4-30 南玻库鲁和 NASA 肯尼迪航天中心发射基础设施融资

位于哈萨克斯坦的俄罗斯拜科努尔发射场每年的基本费用不详,但若俄罗斯航空航天局使用发射场,每年必须支付给哈萨克斯坦 1.15 亿美元。

传统发射设施的年度预算显示,对于这种使用发射场的情况,通过商业使用包住全部成本并不可行。该情形可以形容为"补贴"使用,但这恰恰在欧洲、美国或其他地方(见图 4-27)都一样。对于未来利用可重复使用运载器的低成本商业发射服务,将实际的发射场成本减少至可接受的水平仍然是一个挑战。

在商业发射场的情况下,发射服务商每次发射必须支付一定的费用。例如:弗吉尼亚发射场为 90 万美元其中包括 60 万美元的使用成本和 30 万美元的监控和安保服务(《航天新闻》,2000 年 9 月 21 日);对于使用基础设施,商业佛罗里达航天港在报纸上报价为每月 25 万美元(《航空周刊》,1998 年 1 月 12 日)(例如,雅典娜Ⅱ从发射架 SLC-46 发射)。这些用户费用是直接使用成本的一部分(见 4.2 节)。

在发射服务商公司拥有并使用发射场的情况下,完整的年度使用成本必须作为间接使用成本的一部分考虑。海射公司(天顶号)就是这样一个例子,必须计入完整的发射场和设备的费用,其中包括分摊和装配、指挥舰、发射平台和位于加利福尼亚州的长滩霍恩港口设施的总使用成本。

4.6 使用成本不确定性和风险

使用成本就其本质而言,一般包括较大的不确定性和风险,并不能非常准确地计算。

4.6.1 TRANSCOST 使用成本模型的估计精度

TRANSCOST 使用成本子模型首位的工作之一是建立完整的使用成本范围,其中包括间接成本。结果主要取决于假设条件和对运载器使用作出的假设。对于一个给定情况,能以良好的精度来确定直接使用成本。根据潜在条件,建议成本分析在一定的假设前提下进行。

4.6.2 新运载器项目条件的不确定性和假设

对未来运载器飞行使用周期也必须作出一些假设,通常是大约 10 年或更长时间。在这么长的一段时间内,市场形势是难以预料的。按重要性依次为:

首先是使用阶段的持续时间和飞行总次数。这决定了需要制造的运载器总数。时间范围可在 10~50 年之间,尤其是在生命周期成本分析的情况下,对结果有大幅影响。

其次是年发射率(LpA)。预计的每年飞行次数可根据市场情况而有所不同。

第三是发射场条件的不确定性。要确定什么是发射场和设施使用有关的直接和间接成本。

第四是所需的人员规模和发射服务商组织固定的年度成本。

4.6.3 主要成本风险

4.6.3.1 技术和进度风险

在研制和测试期间的技术问题可能会使开始运营的飞行时间推迟。这可能会导致融资困难。使用阶段的技术问题对成本有一些影响,具体如下:

(1)故障调查和实施/技术改进所需的鉴定;

(2)在某段时间内的运营性飞行中断(待机状态,无收入);

(3)最终免费的重新发射,即任务的重复。

另一个成本风险是可重复使用运载器所需的维护和整修工作。目前还没有足够可以利用的经验来确定此项成本,但可定义所需的备件和人力资源的工作量范围。

4.6.3.2 降低的发射率

如果实际年发射率低于计划数,则有下述影响:

(1)在一次性运载器的情况下,对运载器生产率学习因子的负面影响;

(2)直接和间接使用成本都将增加,导致每次飞行成本较高。

即使在飞行次数大幅度减少的情况下,也必须保持发射操作团队的最小规模。

第5章 每次飞行成本、主要成本影响因素及定价

5.1 每次飞行成本的定义

5.1.1 国际每次飞行成本标准

在现实中,发射成本的定义是一个较为复杂的问题,其主要构成是:①发射操作成本;②运载器生产成本或可重复使用运载器的分摊成本;③间接使用成本。由于这个原因,术语发射成本是错误或至少存在误导的,应当改为"每次飞行成本",对应"每次飞行价格"。从发射服务商观点看,这是价格,包括利润和最终研制成本分摊费用,而这对于有效载荷顾客是一个成本项。

成本项的主要范围如图5-1所示,同时还有主要影响因素(将在5.2节中讨论)以及不属于"标准每次发射成本"的其他成本因素。所需的实际工作量与初始提供者的销售价格之间的差额就是利润(例如,通过货币汇率优势),或者相反,是政府的促销补贴。

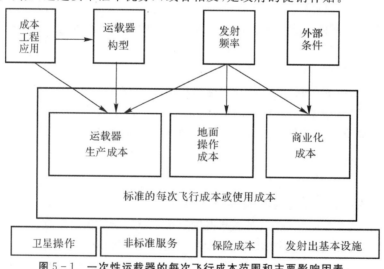

图5-1 一次性运载器的每次飞行成本范围和主要影响因素

以往对未来运输系统的诸多研究中,许多公司采用不同的投资剖面,导致成本数据没有可比性,尤其是间接使用成本,以及可重复使用运载器的分摊成本往往被忽视。由于忽视了一些主要的成本项,得到了错误的低发射成本。

由于没有现成的标准化格式定义发射系统每次飞行的成本,原著作者构思并提交了一项

建议草案。1992 年 9 月,草案经讨论并作了一些改进后,被美国宇航学会(AIAA)航天运输技术委员会接受。次年,国际宇航科学院(IAA)航天运营经济委员会(CESO)批准了"每次飞行成本"标准化定义的更新版本(编号 104),这将在下面章节介绍。

5.1.2 一次性和可重复使用运载器的每次飞行成本的基本架构

对于一次性和可重复使用运载器,每次飞行成本基本结构是通用的:
(1)运载器成本(生产、装配和验证)(VRC);
(2)直接使用成本(DOC);
(3)间接使用成本(IOC);
(4)业务收费(价格影响因素);
(5)有效载荷处理、特殊服务、保险和发射场基础设施、客户管理和行政费用。

发射场基础设施的成本取决于所有权:如果它是由发射服务商组织拥有并运营的,则可以将其视为间接使用成本的一部分;如果它是政府组织或另一家公司拥有的,则其是直接使用成本的一部分。

保险费用是商业发射的额外费用项目,主要用于发射本身、卫星和卫星运行的第一个月。发射运营商还可以通过在发射失败的情况下,免费重新发射替换卫星来提供保险。

然而,一次性和可重复使用运载系统之间有所差异,这需要单独的格式。一次性运载器的每次飞行成本中生产成本占主要地位,而可重复使用运载器的直接使用成本占主导地位,其中包括了飞行之间必要的维护费用份额。一次性运载器和可重复使用运载器的完整的每次飞行成本分布如图 5-2 所示。

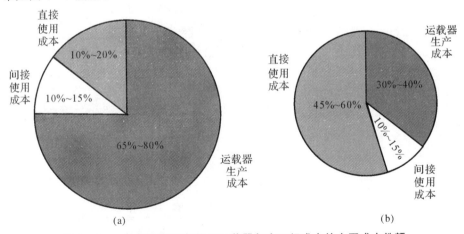

图 5-2 一次性和可重复使用运载器每次飞行成本的主要成本份额
(a)一次性运载器;(b)可重复使用运载器

保险通常用于商业卫星的发射(发射和运营的第一年)。除发射服务商条件中定义的标准服务外,特殊服务可能还会收取其他费用,参见 5.3.4.3 节。不将有效载荷准备成本视为标准 CpF 的一部分。同样也不考虑客户组织的管理和行政费用。

对于一次性运载系统,运载器硬件成本(生产、装配、测试)是每次飞行总成本的主导因素,占 65%~80%。第二大成本份额是直接使用成本,占 10%~20%。第三大的份额是间接使用成本,占 8%~15%。

发射率对成本分布有重大影响：发射率低会增加每次飞行的直接和间接使用成本。发射服务商收取的每次飞行费用中，通常还有商业客户对发射失败和有效载荷损失的保险。这种额外的保险费用是昂贵的成本项，根据被验证的运载器可靠性和保险记录，保险费用是发射服务成本加上有效载荷值的 7%～25%。有效载荷成本与每次飞行成本等同或前者为后者的 2 倍，使得保险费用成为了一个主要的成本项。

对于可重复使用运载系统，不同之处有以下两个方面：首先，运载器成本包含运载器生命周期内飞行次数的成本分摊费和整修成本。其次，直接使用成本包括两次飞行间运载器额外的维修费用。否则，保险不再是客户的额外费用项，其将成为直接使用成本的固有组成部分，必须由作为业主的发射运营商负责，但其远远比一次性运载器的低。原因是可重复使用系统固有的高可靠性或任务成功率，这主要归功于较高的冗余和紧急着陆的能力，同时也减少或消除了对有效载荷损失保险的需求。

表 5-1 为一次性运载器的每次飞行成本的要素，表 5-2 是可重复使用系统的每次飞行成本的要素。同时，表中的定义和解释，来自世界各地许多专家的讨论和贡献，是国际宇航科学院经济委员会在 1998 年取得的成果（见参考文献[79]）。

表 5-1 一次性运载器完整的每次飞行成本和每次飞行价格的定义

一次性运载器	
A. 运载器成本	(1A)运载器经常性成本（生产、装配和验证）
B. 直接使用成本	(3)地面操作成本
	(4)飞行和任务操作成本
	(5)推进剂、气体和耗材
	(6)地面运输成本
	(7)发射设施用户费
	(8)公众损害保险费
	(9)运载器失败影响费用
	(10)其他费用(税、费)
C. 间接使用成本	(11)计划行政和系统管理
	(12)市场营销、客户关系和合同办公室
	(13)技术支持
	(14)发射场费用
每次飞行总成本：	Σ(1A)～(14)
D. 业务费	(15)研制成本分摊收费（商业项目还包括融资成本）
	(16)额定利润[根据(1)～(14)项]
每次飞行价格	Σ(1A)～(16)
E. 保险成本	(17)发射失败投保
（选项）	(18)有效载荷损失投保
完整的用户成本	Σ(1A)～(18)

表 5-2 可重复使用运载器完整的每次飞行成本和每次飞行价格的定义

	可重复使用运载系统
A.运载器成本	(1B)运载器经常性成本分摊（生产、装配和验证）
	(1C)一次性要素成本
	(2)整修和备件成本
B.直接使用成本	(3)地面操作成本
	(4)飞行和任务操作成本
	(5)推进剂、气体和耗材
	(6)地面运输成本
	(7)发射设施用户费
	(8)公众损害保险费
	(9)任务中止和运载器早期损失成本
	(10)其他费用(税、费)
C.间接使用成本	(11)计划行政和系统管理
	(12)市场营销、客户关系和合同办公室
	(13)技术支持
	(14)发射场和监控成本(年费)
每次飞行总成本：	Σ(1B)~(14)
D.业务费	(15)研制成本分摊收费（商业项目还包括融资成本）
	(16)额定利润[根据(1)~(14)项]
每次飞行价格：	Σ(1B)~(16)
E.保险成本(选项)	(18)有效载荷损失投保
完整的用户成本	Σ(1B)~(18)

5.1.3 各类成本项的定义和解释

(1A)运载器的经常性成本。经常性成本指运载器所有元素的生产、装配、检验和验证/测试成本，包括利润，产品可靠性保险和最终融资成本。如果应用到批产运载器，或在一个专用的没有正在运行的生产线上生产的运载器(包括利润和最终的融资成本)上，则学习因子成本降低要应用到第一单元作为参考成本。

(1B)运载器分摊成本份额。运载器分摊成本份额指运载器生产、集成和验证的总成本，除以可重复使用运载器预计的飞行总次数。对于运载器系统和发动机，这个数字可能是不同的：运载器为100~300次，而火箭发动机为25~50次。

(1C)可重复使用运载器一次性要素的成本，如额外的加强级，或航天飞机一次性贮箱。

(2)整修和备件的成本。人力、操作和备件的成本需要保持相同的技术标准、质量和可靠性(必须预定的零件和元素替换)，这类似于飞机的大修。

(3)地面操作成本。地面操作成本指可重复使用运载器装配、维护成本,多级运载器检查、对接、有效载荷集成(不包括有效载荷准备本身)成本,发射架准备操作和发射后整修成本。

(4)发射和飞行操作成本。发射和飞行操作成本指整个任务的规划和准备、发射、飞行控制和发射场监控、乘员、设施、通信、轨道跟踪和监控、飞行数据评估和生成的成本。包括从起飞到有效载荷分离飞行期间,或直至与空间站对接,以及直到可重复使用运载器回程飞行降落,但不包括有效载荷相关的在轨任务操作。

(5)推进剂、液体、气体和其他消耗品的费用。所有推进剂、气体和其他所需的流体,包括低温推进剂汽化损失的成本(例外的是固体推进剂不分别核算,而且是发动机或助推器成本的一部分)。

(6)地面运输和回收成本。通过陆、海、空方式将运载器(级)运送到发射场(包括运输保险),以及适用的直接和间接的回收操作(包括最终紧急降落地点的运输成本)成本。

(7)发射设施使用费。发射场通常由政府机构运营,商业发射服务商每次发射必须支付一定的费用,其中包括每次发射后发射设施的维护和整修费用。对于军事和国家航天局的发射任务,此费用是豁免的。

(8)公共伤害保险费用。各国政府不断要求商业发射服务商对由发射失败造成的潜在公共损害投保。在美国,这个责任的上限为每次发射1亿美元,保险费用大约为10万美元。政府和军方发射豁免这项规定。

(9A)运载器故障的影响成本:(一次性运载器)。对于一次性运载器,发射失败时将需要全面的故障分析工作和技术改进。这些情况,以及运载器的停飞时间的间接影响必须计入。解决办法是以直接使用成本的一部分出资,建立一个特殊的储备基金。具体数额取决于已经证明或预期的任务成功率(可靠性)。

(9B)任务中止和运载器损失费:(可重复使用运载器)。可重复使用系统有紧急降落,甚至返回到发射场的固有能力。中止任务的成本无法向客户收取,但必须作为直接使用成本的一部分通过专门费用来处理。对于一个不成熟的运载器,必须建立保险费用或专用储备基金。

(10)其他费用(费用,税费)。所有其他尚未提到过的费用和税费。

(11)计划管理和系统管理。运载系统运营商在行政、管理和采购上需要一定人员,包括相关的办公费用、差旅以及一般融资成本(利息支付,如适用)。

(12)市场营销、客户关系和合同办公室。客户关系和发射合同谈判需要一定数量的工作人员,再加上广告活动、新闻材料和展览等费用,还包括相关的办公费和差旅费。

(13)技术支持/改进。全面评估技术性能、实施运载器技术改进、交付工作技术监督等需要一定数量的工程技术人员。对于可重复使用运载器,必须考虑额外的备件管理和存储任务。在有人驾驶飞行器的特殊情况下,必须考虑飞行员和相关保障(包括培训)成本,这不包括任务和有效载荷专家。

(14)发射场成本。如果使用的是政府全资拥有或商业发射场,发射服务商公司每次发射必须支付与发射设备无关的基本(年度)费用。若使用私营发射场,则必须考虑发射场的全部成本。

(15)研制成本和投资分摊。在商业研制的情况下,全部的非经常性成本(加上利息)应该分摊到预计的总发射次数中。然而,通常情况下,大型运载器件的非经常性成本包含在政府机构的合同内,但有时需要让渡专利作为回报。第三种情况是商业追加的研制或改进形成的成本的分摊。研制成本应包括最终的融资成本。

(16)利润。最终每次飞行价格的一个重要项是将发射服务商的利润添加到总成本中。这通常在 5%～12%的范围内,考虑到竞争局面,最终价格会有一定的灵活性。

(17)对发射失败的保险。用户经常为一次性运载器发射失败投保,也意味着有效载荷损失。无论是只为发射投保或为发射和有效载荷投保,每次飞行成本将增加 10%～30%(投保发射和有效载荷的成本),这视运载器类型和保险市场情况而定。对于可重复使用运载器,情况就不同了,因为固有的紧急着陆和返回能力将大幅降低(有可能一个量级)灾难性故障(运载器和有效载荷损失)。

(18)对载荷损失的保险。对于一次性运载器,发射失败必然导致有效载荷损失,因此,对于商业发射,通常为有效载荷成本的全部或部分投保。对于可重复使用的运载器,情况有所不同,这是由于其固有的高可靠性和紧急着陆能力。因此,对发射有效载荷的损失保险可认为没有必要,或只需要一个相对较低的费用。

5.1.4 每次飞行成本计划和试算表应用

在同一研究中,对于不同运载器构型的成本比较,使用表 5-1 或表 5-2 中"A+B"级成本项目就足够了。对于一个完整的每次飞行成本值,即实际市场预期价格,必须添加 C 和 D 项,这使其与现有运载器的成本价有可比性,并能用于竞争力评价。

为了用户方便,提供了两个试算表(见表 5-3 和表 5-4),一个用于一次性运载器,另一个用于可重复使用运载器。

在竞争激烈的情况下,利润可以为零甚至是负数,这是低于成本价格的。在 2000 年第一季度,三发"宇宙神"火箭发射定价超过 1 400 万美元,低于成本(《航天新闻》,2000 年 7 月 21 日)。如果这可避免中断生产线或专业化团队下岗,感觉也是合算的。如果间接成本已经被标准的生产数量承担,则另一个替代方案中额外的单元生产就可以认为没有间接成本费用。

表 5-3 一次性运载器每次飞行成本标准化试算表

一次性运载器	运载器定义			
	参考	条件假设年飞行次数	工作量/WYr	实际货币
运载器成本(运载器经常性成本) A1a 第一级运载器经常性成本 A1b 第一级发动机经常性成本(发动机数) A2a 第二级运载器经常性成本 A2b 第二级发动机经常性成本(发动机数) A3a 第三级运载器经常性成本 A3b 第三级发动机经常性成本(发动机数) A4 其他项		生产数量	学习因子	

续表

一次性运载器	运载器定义			
	参考	条件假设年飞行次数	工作量/WYr	实际货币
直接使用成本 　B3 发射前地面操作 　B4 任务和飞行操作/监控成本 　B5 推进剂和其他耗材 　B6 地面运输、贮存 　B7 每次发射的发射设施用户费用 　B8 保险费用和其他收费				
间接使用成本 　C9 计划行政和管理 　C10 市场营销、客户关系、合同 　C11 技术支持 　C12 忠诚、技术改进和分摊				
C13 各种税费				
C14 发射场费用(固定年费)				
每次飞行成本 　D15 研制成本分摊收费 　D16 正常利润				
每次发射价格				

表 5-4 可重复使用运载器每次飞行成本(CpF)标准化试算表

可重复使用运载器	运载器定义			
	参考	条件假设年飞行次数	工作量/WYr	实际货币
运载器成本(运载器经常性成本) 　A1-1a 第一级运载器回收成本分摊 　A1-1b 第一级发动机回收成本分摊 　A1-2a 第二级运载器回收成本分摊 　A1-2b 第二级发动机回收成本分摊 　A2-1a 第一级运载器整修成本 　A2-1b 第一级发动机整修成本 　A2-2a 第二级运载器整修成本 　A2-2b 第二级发动机整修成本		使用次数		

续表

可重复使用运载器	运载器定义			
	参考	条件假设年飞行次数	工作量/WYr	实际货币
直接使用成本 　B3 发射前地面操作 　B4 任务和飞行操作/监控成本 　B5 推进剂 　B6 地面运输、贮存 　B7 每次发射的发射设施用户费用 　B8 任务中止和运载器损失费				
间接使用成本 　C9 计划行政和管理 　C10 市场营销、客户关系、合同 　C11 技术支持 　C12 忠诚、技术改进和分摊				
C13 各种税费				
C14 发射场费用(固定年费)				
每次飞行成本 　D15 研制成本分摊收费 　D16 正常利润				
每次发射价格				

5.2 每次飞行成本的影响因素

5.2.1 运载器/有效载荷规模对每次飞行成本的影响和单位质量运输成本(SpTC)

每次飞行成本原则上与运载器总发射质量或总起飞质量成正比,如图 5-3 的统计图所示。该函数为

$$\mathrm{CpF} = 50 + M_0 (\mathrm{WYr})$$

式中:M_0 以 t 为单位。考虑到运载器构型和技术的多样性以及发射率,不确定度范围为 ±25%,结果还比较理想,因为这两个因素对实际的每次飞行费用影响最大。

运载器每次飞行成本与有效载荷能力之间的关系如图 5-4 所示。总体成本趋势可用以下函数表示:

$$\mathrm{CpF} = 100 M_{P/L}^{0.7} (\mathrm{WYr})$$

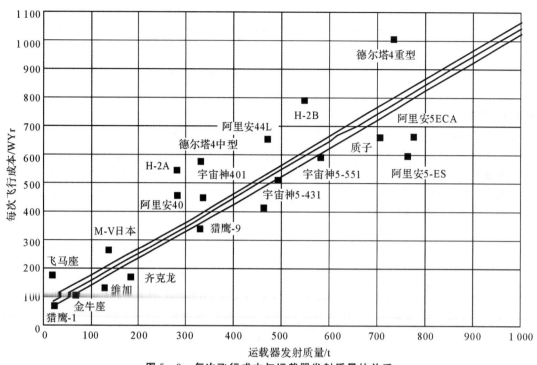

图 5-3 每次飞行成本与运载器发射质量的关系

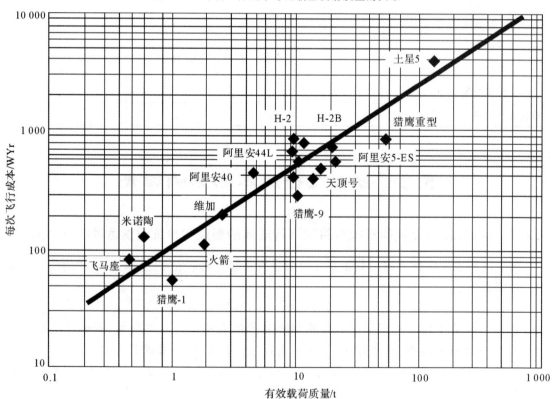

图 5-4 每次飞行成本（CpF）与运载器 LEO 有效载荷质量的关系（ELVs）

低于正比例增长的原因是随着规模的增大（起飞质量、有效载荷质量，参见图 1-6），运载

器性能不断提升。然而,相对于中间值,潜在偏差为±50%,这个范围比较大,有以下两个原因:

一是每年的发射率有双重效应,即制造成本的学习效果和发射服务商公司的影响,而发射团队成本必须分推到一年内完成的发射数量上。

二是运载器特定技术的复杂性(子级、发动机和助推器的数量)和使用的技术水平,尤其对火箭发动机而言更是如此。

有效载荷随运载器规模增大而超比例增长(起飞质量高20%带来有效载荷增加30%)这是由于运载器许多元素(如制导设备、遥测等)与运载器规模无关,而且较大的推进剂贮箱增加容积效率,使单位体积的表面积更小。

对于有效载荷相关的单位质量运输成本,有这样的结论,有效载荷为1 t的小型运载器,约为100 WYr/t,有效载荷为100 t的大型运载器,约为25 WYr/t,即只为小型运载器的25%。

对于可重复使用运载器,规模或发射质量对每次飞行成本的影响要小得多,因为主导一次性运载器的每次飞行成本的硬件生产成本由运载器生产成本分摊的份额取代了。占比取决于重用次数或生命周期内的飞行次数(例如,每发运载器飞行次数为50~100,火箭发动机为20~30次)。这使得对于起飞质量在400~1 000 t之间的运载器,可重复使用运载器的成本范围为每次飞行100~250 WYr。这意味着,相比一次性运载器,单位质量运输成本随运载器和有效载荷规模的增大而降低的趋势更为明显。

运载器有效载荷质量与每次飞行成本的关系如图5-5所示。

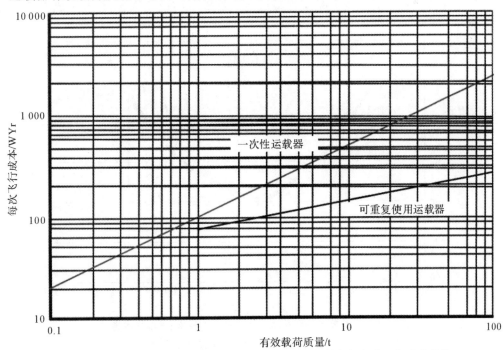

图5-5 一次性和可重复使用的运载器的LEO有效载荷与每次飞行成本趋势

例如,有效载荷为10 t的弹道式两级入轨可重复使用运载器,每次飞行成本为150 WYr,单位成本为15 WYr/t。而有效载荷为100 t的运载器,其每次飞行成本约为300 WYr,单位成本只有 3 WYr/t。这一惊人的成本降低的原因是运载器发射质量的规模法则的影响,此外有效载荷率还随运载器规模提高(参见图1-5)。

5.2.2 运载器设计与技术对成本的影响

另一个影响每次飞行成本的主要因素是运载器的复杂性,其特点是主要元素(例如子级和助推器)的数量。阿里安5包括2级加上两个固体推进剂助推器,即4个主要元素,具有3种完全不同的技术和设计。

日本的 H-2、H-2A 系列火箭是高科技设计的典型。高压抽气循环发动机 LE-7 和先进材料的应用导致其生产成本较高。在后续研制中,对 H-2A 火箭进行了若干改进来降低成本,例如降低发动机燃烧室的压力(这使比冲从446 s下降到441 s),并修改了第二级贮箱设计。这些措施使生产成本降低约13%。然而,由于采用高科技设计和每年2~4发的低发射率,每次飞行成本仍比平均值高出30%以上。

相比之下,SpaceX 公司的猎鹰-9 运载器是一种简单和低成本的设计,采用了相同技术的两级,甚至使用相同的箭体直径和推进剂。在333t的发射质量下,有效载荷比是3.2%。这只是一个平均值,但由于运载器简单,其每次飞行成本低于采用低温上面级的运载器。

图5-6是1.2节中成本工程原理的例证。在相同的经济条件下,计算出了4种完全不同的运载器(具有基本相同的 LEO 有效载荷能力)的理论第一单元成本(假设所有运载工具都将在美国制造)。H-2、H-2A 火箭的高性能得到较低的发射质量,但导致了较高的成本。相反,对于中国的长征-3B 运载器来说,采用三级加4个助推器等低技术方案,导致发射质量相对较高,并且制造工作量更大。猎鹰-9 是实现最低运载器成本的最佳概念,符合了成本工程的基本规则。

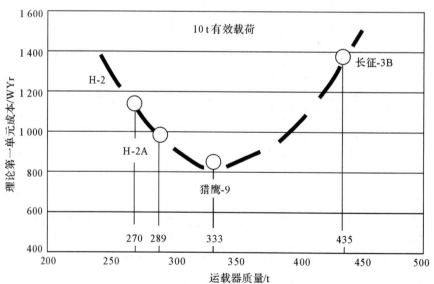

图 5-6 运载器设计和技术对生产成本的影响:最低成本通过
采用被证实的标准技术的简单设计来实现

考虑到原产国和相应的 WYr 成本,实际的每次飞行成本(尤其是价格)看起来不同(例如在中国和俄罗斯)。通过与美元汇率转换,这些国家和地区能够以极低的价格提供发射服务。

5.2.3 年发射率对每次飞行成本的影响

发射率对每次飞行成本,以及相关运载器年产量对运载器硬件成本都有重大影响。

对于一次性运载器,必须考虑生产率及其潜在变化的附加影响。对于可重复使用运载器,情况并非如此。因此,首先讨论发射率对可重复使用运载器的影响。

美国航天飞机对使用成本的影响是非常明显的。由于运载系统的复杂性,在卡纳维拉尔角需要约 13 600 人执行可重复使用轨道器和载人操作,即所谓的大型地面团队"常备军",意味着每年的固定费用几乎与发射次数无关。

图 5-7 示出了来自 NASA 年度预算分配的航天飞机每次飞行成本和实际飞行次数的关系曲线。参考点符合一个固定额度的硬件成本,加上约 13 600 人的地面操作团队相关份额,相当于大约 12 000 WYr 的工作量。实际曲线符合 $(300+12\ 000)/LpA$ 的关系。

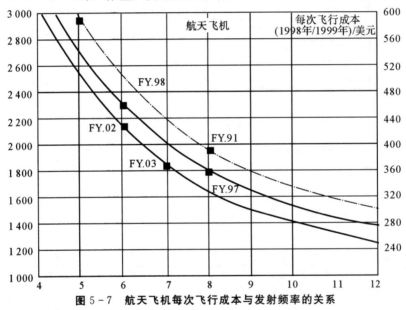

图 5-7 航天飞机每次飞行成本与发射频率的关系

1991 年和 1998 年间的成本降低,主要是工艺改进和学习曲线效应的结果(见参考文献[85])。第 38 次和第 92 次飞行之间的成本降低 9%,表示 90% 的学习曲线效应,直到 2002 年每次飞行成本进一步减少也是同样的原因。成本进一步降低是通过自动化检测和发射控制系统实现的,如参考文献[85]所述。

由于一次性硬件所占的份额高、整修成本高,以及该系统最初设计发射率比实际高很多(1970 年,设计值 65 次),成本水平以及成本对发射率的敏感性相当高。

完全可重复使用发射系统则有不同的趋势,可以预期每次飞行后很少或根本无需更换新硬件。例如,两级有翼运载器方案(MBB-桑格尔,起飞质量为 400 t,涡轮冲压式喷气发动机推进的第一级,水平起飞和降落)每次飞行成本评估如图 5-8 所示。相比航天飞机 2 000 t 的起飞质量,24 t 的有效载荷,桑格尔到国际空间站轨道的有效载荷能力,无人驾驶时只有 7 t,有 3 名机组人员时为 3 t,但飞行成本值低 1 个数量级以上。成本对发射率敏感性也低得多,因为事实上,无论是直接使用成本还是间接使用成本,类似飞机的操作相对低一些。图 5-8 还显示,无人驾驶和有人驾驶飞行的每次飞行成本是不同的,桑格尔上面级(见图 2-47),可以配置为货运型或载人型,在这种情况下,相比自主型的桑格尔 C,每次飞行成本增加约 11%(不含乘员在轨道上任何活动)。

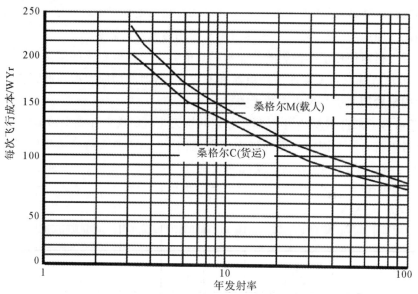

图 5-8 发射率对完全可重用系统的每次飞行成本的影响

图 5-9 为起飞质量与每次飞行成本的关系图,是影响弹道式单级入轨运载器的另一个例子。图中还显示了一个重要信息,即对于起飞质量小于 400 t 的弹道式运载器,由于净质量分数(见图 2-36)的增加,显示出高度的成本敏感性。

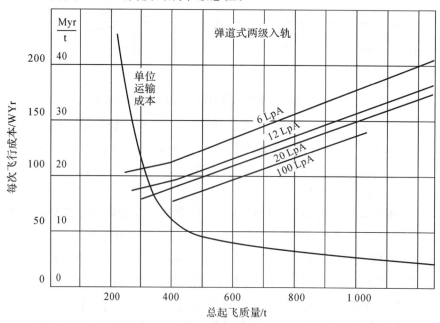

图 5-9 弹道式可重复使用运载器的每次飞行成本和单位质量运输成本趋势与发射质量的关系

在给定年度总有效载荷质量下,增大运载器规模,可降低单位质量运输成本,而由于飞行次数减少,成本又增加,这是矛盾的。需要确定最低单位质量运输成本的运载器最佳载荷能力,详见 6.1.4 节。

对于一次性运载器,根据发射率计算每次飞行成本时必须包括相关生产率对运载器成本的影响,其中还包括很大一部分保障或间接费用。如图 5-10 和图 5-11 所示,这已经在少数运载器上实现。

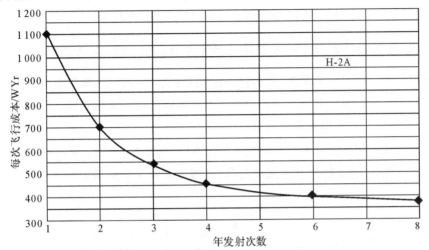

图 5-10 日本 H-2A 运载器的每次飞行成本评估与年发射次数的关系

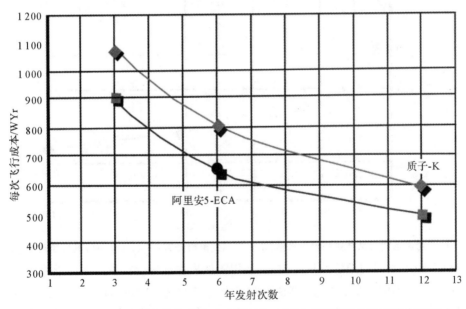

图 5-11 20 t LEO 有效载荷的质子-K 和阿里安 5-ECA 运载器的每飞行成本(WYr)
与发射率的关系(黑点表示 2010 年的运营状况)

在比较这些运载器时,还有必要考虑有效载荷能力。对于 300 t 级的两种运载器(具有 10 t LEO 载荷能力)的分析,可以比较日本 H-2A 和 Space X 猎鹰-9。H-2A 是一种每次飞行成本较高的高科技运载器,而猎鹰-9 是采用标准技术的简单配置,因此每次飞行成本较低。但是,猎鹰-9 仍必须在运载器完全投入使用后确认宣布的每次飞行成本。

图 5-11 中又示出了另外两型 700 t 级、20 t LEO 载荷能力的运载器,分别是质子-K 和

阿里安 5-ECA。在这种情况下，质子运载器因其 4 级构型更为复杂，且技术含量较低，因此其成本要高于阿里安 5。但是，由于发射率更高（为 10～12，相比于阿里安 5 每年发射 5～6 次），质子号的有效每次飞行成本低于阿里安 5 的每次飞行成本。这是基于实际工作时间（分别为工作年）得出的。由于俄罗斯的 WYr 成本不到欧洲 WYr 成本的 40%，而且欧元兑卢布汇率有利，因此质子的发射服务能够以比阿里安 5 更低的市场价格出售。

5.2.4 总生产量和发射数（学习效应下的）对每次飞行成本的影响

与生产过程中的学习效果类似，发射操作区域中也有类似效果，即使用成本或每次飞行成本也随着组装和发射数量的增加而降低。由于单个运载的每次飞行成本包括了没有学习效果项的成本，因此在组装和发射数量增加时，其学习因子更高。

图 5-12 显示了阿里安 5 火箭的每次飞行成本（使用成本）历史记录，前 60 次发射的学习因子为 0.925。然而，成本趋势并不意味着降价，因为降价主要被通货膨胀或 WYr 成本趋势增加平衡了。

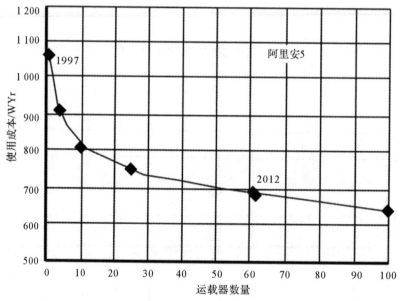

图 5-12 考虑运载器总产量和发射数量（年生产和发射数量为 5～6）的学习效果与使用成本趋势

完整的多级运载器的经常性成本显示，使用液体推进剂的运载器的平均学习因子约为 0.9（或 90%）。使用固体发动机的运载器成本降低潜力不大（学习因子为 0.93～0.95），因为固体发动机的制造和推进剂的装载从一开始自动化程度就非常高。由固体和液体推进剂系统构成的阿里安 5 的学习因子 $n=0.925$。

阿里安 4 运载器的总产量为 116 发，最终成本降低了 35%（相当于学习因子为 0.92），而最后一批 10 发的理想降低潜力为 50%，这由型号数次变化（阿里安 40～阿里安 44L）和 16 年（1986—2001 年）生产期间的修改或改进造成。随着总产量和发射数量的增加，成本降低使通货膨胀导致的成本增长与 WYr 成本的增长达到平衡，因此阿里安 4 使用成本和价格在 1994—1998 年间可以保持恒定。

5.2.5 关于每次飞行成本的其他成本影响因素,即对发射服务价格的影响因素

除了运载器的设计特点、生产和发射率,对每次飞行成本有影响的还有商业和管理条件等许多因素。

(1) 地面设施和发射场的用户成本是否添加到每次飞行成本,还是由国家航天机构全部或部分买单?

(2) 运载器的生产和发射操作由一个主承包商还是多个并行公司/机构组织管理?

(3) 是否有研发分摊或财务费用被添加到每次飞行成本?

(4) 与顾客的合同种类,利润和奖励。

(5) 是否考虑客户额外的要求和规定或特殊服务?

(6) 是否需要为相关的有效载荷/任务提供特殊服务?

2009年3月27日,SpaceX公司业务发展副总裁格温·肖特韦尔提到,与商业任务相比,由于特殊和额外的要求,国防部的近地轨道任务,要增加约32%的额外费用。

5.3 发射服务成本和定价

5.3.1 成本和价格之间的关系

本节介绍并讨论发射服务的价格和成本数据。虽然TRANSCOST模型中定义的成本以技术和运营运载器标准为基础,但是发射服务商收取的费用(以美元为单位)可能与成本有很大不同。主要原因是不同国家的WYr值,以及相关的货币汇率不同。例如,以WYr衡量,俄罗斯和中国航空航天业的成本仅为欧洲、美国和日本的25%~35%。即使像质子号和CZ-3B这样的运载器,其构型复杂,WYr值高,但以美元计算的价格仍然较低。

图5-13为以WYr和美元(2012年)表示出的5种不同运载器每次飞行成本。图5-13(a)的WYr值,是由TRANSCOST模型的成本估算关系式根据复杂性(元素数量)、技术和发射质量(或假想五型运载器将在同一国家制造和发射)计算得到的。同样的昂贵成本,H-2A火箭是由于其先进技术和高性能指标,CZ-3B是由于其复杂性(级数和发动机数量)和较低的技术标准。质子-M和阿里安5的发射质量和有效载荷大约是其他三型运载器的两倍。

如果我们使用静地轨道卫星的国际发射服务市场价格,结果看起来会大不相同:CZ-3B和猎鹰-9的价格最低,这是因为中国的WYr成本较低,而猎鹰-9是因为运载器设计简单,与美国平均水平相比降低了WYr成本。由于运载器的复杂性和技术,H-2A和阿里安5价格很昂贵。

但是,要在考虑到有效载荷能力和发射场的影响后才能最终完成价格比较。我们将在6.1.3节介绍静地轨道每千克载荷发射价格。

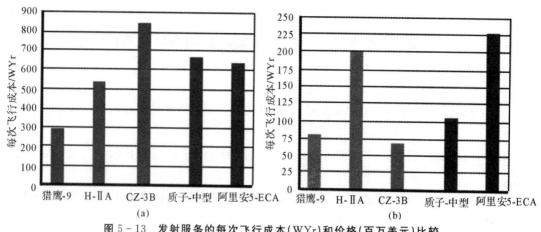

图 5-13 发射服务的每次飞行成本(WYr)和价格(百万美元)比较

5.3.2 定价策略

5.3.2.1 标准定价

发射卫星的标准定价是根据运载器的实际成本、地面和飞行操作,再加上分摊费用(公司自有资金的投资,如适用)和额定利润作出的(见表5-1和表5-2)。这两种商务费用还取决于实际发射市场。竞争态势将决定可能的最高收费,其包括在每次发射的价格中。发射风险仅仅在于顾客通常需要为发射、卫星的成本,以及由于发射失败致使卫星无法获得的利润的投保。

5.3.2.2 定价低于成本

市场情况以及所需运载器生产的连续性(一次性使用运载器)和发射率,可能需要销售定价低于名义每次飞行成本。这可能会导致利润减少甚至出现负值。然而,如果有以下情况,则这一策略在经济上可能是合理的:

(1)没有间接成本负担的额外发射,假设间接成本已经被发射额定次数所涵盖;
(2)可避免中断生产线或避免专业化团队裁员。

美国航天飞机就是一个很好的例子:由于大规模地面操作人员"常备军"的固定费用,每年发射6次,航天飞机的每次飞行成本约为4.60亿美元(1998—1999年),而额外的第7次飞行的成本仅在1亿美元的量级。

5.3.2.3 根据有效载荷质量定价

在一发运载器发射多个有效载荷的情况下,定价问题变得更加复杂。原则上,双载荷发射策略,给两个较小的有效载荷提供了很大的优势,根据规模法则(见5.2.1节),其发射成本比大型卫星单位质量发射成本低。然而,也有不利因素会使理论优势减小:首先,所需的额外载荷支撑结构将使运载器的最大有效载荷能力降低。其次,运载器的有效载荷能力平均利用率将低于单一的有效载荷发射。很难实现单一载荷90%的平均载荷利用率(实际有效载荷质量与运载器最大载荷能力之比)。对于多个有效载荷,利用率进一步降低,这是因为很难在同一时间找到两颗卫星,两者的组合质量能够充分利用最大的运载器能力。双载荷发射策略也影响了发射操作效率,因为通常两颗卫星出现进度或技术问题,使发射延迟的概率是单一载荷的

2倍。

双载荷发射定价策略的第一个实际应用,是阿里安 4 运载器系列以双有效载荷作为标准状态。图 5-14 显示阿里安 4 最初使用的定价策略:卫星质量在 2 500 kg 内,静地转移轨道采用单位质量价格,而对于 2 500 kg 以上的卫星,专用阿里安 4 的一个型号发射。这种定价策略,防止专门以阿里安 40/42P 发射小卫星导致过高的单位质量费用。

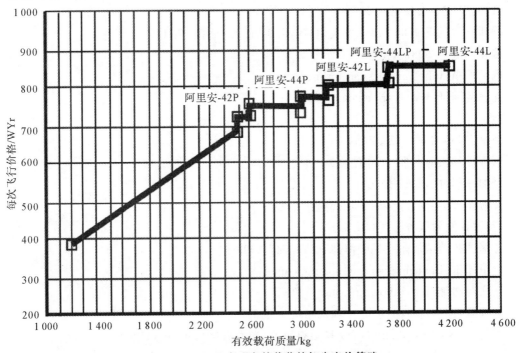

图 5-14 阿里安 4 有效载荷的初步定价策略

例如,作为共享有效载荷,发射 2 000 kg 的卫星(静地转移轨道),定价只有 570 WYr,而发射专用的阿里安 42P 需要 720 WYr,但高于一发阿里安-44L 的半价(430 WYr)。因此,以上讨论的双有效载荷策略的载荷能力利用率降低,将导致成本高出约 34%(但仍比专用发射低 20%)。

类似的定价策略用于阿里安 5 火箭,INSAT ⅢC 卫星质量为 2 750 kg 或阿里安 5 静地转移轨道载荷能力的 45%,合同价格为 7 700 万美元,或 70%的阿里安 5 专用发射价。卫星最终被作为单一载荷由阿里安 42L 运载器在 2002 年 1 月发射。

5.3.2.4 微小卫星报价(搭载)

约 100kg 以下的小型卫星,被一些有效载荷发射服务商以"搭载式"载荷的形式接受,这可以弥补一部分剩余载荷能力,如果体积和目标轨道与主有效载荷兼容,则发射价格面议(几千至约 1 万美元)。这远远低于任何专用的小型运载器价格,却能给发射服务商一笔实实在在的额外收入。

5.3.2.5 GTO/GEO 卫星发射服务国际竞争

国际上每年约发射 25 颗商业通信卫星,这意味着大约 20 亿美元的市场。国际发射服务竞争,尤其是在欧洲(阿里安 5)、中国(CZ-3B)、俄罗斯(质子)和新来者 SpaceX(美国)之间的竞争已经形成。根据 GTO/GEO 的具体运输成本,将在 6.1.3 节中讨论 2012 年的实际性能和价格状况。

5.3.3　商业发射服务提供商

经过产业结构调整和国际市场巩固,目前正在运营的主要发射服务商如下。

(1)阿里安航天公司。

欧洲公司的 F-91006 位于埃夫里,Blvd. de,欧洲/法国,BP177

传真:xx331-6087-6304

电子邮箱:infioGarianespaceonline.com

互联网网址:www.arianespace.com

运载器:

阿里安 5G 和阿里安 5ECA

SOYUS-2(筹备,2011 年使用)

维加(研制中,2011 使用)

发射场:南美库鲁/法属圭亚那航天中心

(2)波音发射服务公司(BLS)。

总部设在美国加州亨廷顿海滩,CA92647-2099

电子邮箱:Launchservices@boeing.com

互联网网址:www.boeing.coml 三角洲

运载器:德尔塔-2,德尔塔-4 和德尔塔-4 重型

发射场:卡纳维拉尔角(GTO 和倾斜轨道)和西方试验场(极地轨道)

(3)中国长城工业(长城公司)长征国际发射服务。

总部:北京市海淀南路 30 号,中国北京 100080

电子邮箱:space@cgwic.com

互联网网址:www.cgwic.com

运载器:

长征-3A、长征-4B(低轨)

长征-2F(载人飞行)

长征-3C(静地转移轨道的长征-3B)

发射场:中国西昌、太原、酒泉

(4)欧洲轰鸣有限公司。

阿斯特里姆公司(DE)和赫鲁尼切夫(RU)合资企业。

总部:Flughafenallee 26 D-28199,德国不来梅

电子邮箱:eurockotG@astrium.eads.net

互联网网址:www.eurockot.com

运载器:轰鸣(微风上面级)

发射场:普列谢茨克发射场(63°N)

(5)国际发射服务(ILS)。

俄罗斯公司赫鲁尼切夫和 RSC 能源公司合资

总部:美国弗吉尼亚州 20190 雷斯顿 1875 总管街,700 室

传真:571-633-7500

电子邮箱:contactus@ilslaunch.com

互联网网址:www.ilslaunch.com

运载器:质子-M/微风

发射场:哈萨克斯坦拜科努尔发射场

(6)洛克希德·马丁商业发射服务(LMCLS)。

沃兹沃斯大道 12257 S、空间系统公司

美国 CO 80125-8500,利特尔顿

电子邮箱:steve. j. skladanek @ lmco.com

互联网网址:www. lockheedmartin. comlsscl

运载器:宇宙神 5-400 和宇宙神-500 系列

宇宙神研制从卡纳维拉尔角(静地转移轨道和倾斜轨道)西方试验场发射(极地轨道)。

(7)三菱重工有限公司。

三菱重工空间系统部

总部:港南 2 丁目 16-5 港区,日本东京 108-8215

电子邮箱:h-2a@mhi. co. jp

运载器:H2A、H2B

发射场:日本种子岛

(8)轨道科学公司(OSC)。

发射系统集团 21839 大西洋大道,杜勒斯,VA 20166,USA

互联网网址:www. orbital.com

电子邮箱:launch-systems@orbital.com

运载器:

米诺陶

半人马座

飞马座

安塔瑞斯

发射场:范登堡空军基地、飞机(飞马)

(9)海上发射公司(有限责任)。

瑞士,Chemin d'Eysins,CH-1260 Nyon

母港设施在美国加利福尼亚州长滩的港口,美国 CA 90802,长滩尼米兹路 2700

电子邮箱:paula. kornCsea-launch.com

互联网网址:www. sea-launch.com

运载器:天顶-3SL

发射场:太平洋赤道附近

移动海上发射平台+组合体和指挥舰

发射操作:能源物流有限公司

(10)欧洲和俄罗斯联合公司斯塔瑞森。

欧洲防务阿里安空间公司与RKA(俄罗斯航天机构)和萨马拉航天中心合资公司

总部:2架F-91042埃夫里CEDEX,法国的Rue Francois Trufifaut

电子邮箱:communications@starsem.com

互联网网址:www.starsem.com

使用的运载器:联盟(包括联盟I和闪电)

发射场:拜科努尔(46°N)的普列谢茨克(63°N)

(11)太空探索(Space-X)。

地址:霍索恩,CA 90250,美国

电话:310-363-6000

互联网:www.spacex.com

运载器:猎鹰-9、猎鹰-重型

发射场:卡纳维拉尔角

西方发射与测试场(计划中)

5.3.4 发射服务费用/价格和性能

5.3.4.1 运营性运载器

图5-15给出了部分在用运载器的示意图;表5-5针对正在运营或研制中的航天运载器,调查给出LEO和GTO的有效载荷能力以及截至2012年的运载服务市场价格。该价格有待商议,其还取决于年度发射率、特殊服务范围、竞争状况以及与原籍国有关的货币汇率。价格可能与WYr中显示的成本大不相同。这些成本值已使用TRANSCOST模型计算得出,并在可比的基础上代表了运载器生产和发射操作的实际成本。图5-1显示了每次飞行成本或研制成本的范围。WYr成本受发射率的影响。除另有说明外,这里均使用了2012年的实际信息(对于历史上已有运载器)。

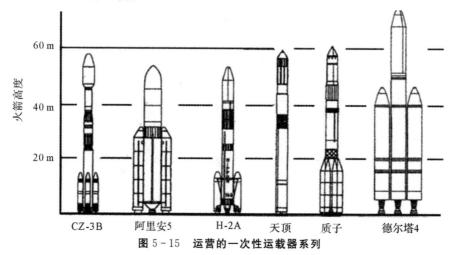

图5-15 运营的一次性运载器系列

利用表1-5提供的1961—2012年WYr成本对照数据,很容易实现WYr成本转换。

WYr 成本是欧洲、美国和日本的航空航天业的平均值（SpaceX /猎鹰-9 除外）。

表 5-5 实际运载器的成本、价格和质量值

运载器	服务商	运载器起飞质量/t	有效载荷/kg LEO	GTO(SSO)	每次飞行价格/百万美元	CpF/WYr
安塔瑞斯	轨道科学	240	5 000	SSO 2 000	45/2011	(150)
雅典娜 2	洛克希德	120	1 730	SSO 1 165	65/2012	200
阿里安 5-ES	阿里安航天	746	21 000	—	162/2012	590
阿里安 5-ECA	阿里安航天	780	—	10 200	180/2012	695
宇宙神 5-401	发射联盟（洛马）	342	9 600	4 750	140~150/2012	450
宇宙神 5-431	发射联盟（洛马）	482	15 400	7 500	162~175/2012	520
宇宙神 5-551	发射联盟（洛马）	587	18 700	8 900	188~200/2012	587
德尔塔 2 7320	发射联盟（波音）	152	2 700	—	120~130/ 2013	400
德尔塔 4-M	发射联盟（波音）	250	8 100	4 200	160~175/2012	500
德尔塔 4-M-4.2	发射联盟（波音）	329	10 400	5 800	178~192/ 2012	570
德尔塔 4-H	发射联盟（波音）	733	23 000	13 130	375~400/ 2012	1 200
第聂伯	国际宇航公司	209	3 700	—	12~15/ 2012	
艾普斯龙	日本宇航局/三菱重工	91	1 200	SSO：450	37/2012	112
猎鹰-9 模块 1	SpaceX	333	10 450	3 400	54/2012	280
猎鹰-9 模块 2	SpaceX	430	13 150	4 850		300(计算)
猎鹰9 重型	SpaceX	1 400	53 000	12 000	(128/2012)	680
H2-A	三菱重工	298	9 900	3 100	170 亿日元/2012	540
H2-B	三菱重工	418	19 000	8 000	230 亿日元/2012	730
ISRO-PSLV	Antric 公司	294	3 500	1 050	32	
ISRO-PSLV Mk.2	Antric 公司	418	4 500	2 300	40	
宇宙-3M	科斯莫斯公司	109	1 400	—	17/2012	
长征-2C	长城	213	2 800			
长征-3B	长城	430	—	5 100		840
长征-2E	长城	461	8 800			
长征-2F	长城	464	8 400			
长征-5C	长城	800	25 000	14 000		
米诺陶 4	轨道科学	86	1 700	—	54	160
飞马-XL	轨道科学	23	450	—		80(预估)
质子-K	赫鲁尼切夫国家科研生产中心	694	23 000		90~95/2012	600
质子-M/微风		705	—	6 150	100~110/2012	670

续表

运载器	服务商	运载器起飞质量/t	有效载荷/kg LEO	有效载荷/kg GTO(SSO)	每次飞行价格/百万美元	CpF/WYr
轰鸣	俄罗斯欧洲轰鸣发射服务公司	107	1 950	SSO 1000	25—30	
联盟	阿里安航天子公司-星光	305	6 200	1700	60~65/2012	
SOYUZ-2	阿里安航天	310	6 200	2 800	65~70	250(估算)
金牛座-XL	轨道科学	73	1 590	557	40~50	155(估算)
维加	阿里安航天	139	2 300	SSO 1500	32/2012	200
天顶-2	南方局（乌克兰）	445	13 700	—	75~85	600
天顶-3SL	海射，AG	462	—	5 250	110~130	750
天顶-3SL	陆射	462		3500	85~95/2012	700

如果知道具体公司的 WYr 成本，则结果可以相应改善。但是，在大多数情况下，运载器的部组件来自不同公司，因此采用平均 WYr 成本是一种很好的方法。

5.3.4.2 历史上的运载器

表 5-6 总结了历史上存在过的运载器（即已不再使用的运载器），表中成本或价格与具体年份有关。

图 5-16 给出了一些历史上的重要运载器。图 2-2 显示了有史以来制造的两种最大的运载器——土星 5 和俄罗斯 N-1 火箭。

表 5-6 历史上存在过的运载工具的成本、价格和质量值

运载器	服务商	运载器起飞质量/t	有效载荷/kg LEO	有效载荷/kg GTO(SSO)	每次飞行价格/百万美元	CpF/WYr
阿里安 40	阿里安航天	240	4 350	2 200	86~90 百万欧元/2002	490
阿里安 44L	阿里安航天	470	9 000	4 800	128~135 百万欧元/2002	670
德尔塔 2 7320	波音	152	2 690	—	80~90/2010	350
德尔塔 2 7925	波音	232	—	2 170	120~130/2010	380
能源	OKB-1,俄罗斯	2 362	96 000	22 000	155 百万卢布/1987	
猎鹰-1	SpaceX	28	420	SSO 150	7.9/2008	
H-1	日本航空航天局	140	3 200	1 100	130 亿日元/1992	
H-2	日本航空航天局	260	10 050	4 100	190 亿日元/1999	
米诺陶 1	轨道科学	36	580	SSO 330	25 /2002	96
M-V	JAXA(ISAS)	140	1 850	—	65 亿日元/1996	
N-1	苏联	2 785	95 000	—		
土星 1B	美国航空航天局	583	1 5000	—	44/1963	1 500
土星 5	美国航空航天局	2	127 000	50 000	270/1974	4 280
航天飞机	美国航空航天局	2	24/105 t	—	480/1974	2 170

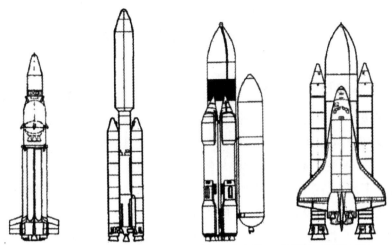

图 5-16 历史上运载器的例子(土星 1、大力神 4、能源号、航天飞机)

5.3.4.3 特殊服务的定义(不包括在标准发射服务价格中)

在标准每次飞行成本之外,发射服务公司收取的特殊服务费用,可参考《阿里安航天公司用户手册》:

(1)发射过程中的卫星遥测和数据处理;
(2)向卫星传输点火和其他电信号;
(3)在整流罩上附加检修门和/或无线电透明窗口;
(4)卫星在飞行过程中的特殊分析(轨迹、分离);
(5)航天器适配器和夹箍的租借或购买;
(6)分离冲击试验,随机噪声或者声学测试;
(7)航天器运输到库鲁发射场;
(8)特殊的卫星保护服务;
(9)提供卫星推进剂、气体和液体及相关化学分析;
(10)发射失败的情况下再次飞行的保险。

2010 年 SpaceX 的猎鹰-1 和猎鹰-9 标准发射服务价格定义如下:

(1)标准价格设定的标准服务(参见用户指南),指定期限内全额支付。
(2)逾期要额外支付伦敦银行同业拆息 2.5% 的融资利率,与 SpaceX 公司联系索取标准支付计划。
(3)标准价格包括 SpaceX 公司研制和生产的有效载荷适配器和张力带分离系统,可容纳或提供其他系统。
(4)联系 SpaceX 公司索取更多的信息。
(5)再次飞行保险报价为标准发射服务价格的 8.0%。
(6)SpaceX 公司有权寻求无影响的合作用户。
(7)标准发射服务定价的折扣在基于实际案例情况的基础上考虑,包括:①首次发射;②短周转期;③多次发射服务采购。

5.4 不可靠性成本/保险成本

5.4.1 一次性运载器的故障率

可靠性是多级一次性运载器固有的问题,由于每发运载器都是全新产品,不能以飞行模式进行测试。即使高可靠性的重要系统采用了冗余设计,但生产过程中总会涉及材料、工艺、零部件供应商的变化,在整个周期内里不可避免会有新的员工,因此甚至是经验证长期可靠的运载器也有可能在下次飞行中失败。此外,最近还出现了新的故障原因,即软件错误。

根据参考文献[5],对1957—2010年间共计4 038次航天发射进行了分析,其中包括366次灾难性故障(运载器和有效载荷损失),成功率或可靠性为91.7%。参考文献[162]对美国447次发射试验进行了分析,结果是413次成功,平均成功率为92.4%。

2007年的《Comstack报告》识别出了1957—2007年的一次性运载器故障的原因,如图5-17所示。

运载器故障,约50%归因于制造环节或人为错误,剩余约50%为设计和随机故障。液体助推器的第一级成功率是0.988,第二级是0.984。固体助推推进可靠性水平为0.988。因此,固体和液体助推器显示出相同的可靠性(《美国航空航天》,1990年7月)。

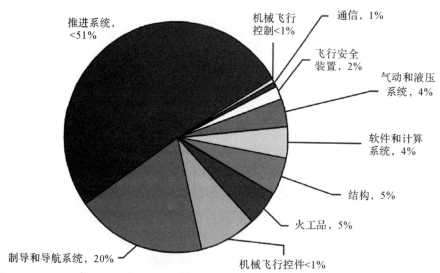

图5-17 与子系统相关的一次性运载器故障原因

关于技术故障的问题,参考文献[84]给出了69次发射失败的评价统计结果:

液体火箭发动机故障:11次,16%。

推进剂供应系统故障:7次,10%。

姿态控制/推力矢量控制:17次,25%。

电气系统故障:6次,9%。

机械故障:7次,10%。

制导故障:6次,9%。

固体发动机故障:12次,17%。

其他:3次,4%。

航空航天公司的另一项有关129次发射失败的故障研究(见参考文献[163])提供了以下结果:

推进系统:74次,57%。

航电:14次,11%。

分离系统:11次,8.5%。

电气系统:2次,1.6%。

结构:3次,2.3%。

其他:3次,2.3%。

未知:22次,17%。

如图5-18所示,运载器的可靠性通常随着所执行任务次数而提高(只要运载器的状态没有大的变化)。太空保险商AGF(巴黎)进行的一项研究表明,在过去30年中,新型商用火箭的可靠性变化不大。1980—1985年故障率为60%;1985—1990年故障率为50%;1990—1995年故障率为55%;1995—2000年故障率为65%;2006—2010年故障率为50%。此处的故障率是指新运载器在前5次任务中至少失败一次的百分比。

即使为同一运载器,引述的一次性运载器的可靠性统计值或故障率有时也是不同的。原因是这些数据要么是统计过去10年所有发射,要么是只统计过去的10发、20发或者其他数量的发射。表5-7统计了截止到2013年1月1号发射次数最多的运载器家族全生命周期的故障率。某些运载器的总寿命可靠性已达到相对较高的水平,如美国航天飞机(133/135次任务为98.5%)和阿里安4系列(116次飞行中113次为97.4%)。但是,平均每年发射可靠性没有增长到超过95%,2011年仅为92.9%(84次发射,失败6次)。

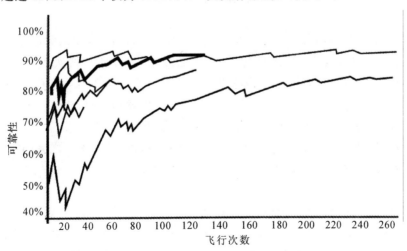

图5-18 可靠性与6种主要运载器的飞行次数关系

表 5-7 现有运载器的可靠性（状态：2013 年 1 月 1 日）

运载器系列	型号	国别	总飞行次数	失败次数	综合可靠性/%
阿里安	4,5	欧洲	211	11	94.8
宇宙神	2,2A,2AS,3,5	美国	354	39	89.0
长征	(1,2C,3A～C,4B,2F)	中国	172	10	94.2
德尔塔	2,3,4,4H	美国	360	18	95.0
H 系列	1,2,2A	日本	39	3	92.3
宇宙	Div,3M	俄罗斯	470	21	95.5
飞马座	XL	美国	42	5	88.1
SLV	ASLV,PSLV,GSLV	印度	37	6	83.8
质子	DM-2,DM-3,DM-M	俄罗斯	388	41	89.4
火箭	微风/K(-M)	俄罗斯	19	2	89.5
联盟	-U,-Ikar,闪电	俄罗斯	1 796	90	95.0
金牛座	XL	美国	9	3	66.7
天顶	3SL,3SLB,-M	乌克兰	81	10	87.7

注：1957—2010 年间，共进行了 4 038 次发射，发生了 366 次灾难性事故，即总成功率或可靠性为 91.7%（见参考文献[162]）。

5.4.2 一次性运载器的不可靠性成本/保险费

运载器故障，不仅会对商业发射保险的费率产生影响，对发射服务商也会造成极大成本代价。失效分析、相关的技术改进和验证及程序修订成本是高昂的。此外，停飞时间内没有发射，以及进度恢复都是影响成本的新问题。

商业运载器客户通常为包含发射本身及其有效载荷的潜在损失投保。保险市场极不稳定，受发射失败记录、保险业收入和损失/盈利状况数额的强烈影响。运载器的不可靠对成本影响巨大。

根据意大利的里雅斯特保险总公司的统计，1984—1991 年间，投保的运载器和有效载荷的损失总量达到了 14.1 亿美元（或年均约 1.80 亿美元）。1994 年两次发射失败（AR 63 和 AR 70）和一个卫星失效（通信卫星 402）造成不小于 7.57 亿美元的保险理赔，而所有航天保险合同的总收入只有 5.5 亿美元。1995 年 1 月的另一次发射失败（长征 2E 发射亚太卫星 Apstar），投保价值为 1.6 亿美元。这种情况的后果是，1994 年，保险费率大幅上升至图 5-19 的水平。1997—1998 年费率再次下降 8%——一个相对较低的水平。之后的 1998 年成为保险公司业绩最差的年度。保费累计共 8.5 美亿，而索赔支付达到了 14.5 亿美元，如图 5-20 所示。

图 5-19 还显示出高额损失的另一个影响：提供保险能力降低，数家公司退出了这项业务。在 2002 年容量的上限为 8 亿美元。这导致了从 1999—2002 年保险费率的大幅增加，如图 5-21 所示。DirektTV 有限公司支付 1999 年的 20.5%保费，包括了天顶号火箭发射 1-R 卫星及一年的运行保险。空间成像公司支付 27.5%的保费投保其雅典娜火箭发射的 IKO-

NOS 观测卫星(《航天新闻》,1999 年 11 月 15 日)。欧洲通信卫星组织支付 25%的保费投保 2000 年 5 月首次发射的宇宙神Ⅲ,如果发射成功,将部分退还(《航天新闻》,2000 年 7 月 24 日)。

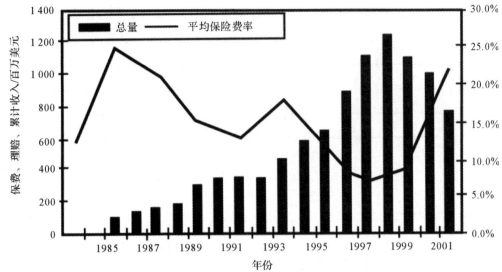

图 5-19 1985—2001 年保费、理赔、累计收入

必须指出,保险费率参照发射成本加卫星价值,而后者通常等于或者高于发射服务成本。这意味着,在最有利的条件下,投保后单次发射的价格增长约 20%,甚至高达 50%。

自 2001 年以来,保险公司每年收到的总保费约 7 亿美元,覆盖 2~3 次失败,即从 2007 年的纪录可以看到 3 次失败,即两次发射失败(天顶号和质子 M)和 Rascom-1 号卫星失效。保险费率稳定在 7%(仅发射)和 12%(发射和一年运行)左右(航空周报,2008 年 3 月 3 日),如图 5-21 所示,保险费率的范围浮动很大,介于 8%和 23%之间,这主要受往年保险公司业绩的影响。出人意料的是,某一型运载器的发射可靠性仅起着次要作用。

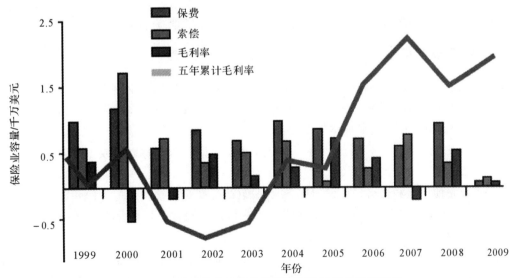

图 5-20 保险业总容量是运载器保险费率的关键因素
(源自国际 BrokerslAon),2009 年仅一月至三月

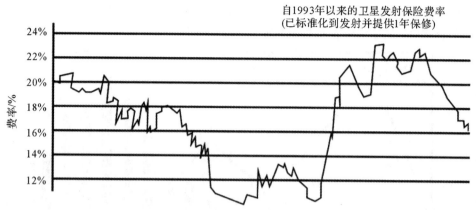

图 5-21 过去 20 年的保险费率历史（发射和 1 年卫星运行）

:重新发射担保:

这是一种发射保险形式，其中发射公司充当其客户的保险提供商，仅提供发射服务的保险。在发射服务建议中，如果发射失败，将向客户提供同意退款或重新发射替代航天器的选择方案。提供重新发射担保的发射服务商通常会通过购买一系列发射的捆绑保险来保护自己，从而将风险分散到许多发射事件中。与单次发射事件相比，这通常会带来更好的保险费率。应该注意的是，在发射阶段，客户仍然需要航天器的保险，以及发射后出现故障时更换的成本（包括发射服务成本）。客户需要评估整体保险费成本和承保范围，以审视重新发射的担保选项是否对其计划有利。

:第三方责任险和政府财产保险:

这种保险形式旨在保护发射服务商及其客户，以防因发射或任务失败而造成公共伤害或政府财产损失。这些保险通过与以前的承保类型进行不同的组合获得。

5.4.3 可重复使用发射系统的不可靠性成本

与一次性运载器相比，可重复使用运载系统的情况差异相当大，具体如下：

（1）可重复使用运载器的可靠性要比目前的一次性运载器高得多。因其采用更高的冗余和一个内置的健康监控系统而成本效益更高。

（2）即使出现技术问题，飞行通常可以中止，运载器将返回到发射场或紧急降落地点。在这两种情况下，有效载荷得以幸免。

（3）可重复使用运载器必须由发射服务公司投保，保费是直接使用成本的一部分（见 4.2.6 节）。因此，不需要顾客为发射投保，也不需要为有效载荷投保。即使为有效载荷投保灾难性的失败，保险费用也将处于非常低的水平。

如 4.2.6.3 节所述，考虑到所需的更换成本的一部分已经在运载器的分摊费用中（这当然取决于事故发生前完成的飞行次数），运载器损失费应该为运载器经常性成本的 0.1%～0.2%，具体取决于可重复使用运载器的类型、冗余程度以及采用的先进技术。

运载器飞行中止情况的保险取决于运载器系统设计以及使用的成熟度。如果假设初始中止率为 30～50 次飞行出现 1 次,则将每次飞行成本的 6%～3% 计入每次飞行的附加收费中。

可以预期,通过采用可重复使用运载系统可以将运载器不可靠总损失降低至少一个数量级。

5.5 生产和研制成本分摊效应

5.5.1 生产成本分摊(可重复使用运载器和发动机)

对于可重复使用运载器,将经常性成本收费描述为运载器成本,将其定义为新运载器单元成本(或经常性成本)除以预期总飞行次数。当前还没有现成的经验,但假设轨道飞行器的飞行次数在 100 和 200 之间,这要视运载器的类型而定。对于有翼第一级运载器,飞行速度达 $Ma=6.5$,因为没有再入机动,潜在的飞行次数要高得多(500～1 000)。正如在 4.3.4 节中讨论的那样,在确定飞行次数最佳值时,所需的整修成本也起了作用。以太空拖船整修策略为例,图 5-22 显示了运载器分摊费用与飞行次数的关系(运载器单元成本为 230 WYr,不含发动机)。如果这个整修策略符合实际,那么每发运载器的飞行次数应限制在 20 次,这时综合成本达到最低。但是,并不能一概而论,这强烈地依赖于每个案例的具体整修策略和工作量。

火箭发动机的问题同样如此,但每台发动机的飞行次数远远小于运载器系统,通常假设为 30～80 次。图 5-23 说明了运载器和火箭发动机飞行总次数对每次飞行成本费用的影响,例如,对于有翼轨道上面级飞行器,其经常性成本为 4 100 WYr,加上主发动机 183 WYr,再加轨道机动发动机 85 WYr,可见每次飞行成本随飞行次数增加而减少。有趣的是,直至 100 次飞行,成本才急剧下降,但在更高的飞行数时曲线变得平缓。

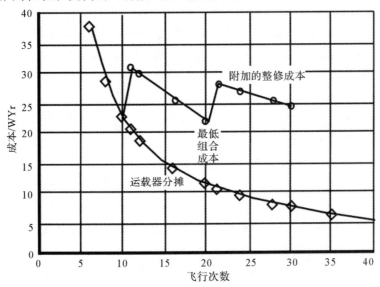

图 5-22 由于总体经济上的原因,运载器分摊和整修综合成本可能导致飞行次数有限

另外,对于发动机重复使用次数,超过 30 次似乎是不值得的,因其对每次飞行成本的影响很小,但对发动机研制成本的影响可能很大。

在图 5-10 所示的案例中,假定运载器的飞行次数定为约为 120 次,每台发动机飞行 30 次,这意味着运载器生命周期内需要 4 套发动机。

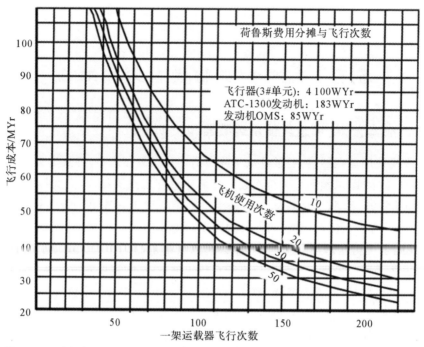

图 5-23 有翼轨道飞行器飞行次数和发动机重复使用次数对每次飞行成本的影响

5.5.2 研制成本分摊

以前,运载系统研制或者非经常性成本一直由政府机构支付。在这种情况下,成本并不需要由每次飞行成本附加费分摊。商业(工业)研制限定在采用现有的、鉴定过的固体推进剂火箭发动机的小型运载器(如洛克希德·马丁公司的雅典娜),或限定在运载器改进范围内(波音公司的德尔塔系列)。阿里安航天公司有 4 亿欧元的投资计划,用于 2000—2005 年间改进阿里安 5 火箭并扩建地面设施(阿里安航天公司新闻稿第 155 号,2000 年 6 月),这必须在阿里安 5 每次飞行成本中分摊。

全新运载器研制提出这样的问题,是什么因素影响每次飞行成本的研制成本分摊费用?需要增加的每次飞行成本主要取决于新运载器预计的发射总数,而与研制资金本身无关。

对于一次性运载器,每次发射成本与传统模式研制成本的比率在 1% ~ 2% 之间(商业项目的情况下在 4% ~ 5% 之间)。200 次发射计划的情况下所需的分摊费用将介于 30% 和 50% 之间。

对于可重复使用运载器,研制成本较高,而每次飞行成本比一次性运载器的低。对于 400 次飞行的计划,当每次飞行成本与研制成本之间的比率为 0.1% ~ 0.2% 时,添加的分摊费用将是 150% ~ 250%,如图 5-24 所示。这听起来令人望而却步,但它也取决于实际情况。一个例子提供了一个重要的结果(见图 5-25)。

在这种情况下,典型中等规模的一次性使用运载器,每次飞行成本约为 1.2 亿美元,而可重复使用运载器,每次飞行耗资约为 3 500 万美元(不含非经常性成本的分摊),在发射次数

20～1 000次下做出了比较,这两型运载器近地轨道有效载荷相同,约为8 t。

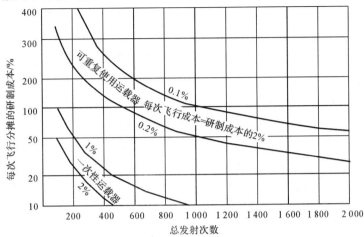

图 5-24 全部 NRC 的分摊附加费与飞行总数的关系

图 5-25 说明,随着飞行次数的增加,研制的分摊费用和总的每次飞行成本快速减少。

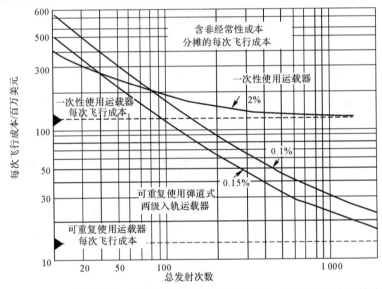

图 5-25 一次性使用和可重复使用运载器每次飞行总成本与发射次数的关系

由于研制成本分摊费用高,可重复使用运载器的每次飞行成本开始很高,然而,其随着发射次数越来越多而迅速减少,当发射次数在40～80之间时与一次性运载器的总每次飞行成本相等。超过这个发射次数,可重复使用运载器的每次飞行成本低于一次性使用运载器的每次飞行成本。

因此,可得出这样一个基本结论,即一次性运载器更符合发射数量有限的计划,但对于发射次数更多的计划,尽管所需投资较大,重复使用运载器性价比更高。

图 5-25 中的例子不包括财务成本,但是这可以通过采用商业研制模式(参见2.5节)和航空公司运营模式使情况得到改善。这为小型可重复使用自主发射系统的商业发展提供了机会,可以找到一种给前期研制提供资金的方式。Kistler 航空航天公司一直在探索这种方法,通过风险资本融资,进行可重复使用的两级弹道式 K-1 运载器的研制,但是,它只筹集到约

50%的所需金额。

对于航天飞机的后继运载器,伊万·贝克提出了较大的可重复使用系统研制的潜在解决方案(见参考文献[59])。该方案采用商用运载器的研制方式,由政府以保证最低发射数量订单的方式支持。为了完成一个更大型的可重复使用运载器的研制项目,似乎这样一个数十亿美元的创新计划是必需的。

通过用可重复使用运载器替代目前的一次性使用运载器,美国政府每年可节省15亿美元,但是在可预见的将来,不太可能继续沿用政府为全部研制工作支付资金的模式。

5.6 每次飞行成本的计算和验证(阿里安5-ECA)

5.6.1 阿里安5-ECA的研制成本或飞行成本计算

下面介绍计算每次飞行成本的一个示例。因为学习因子是主要的影响因素,运用TRANSCOST进行每次飞行成本的计算需要精确定义生产率和生产数量。下述使用TRANSCOST模型的示意图和成本估算关系式(用所示假设),对2011年阿里安5发射编号60进行成本分析。

所示的运载器系统生产成本为567.8 WYr = 1.53亿欧元(2011年)。

在一定程度上TRANSCOST模型的单个成本项与其他成本汇总有所不同,这是因为涵盖的范围不同,并且受各个具体公司条件和WYr成本(与欧洲平均水平)的影响。但是,13个成本要素会导致正负误差的平衡,因此,总的每次飞行成本值相对准确,见表5-8。

表5-8 阿里安5-ECA的使用成本(CpF)评估

运载器单元成本:	生产率	单元编号	成本/WYr
2发固体助推器	12	119 120	151.9
EPC-级 H-173(含适配器和整流罩)	5	60	123.8
火神2发动机	5	70	46.9
ESC. A-级和VEB	5	50/60	158.4
HM-7B发动机	5	100	23.7
集成和测试	5	60	63.1
运载器总生产成本		567.8WYr,占82%	
地面和发射操作成本:			
	生产率	单元编号	成本/WYr
发射前地面操作起飞质量=780 t		60	81.5
任务和飞行操作		60	3.8
推进剂费用			1.0
地面运输、贮存(名义)			2.0
损坏保险费(名义)			1.0
总操作成本		89.3WYr,占13%	

续表

商业化成本:			
	生产率	单元编号	成本/WYr
发射服务商组织每次发射成本分摊			38.0
利润			0
商业化总成本	38.0		
每次飞行总成本(使用成本)	695 WYr＝187亿欧元(2011年)		

5.6.2 阿里安航天公司年度营业额的验证

在这种情况下,可以通过与阿里安航天公司的整体业务结果进行交叉核对,来验证TRANSCOST模型得到的结果。由前文可知,已发布的年报披露了以下总营业额:

2009年,10.29亿欧元。

2010年,8.97亿欧元。

2011年,10.12亿欧元。

年报还提到2009年亏损7 100万欧元,2010年亏损8 300万欧元(2011年可实现微利)。这个数额以及欧空局的影响都必须加来。每年营业额的另一个影响因素是欧元/美元汇率的可变性:阿里安航天公司的支出以欧元为单位,但销售额主要以美元为单位。

为了进行完整的成本评估,还必须考虑来自欧空局的EGAS拨款。表5-9示出了全成本研究结果。

表5-9 从阿里安航天公司业务得出的阿里安5-ECS的使用成本(每发成本)

年 份	2009	2010	2011
收益/百万欧元	1 029	897	1 012
损失/百万欧元	71	83	—
欧空局支出/百万欧元	120	60	60
-ES运载器/百万欧元	−336(2)	—	169(1)
-联盟运载器/百万欧元	—	—	130(2)
阿里安5-ECA-运载器总成本(发数)	884(5)	1 040(6)	773(4)
每发成本/百万欧元	176.8	173.3	193
WYr在欧洲航空航天工业的成本/百万欧元	0.253	0.261	0.269
使用成本/WYr	699	664	718.6

重要的是,成本分析的结果证实了每年发射率对实际成本的影响(2009年为6 LpA,2011年仅为4 LpA,每次发射的成本增加了0.3%)。

2009—2011年间,阿里安5-ECA的发射总数为15,这比单个年份的基准更好,其每次发射的实际平均成本约为691 WYr,这与TRANSCOST模型得出的695 WYr(2012年)的结果非常吻合。

第6章 单位质量运输成本、生命周期成本和月球任务成本

6.1 单位质量航天运输成本(SpTC)

6.1.1 近地轨道的单位质量航天运输成本

单位质量航天运输成本是衡量运载器成本效益的尺度。单位质量航天运输成本强烈依赖于运载器的规模,或以其有效载荷能力度量的性能。运载器规模越大,单位质量航天运输成本越低。这是规模法则,适用于从卡车到船舶和飞机的所有类型的运输系统。主要有以下两种原因:

(1)有效载荷比随运载器的质量增大而增加(见图5-4)。
(2)运载器使用成本与其规模(即发射质量、起飞质量)不是正比关系。

图6-1显示了许多一次性运载器LEO载荷的单位运输成本(WYr/t)。单位成本与中间趋势线相差+100%/-50%,这至少有3个原因。

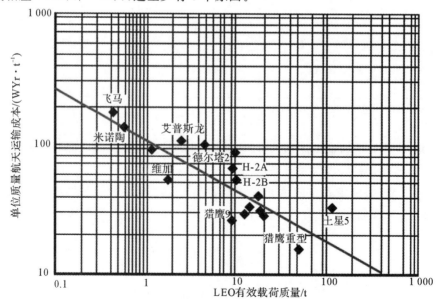

图6-1 一次性运载器的近地轨道单位质量航天运输成本

(1) 发射率不同。每年的发射次数(1~12次)会影响每次飞行成本(请参阅5.2.3节)。
(2) 运载器的复杂性(助推器、级和发动机的数量)和采用的技术(例如高科技火箭发动机)。
(3) 地面作业方式,自动化和效率。

图6-1还显示了SpaceX猎鹰运载器的单位质量航天运输成本值,猎鹰-9发射成本低于那些来自传统企业的发射成本,这是因为SpaceX是一个处于启动阶段的纯商业公司,开销较低。运载器设计也简单且具有成本效益。LEO的单位质量运输成本的历史发展如图6-2所示。

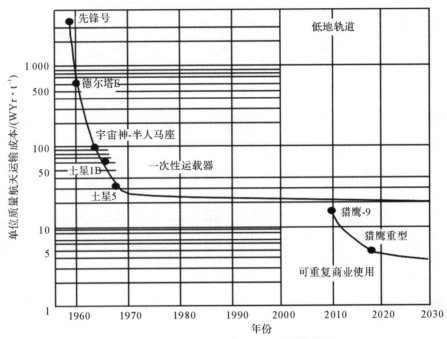

图6-2 1958—2018年SpTC的历史发展

在先锋号发射后的10年内,单位质量航天运输成本迅速下降,这是由于有效载荷能力从30 kg迅速增加到130 000 kg,这要归功于液氢技术的引入。在随后不少于40年的时间里,没有任何实际成本降低。不同运载器的单位质量航天运输成本(主要用于政府任务)保持在20~100 WYr/t之间。在2010年,商业初创公司SpaceX及其猎鹰-9运载器的第一级可重用性才开始了降低成本的新步伐。

根据定义,单位质量航天运输成本与运载器最大的近地轨道(即250 km高空)有效载荷能力相关,其通常包括有效载荷质量。实际上运载器的有效载荷能力很少被充分利用,通常只到90%~80%(阿里安5,2009年为68%),因此,实际的单位质量航天运输成本会高于最大有效载荷能力相关的理论成本约25%~65%(不包括潜在的保险费用)。

虽然WYr值随时间变化保持常数,但以美元或欧元计的单位质量航天运输成本,每年根据通货膨胀和/或小时成本增加而变化。此外,发射服务报价取决于原有国家的WYr成本,受货币汇率波动的影响。

图6-3示出了许多现役和历史上一次性运载器的单位质量航天运输成本趋势,以及一些重复使用运载器项目和成本研究的结果。这些项目由不同的公司和机构研究,使用不同的成本估算方法,尽管可重复使用运载器方案差别很大(有翼和弹道式,单级到三级),然而,都表现

出明确的降低潜在成本的可能性,这种趋势与有效载荷能力的关系比一次性运载器更明显,因为使用成本(支配可重复使用运载器的每次飞行成本,见图 6-1)对运载器规模或性能的敏感性要小得多(相比一次性运载器的每次飞行成本,主要由运载器采购成本主导)。

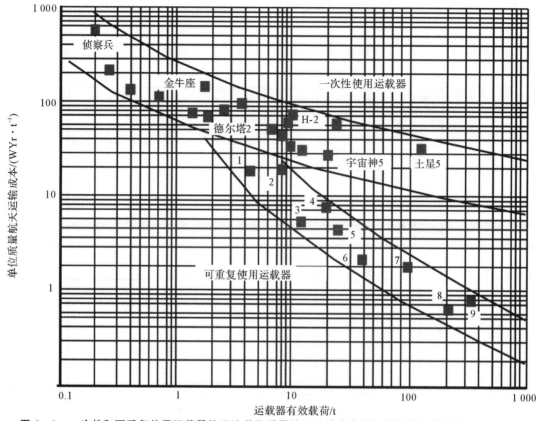

图 6-3 一次性和可重复使用运载器的理论单位质量航天运输成本与近地轨道有效载荷能力的关系

注:重复使用运载器项目:1. Kistler 的 K-1;2. 桑格尔 TSTO;3. MBB 贝塔Ⅱ;4. 洛克希德·马丁公司的"冒险星";5. MBB 贝塔Ⅲ;6. 克莱斯勒的 SERV,7. BETA Ⅳ;8. 波音单级入轨 76;9. 海王星。不含开发成本分摊。

图 6-3 还显示,对于有效载荷小于 4 t 的小型运载器,可重复使用能力可能还不能补偿。对于有效载荷为 10 t 的运载器,单位质量航天运输成本预期可以减少到一次性运载器成本的 20%~30%,而对于有效载荷 100 t 的可重复使用运载器,很有可能,成本甚至可以降低到相当规模一次性运载器的约 10%。

可见,若没有可重复使用的重型货运运载器,似乎任何长远的月球或火星探测计划都很难实现。

6.1.2 国际空间站(ISS)任务

6.1.2.1 概述

随着国际空间站在 407 km、151.6°轨道上的建成和运营,乘员交流和货物供应成为航天运输任务中的重要一环。

国际空间站航天运输的初始手段如下:

(1) 有效载荷为 18 300 kg 的美国航天飞机；
(2) 有效载荷能力为 2 500 kg 的俄罗斯联盟号/进步号飞船。

上述两者都有乘员运送能力，分别是 7 名和 3 名宇航员。对于到国际空间站的无人驾驶任务，欧洲和日本已开发了两型新的专用飞行器。

(1) 欧空局有效载荷达 7 700 kg 的 ATV；
(2) 日本宇宙开发事业团有效载荷为 6 000 kg 的 HTV（H-2 转移飞行器）。

NASA 已经选择了另一种方案，即给美国工业界发出两个竞争性合同，以使未来国际空间站的货物供应服务商业化，具体见第 7 章。

6.1.2.2　货物运输成本

在每年 4 次发射任务的情况下，假设总任务成本由货运和乘员活动（运输）均摊，航天飞机的单位质量运输成本约为 82 WYr/t，相当于 25 000 美元/kg（2010 年）。欧空局 2001 年对 NASA 报价：加压舱货物为 22 000 美元/kg，非加压仓货物为 25 500 美元/kg。

联盟号/进步号系统单位质量航天运输成本为 80 WYr/t，非常接近航天飞机的单位质量航天运输成本。在这种情况下，低载荷能力被俄罗斯航空航天工业相对较低的 WYr 成本抵消。对于昂贵的航天飞机，由于其载荷能力大，单位成本相对较低。

利用 ATV 或者 HTV 到国际空间站的专用货物运输新模式，提供了便捷但昂贵的服务。阿里安 5 发射 ATV 的费用约为 600 WYr，加上 ATV 700 WYr 的单元成本，使单位质量航天运输成本为 170 WYr/t，相当于 45 000 欧元/kg（2010 年）。由 H-2B 发射的日本 HTV，载荷能力稍低，在提供相同服务情况下，大约为 200 WYr/t。

NASA 已经选定了为国际空间站补给任务的商业途径。它给 SpaceX 公司发出一个"商业补给服务合同"，其中包括 2010—2015 年之间到国际空间站的 12 次货运飞行。SpaceX 公司已研制了猎鹰-9 运载器和"龙"飞船，能够将 3 600 kg 的货物运送到国际空间站。

NASA 授予了轨道科学公司一项平行的商业轨道运输服务合同。该合同是基于采用金牛座 2 运载器和天鹅座货运运载器的运输服务，后者基于意大利泰雷兹-阿莱尼亚航天公司将为空间实验室建造的硬件。NASA 授予的合同包括 8 次加压货运任务（单次 2 000 kg）。

虽然这些商业方法及其成本效益仍有待证明，但可以预计，单位质量运输成本将在 80~100 WYr/t 的范围内。这将是现行 ATV/HTV 成本的一半左右，但不会低于联盟号/进步号或航天飞机的单位质量运输成本。

6.1.2.3　乘员运输成本

假设按乘员 7 人，50% 的总任务成本算，航天飞机的单位质量航天运输成本约为 200 WYr/人，相当于每名宇航员 6 000 万美元左右（2010 年）。与宇宙神-水星或土星 5 阿波罗乘员约 600 WYr/人的运输成本相比，这是一个显著改善。

联盟号/进步号系统的单位质量航天运输成本要低得多，约为 70 WYr/人（三名乘员）。米尔公司提供商业机会，最初为 2 500 万美元，后来为 3 500 万美元，并造就了第一个私人"太空游客"。在航天飞机退役后，NASA 为每座支付 4 700 万美元（《航空周刊》，2009 年 1 月 5 日）。第一个私人太空游客是 2001 年乘坐联盟-TM32131 的丹尼斯·蒂托（美国），到 2009 年，有另外 6 名私人旅客实现太空旅行。

6.1.3 静地轨道(GEO)任务

与低轨任务不同,由于静地轨道任务有效载荷运载能力从1963年的36 kg(SYNCOM Ⅱ)大幅增长到2009年的4 100 kg(Terresat-Ⅰ),其单位质量运输成本大幅降低,如图6-4所示。德尔塔系列火箭的静地转移轨道载荷能力很好地体现了这种增长,如图6-5所示。宇宙神和阿里安系列火箭也有类似的性能增长。

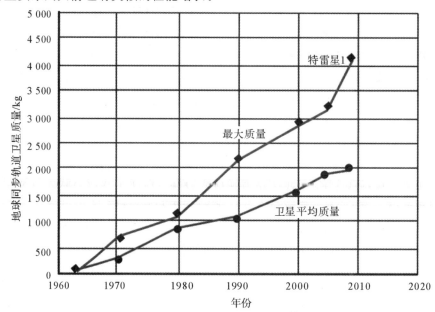

图6-4 GEO(BoM)的GTO/GEO历史性有效载荷增长

运输效率提高的第二个原因是静地转移轨道入轨级和入轨推进技术的进步。最初使用的固体推进剂发动机已由高能量增强级,以及卫星自身集成的双组元推进系统代替。

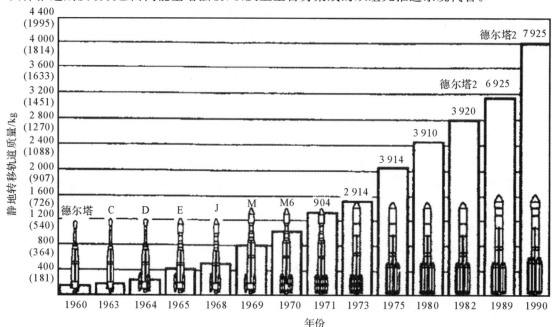

图6-5 德尔塔运载器GTO/GTO有效载荷增长历史

考虑到所需的远地点机动(包括轨道平面到零度倾角的变轨),静地轨道任务有效载荷和相应的单位质量航天运输成本受到发射场纬度的影响。因此,大都使用进入静地轨道的有效载荷(入轨后的质量),而不用静地转移轨道的有效载荷来计算。

静地转移轨道的理论单位质量航天运输成本如图 6-6 所示,可见其对一次性运载器载荷能力特别敏感,成本值与运载器最大能力相关,这并不包括远地点的推进系统成本(或在统一的卫星推进系统情况下的成本份额)。为了与运载器静地轨道直接入轨模式做公平比较,应加上卫星推进系统成本的相关份额,这样,对于商业发射服务,单位成本将增加 5%～7%(见图 6-7)。

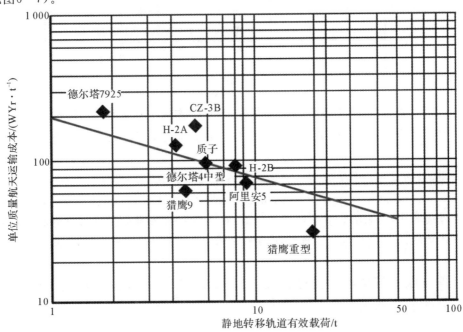

图 6-6　GTO 的单位质量运输成本(200/36 000 km)与运载器的有效载荷能力
[基于计算的每次飞行成本(使用成本)而非市场价格]

利用卫星内置推进系统从静地转移轨道远地点点火入轨,与利用一次性运载器可多次点火的上面级直接进入静地轨道相比,似乎存在较大的成本差异。这种直接入轨的方法以前用于大力神 4B 火箭(比其他运载器贵 2 倍以上),目前仍在俄罗斯质子号火箭上使用。在这种情况下,由于从拜科努尔 45.60°的纬度上发射,就必须具有在远地点平面变轨机动的能力。

由于大多数 GEO 卫星自身都配备了远地点推进系统用于 1 500～1 800 m/s 远地点嵌入机动,因此质子号现在使用的微风上面级可实现更高的 GTO 轨道,例如 4 120/35 786 km 或 2 175/35 786 km,以实现最佳的有效载荷利用效果。

如图 6-6 所示,假定具有相同的经济标准(例如,所有运载器都在美国制造和发射),单位质量航天运输成本代表了运载器运营成本效率,但是发射场不同会导致 GTO 轨道倾角不同,因此对远地点的冲量要求也不同。

如果比较远地点嵌入 GEO 轨道后的最终质量,即开始执行在轨任务时的卫星有效载荷质量,则曲线将发生变化。图 6-7 示出了自 2012 年起以美元计价的发射服务价格,由于俄罗斯和中国的 WYr 费用较低(尽管其技术复杂性较高且发射场位置不利),但这些国家仍能够以低价提供运载器。

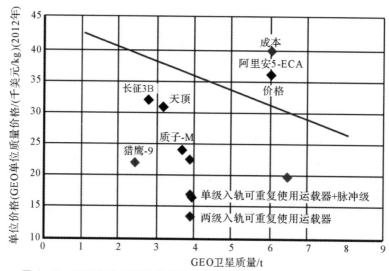

图 6-7 2012 年发射服务价格与 GEO 卫星质量（嵌入轨道后）的关系

由于实际的静地轨道单位航天运输价格与卫星生命周期开始时的质量有关，考虑运载器有效载荷平均利用率 80%～85%，则必须增加 15%～20%。在商业任务的情况下，也必须加上保险费用（包括发射和卫星成本），实际成本另外增加了 10%～25%。一些一次性运载器的双载荷发射能力（如阿里安 5）使其在通用成本上减少了 25%～35%，这是因为，虽然与单个较小的有效载荷相比，更大的有效载荷成本较低，然而双有效载荷发射意味着更低的发射率，使理论成本优势降低 10%～15%。此外，由于存在两个有待于协调的卫星，工期延误的风险较大。

6.1.4 单位成本与全年运输总质量（市场规模）以及优化的重复使用运载器有效载荷能力的关系

年运输总需求量的增加（或市场规模）需要更高的发射率以及更大规模的运载器，即较大的单个有效载荷平均规模，激励着对运载器进行改进和研制更具成本效益（可重复使用）运载系统。这些因素都对平均单位质量运输成本有影响。

1999 年的航天发射活动，涉及 24 种不同类型运载器，83 次发射（包括失败）。这些运载器发射的有效载荷，代表了 700 t 的理论近地轨道载荷能力。其中：

(1) 295 t 由俄罗斯运载器发射；

(2) 235 t 由美国运载器发射；

(3) 80 t 由欧洲运载器发射；

(4) 55 t 由乌克兰运载器（天顶号）发射；

(5) 35 t 由日本、中国和印度的运载器发射。

但是，假设有效使用的能力利用率为大约 82%，即只有约 575 t，或平均每次发射 6.9 t。这个值是等价近地轨道的有效载荷，即包括真正的有效载荷，加上超越近地轨道任务所需的上面级。1999 年的 83 次发射，成本为 39 400 WYr，单次发射成本平均值为 475 WYr，单位质量运输成本为 68.5 WYr/t（20 000 美元/kg，2010 年），理论单位成本（即假设 100% 的利用率）为 56.3 WYr/t，这与运载器的能力相关。

以上分析结果与图6-8吻合良好,该图显示的是理论单位成本,而68.5 WYr/t是考虑实际运载器使用率的成本。花旗公司研究过单位成本和市场规模的相互依赖关系(见参考文献[56]),推导出的未来潜在的市场容量为8 503 000 t,每年为6 000 t。这个结果结合了以前太空电站研究(SPS)、海王星案例研究(见图6-7)的数据。

一次性和可重复使用运载器均表现出单位成本减少的趋势。成本数据源自不同运载器,并取决于运载器类型、规模(有效载荷能力)以及发射率。

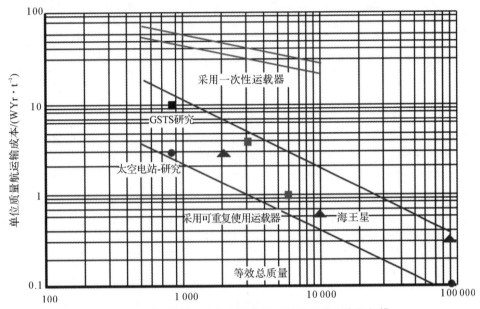

图6-8 近地轨道理论单位质量航天运输成本和市场规模
(近地轨道的等效质量,无研制成本分摊)之间的关系

虽然较大运载器可以降低单位质量航天运输成本(参见图6-2),但这也意味着发射率降低而单位成本增加,对于每个给定年度运输需求,存在一个最小单位质量航天运输成本的理想情况。所以,必然存在运载器规模与发射率的最佳组合。

图6-9显示了4种不同的近地轨道运输需求下,运载器载荷能力的变化。其中重复使用运载器是弹道式单级入轨运载器,不含研制成本分摊。

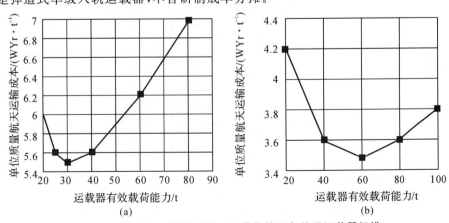

图6-9 给定年运输需求情况下最佳的重复使用运载器规模

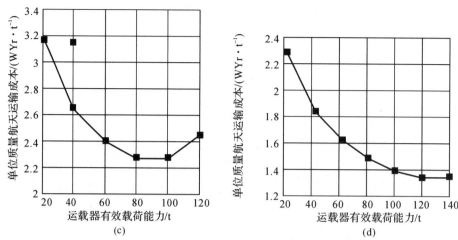

续图 6-9 给定年运输需求情况下最佳的重复使用运载器规模

正如预期,运载器最佳有效载荷能力随每年运输量增长而增大,最佳年发射率也从 7 次增加至约 14 次。计算出的 4 个案例最低的单位成本,确认了统计得出的可重复使用运载器成本与有效载荷趋势(见图 6-8)。成本值在指定范围内偏低,因为它们代表最佳的情况,而图 6-8 代表了具有不同有效载荷能力的可重复使用运载器系列的单位质量航天运输成本值。

已将分析结果(见参考文献[110])编制成设计图,用以说明运载器近地轨道载荷能力和发射率对单位质量航天运输成本的影响(见图 6-10)。

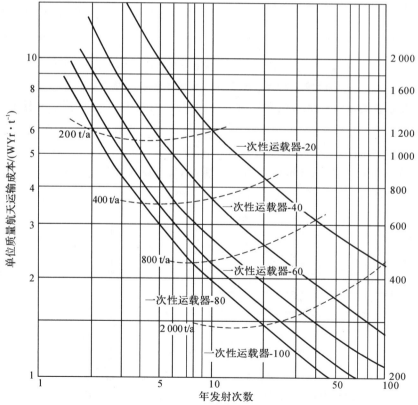

图 6-10 最优弹道式可重复使用运载器规模的设计图[以近地轨道年度运输需求的发射率为参数(1998 年/1999 年)(20~100t 的运载器有效载荷能力)]

6.1.5 人员运输成本/太空旅游

6.1.5.1 约 100 km 高度短途飞行

在伯特·鲁坦的比例复合材料公司(Scaled Composites)生产车间(2004 年 X 奖得主)制造的两级有翼运载器成功演示的基础上,理查德·布兰森的维珍银河公司从 2011 年开始提供商业飞行,每人 20 万美元。首次飞行将在加利福尼亚州的莫哈韦发射场进行,之后从美国新墨西哥州 Truth 市附近新建的发射场发射,首次飞行前已预订出 30 万座次。

旅游飞行由白骑士 2/太空船 2 航空航天飞机组合执行,该组合包含一个双机身飞机白骑士 2(见图 6-11),白骑士 2 将太空船 2(见图 6-12)运载器助推到 16 km 的高空,释放后,混合推进剂火箭发动机将运载器送到 100 km 的最高点,速度为 $Ma=3$。飞行器携带 6 名乘客和两名机组人员。火箭运载器总质量为 14 t,而白骑士 2 起飞质量为 30 t。

图 6-11　白骑士 2,太空船 2 承运飞机

图 6-12　将有 6 名乘客上升到 100 km 的太空船 2

6.1.5.2 人员轨道任务

与货物(卫星)到近地轨道不同,人类航天运输成本在过去几十年已有大幅度降低。开始阶段以宇宙神-助推器在 1969 年发射的水星为例,其初始成本为 680 WYr。如果假设任务总费用的 50% 为乘员运输,另外 50% 为货物运输,则采用航天飞机时(7 名机组人员),每名宇航员的成本已下降到 150~180 WYr。

商业轨道太空旅游开始于俄罗斯,最初以 2 100 万美元提供联盟号的一个座位,2009 年增加到了 3 000 万美元。到 2013—2014 年间,NASA 不得不支付每座位 5 600 万美元(170 WYr)。然而,对于较大规模的公众进出空间(太空旅游),必须大幅降低成本。许多国家对公众太空旅游兴趣相关市场进行了一些分析(见参考文献[105])。结果表明,70 万美元(1994 年)的价格只会吸引约 100 人(见图 6 - 13)。为了使商业太空旅游有利可图,票价必须在 50 000 美元以下,每年至少吸引 10 000~20 000 人,考虑"我想进入太空"的说法与实际支付机票能力间的差距,建立了一个更现实的关系或市场模型,用于经济性研究,如图 6 - 13 所示。

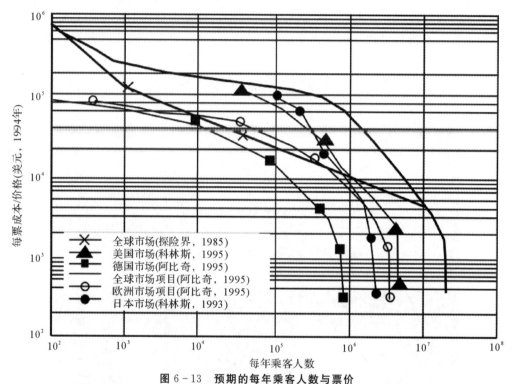

图 6 - 13 预期的每年乘客人数与票价

50 000 美元的价格门槛对于航天运输系统是一个巨大挑战,这意味着对于 50 名旅客的运载器,每次飞行成本不得高于 165 万美元,或每次飞行成本小于 8 WYr,此外,还要考虑到传统模式费用(研制成本分摊和发射服务提供商的利润)。正如在 7.7 节案例所示的那样,如果使用搭乘至少 100 名乘客的大型运载器,情况会好一些。

一个典型的太空旅游任务可能会持续 12 h,在 250~400 km 高空,以 65°倾角的轨道围绕地球 7.5 圈,提供地面很大一部分的大视角,以及个人的零重力体验。这两者都是太空旅游的主要目标。

太空旅游的主要障碍是没有合适的运载器。因此,必须研制对投资者的投资能长期回报的,具有高可靠性的可重复使用运载器。商业企业所需的总投资在 2 亿~4 亿美元的范围,大约需要 8 年可以开始飞行使用。此外,还必须考虑到在实施阶段的几年间,旅游业可能会逐渐成熟,每年上百次或更多次的飞行。关于太空旅游业务如何发展的第一个业务评估,已由鲍勃·雪铁龙在 1997 年(见参考文献[109])完成。

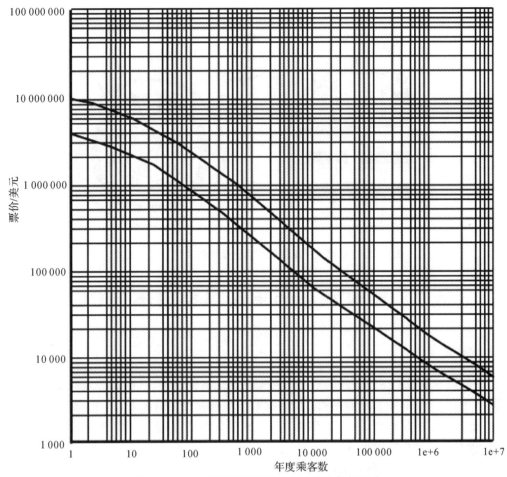

图 6-14 太空旅游市场模型：年度乘客数与票价

运载器的规模，即其客运能力，对太空旅游业务的经济效益有重要影响。不确定性是使用成本（公司的利润、研制成本分摊、投资回报率等）和单位质量航天运输成本的实际水平，在这种情况下，最终采用每座成本的估算。然而，相对结果是有代表性的：运载器越小，每座位成本就越高，造成相应的市场规模也越小。大型运载器使初始投资增加，但提供了更好的商业机会。作为一个重要的辅助作用，大规模飞行的空间旅游的实施，也将降低卫星发射和进入轨道的运输成本，从而开辟航天应用的新市场。

图 6-15 显示了弹道式可重复使用运载器客舱方案。设想 100 名乘客，分为 3 层，再加上一名飞行员和一名导游。每位乘客都有一个方便观看的窗口，并在客舱中心设有一个圆柱形空间，提供零重力漂浮的机会，这都是太空游客最重要的需求。乘客座椅可以安装在平坦的位置以利于发射和再入/着陆。

只有弹道式可重复使用运载器采用尾部再入模式，使发射和再入具有相同的加速度矢量，这是为接纳旅客而设计的一个重要方面。载入舱直径 6.5 m，可以在一个圆形的布局上安排 34 个平座（见参考文献[107]）。如图 6-15 所示的加压乘客/机组舱的总质量估计为 11.6 t，加上乘客及其行李约 8.4 t（见参考文献[107]）。在这种情况下（相同的运载器，可用于传统的货运发射）的近地轨道等效有效载荷将在 17 t 左右，另外还要再加上 3 t 的整流罩质量。

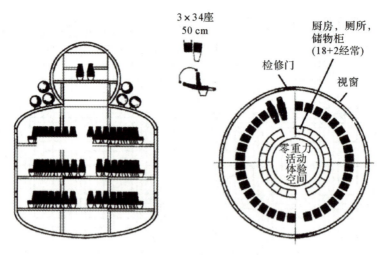

图 6-15 弹道式可重复使用运载器客舱设计(100 旅游者)

6.2 运载系统的生命周期成本(LCC)

6.2.1 定义

生命周期成本需要将规划性因素增加到运载器成本分析中,意味着必须假定一个计划期限(即 10 年、20 年、30 年)、发射率或总发射次数。只有在特定情况下,才可以建立起某一运输的需求,例如太空电站(SPS)。与军用导弹或飞机计划不同,航天运输系统通常是一个开放式的业务,没有初始计划期限要求。

生命周期成本包括飞行系统的主要阶段:

(1)详细设计与研制阶段(阶段 C/D);

(2)在 z 年内生产的 n 架运载器;

(3)z 年内的飞行营运;

(4)运载器处置。

运载器处置是只适用于军事项目。民用运载器情况不同,具体为:

一般一次性运载器要全部使用,数量有限的可重复使用运载器会很容易地找到退役场所——某个航空航天博物馆。

生命周期成本不包括最初的概念研究(阶段 A/B)、前期的技术开发和最终技术演示器/飞行试验运载器。

6.2.2 每次飞行成本与计划期限

生命周期分析对降低每次飞行成本是有益的,例如整个计划期间,由于运载器生产、发射前操作和飞行操作的学习效果,每次飞行成本随时间(即发射数量)的增加而降低。因此,重要的是确定给定的每次飞行成本要求是启动成本,还是一个特定计划的平均成本,或者是一个成熟计划的实际成本。

例如,阿里安 44L 开始使用时(1988 年)的每次飞行成本(无研制成本分摊)为 877 WYr,

在生产和发射大约 100 发运载器的 12 年后,只有 580 WYr,意味着降低了 34% 的成本,具体如下:

(1)单元生产成本 658 WYr,降低了 36%,等效每次飞行成本降低 27%;

(2)直接使用成本 132 WYr,降低了 34%,等效每次飞行成本降低 5%(发射准备时间从 29 天减少至 18 天);

(3)间接使用成本 61 WYr,降低了 25%,等效每次飞行成本降低 2%(发射率从 7 次增加至 11 次,但同时考虑增加的阿里安航天公司工作人员)。

1989—1998 年,欧洲 WYr 成本约增加 37%,而在此期间,阿里安 4 系列单次发射价格几乎能够保持恒定,这就是成本降低的效果。

在对 LEO 载荷为 350 t 的海王星可重复使用运载器方案(见参考文献[15])生命周期成本评估过程中,每次飞行成本降低更明显。如预期的那样,在第 30 次飞行和第 150 次飞行之间,每次飞行成本计算值减少约 66%(不包括研制成本分摊)。如果需要考虑研制成本,那么每次飞行成本最初要高得多(30 次飞行下乘以 3),但约在 150 次飞行后减少约 65%,如图 6-16 所示。

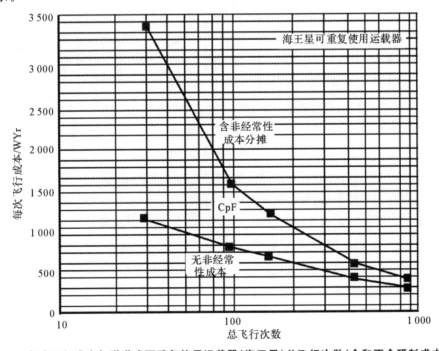

图 6-16 每次飞行成本与弹道式可重复使用运载器(海王星)总飞行次数(含和不含研制成本分摊)

6.2.3 作为比较标准的生命周期成本

研制成本是比较运载系统的一个重要标准,但并不能给出系统经济上的全貌。原则上,生命周期计算是更好的解决方案。然而,在航天运载器业务上,必须假定生命周期的持续时间,即发射总数,这种假设对结果有本质的影响。图 6-17 给出的 3 个代表性案例的比较也说明了这一点(近地轨道有效载荷为 20 t 的运载系统):

案例(1)：现有一次性运载器,初始(理论第一组)每次飞行成本为 1.29 亿美元(600 WYr)。

案例(2)：以 2 亿美元的研制成本改进一次性运载器,最初的每次飞行成本(减少 25%)为 9 000 万美元。

案例(3)：新型可重复使用运载器研制成本为 50 亿美元,运载器成本为 2.50 亿美元。

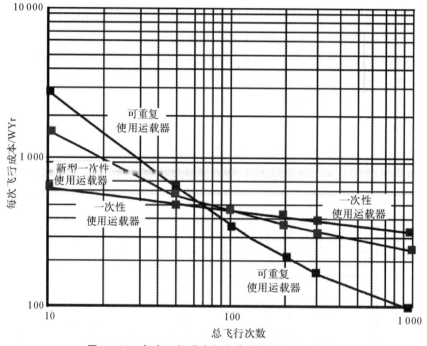

图 6-17　每次飞行成本与生命周期(总飞行次数)

对于运载器的生产和使用成本,在这 3 种情况下均已考虑了 0.90 的学习因子。得出的每次飞行成本与发射次数的关系,有一些令人关注的结果：

如果未来计划发射不超过 80 次,使用现有的一次性运载器是最好的解决方案。然而,尽管研制成本投资很高,在大约 68 次发射时,新型可重复使用运载器(这里的假设)得出了较低的每次飞行成本。令人惊讶的是,改进的一次性运载器在任何飞行次数下都看不出任何优势,只是在超过 90 次发射时,其成本效益才与现有的一次性运载器相当,直到第 60 次飞行才比新型可重复使用运载器更具成本效益。

6.2.4　贴现生命周期成本分析

贴现生命周期反映了投资与净现值(NPV)的关系,对于商业/工业研制活动的规划和评价非常重要。

图 6-18 比较了典型的可重复使用运载器计划阶段生命周期成本的意义：技术及系统开发成本,在案例 1 中约占 30%,在工业股权融资[案例(5)]情况下,不变币值(贴现率零)可增加到几乎 80% 的净现值。

第 6 章 单位质量运输成本、生命周期成本和月球任务成本

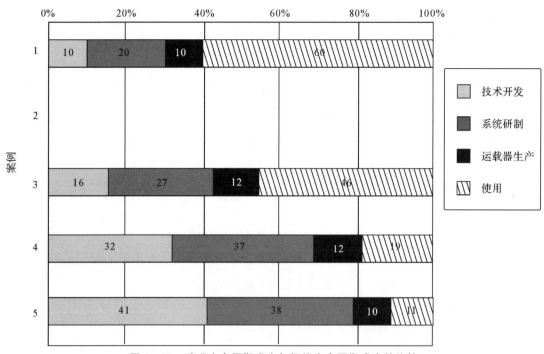

图 6-18 贴现生命周期成本与恒值生命周期成本的比较

图 6-18 的名义折现率(见参考文献[135])如下：

案例(3)：美国政府 7%；

案例(4)：商业贷款 15%；

案例(5)：股权融资 25%；

假设每年的通货膨胀率为 3%，且这里显示仅支出。但对于完整的净现值定义，运营期间的(贴现)收入也必须考虑在内。

投资回报率是用于比较预期效益与投资成本的指标。投资回报率代表公司现值与投资的比率(百分比)，二者都按资本成本计算。

如果给定运载器研制和试验进度，也就意味着对于现金流收入来得晚的情况，投资回报率必须非常高才能使这一业务领域的商业投资公平。

6.3 地球-月球货物运输成本

6.3.1 月球飞行模式选择

对于月球运输，可以采用不同的飞行剖面和运载器系统。图 6-19 显示了几种方案，如采用一次性和可重复使用系统直接转移，或者通过在近地轨道操作(太空操作中心 SOC)将推进剂和有效载荷转移到月球转移飞行器，或者选择单一运载器，从地球发射后在太空操作中心加油，然后继续飞行后，在月球上降落。由于月球转移轨道、入轨、下降和着陆、上升和返回地球的速度增量需求大概与从地球升到近地轨道的相同，因此原则上这是可行的。

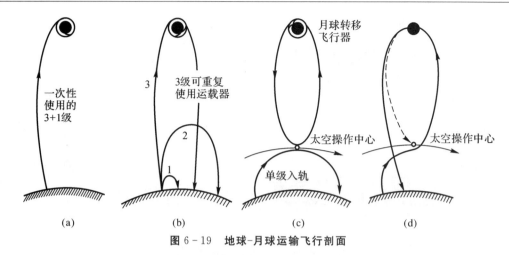

图 6-19 地球-月球运输飞行剖面

对于月球转移飞行器和月球着陆飞行器,典型任务的速度增量要求如下:

(1)从近地轨道进入月球转移轨道:3 100 m/s;

(2)月球轨道入轨:1 050 m/s;

(3)从近月轨道下降和着陆:2 100 m/s;

(4)从月球表面上升到近月轨道:1 900 m/s;

(5)从近月轨道进入地球转移轨道:1 100 m/s;

(6)与太空操作中心交会对接的制动与调姿(用于空气制动的运载器):900 m/s;

(7)无空气制动时至太空操作中心轨道的制动:3 200 m/s;

(8)制动和调整直接返回地球:300 m/s。

不同的运载系统和操作要求,以及货物运输到月球表面预计的单位质量运输成本评估,将在 6.3.2 节讨论。

6.3.2 月球转移飞行器(LTVs)和月球着陆器飞行器(LLVs)

对于进入月球轨道(近月轨道)和地月转移轨道,如果采用地球轨道出发模式,就需要专门的月球转移飞行器(也称为轨道转移飞行器或"太空拖船")。对于更大的有效载荷,液氧/液氢是首选推进剂。图 6-20 示出了带空气制动结构的典型低温轨道转移飞行器方案。

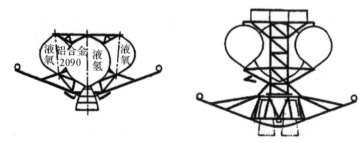

图 6-20 带空气制动装置的轨道转移飞行器(见参考文献[112])

图 6-21 示出了带有效载荷的月球转移飞行器模块与月球着陆飞行器连接在一起。月球转移飞行器配备有用于地球回程空气制动的隔热板。该装置降低了进入地球轨道上太空操作

中心(2 300 m/s)反推机动所需的推进剂质量,但增加了飞行器的干质量,需要几个大气制动轨道(±30%的大气密度变化),从而延长了任务时间和增大操作工作量。除了隔热板质量外,每次飞行后仍然需要整修或更换隔热板、降落伞系统。从工程造价的角度来看,似乎这并不是符合成本效益的方法。

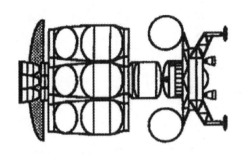

图 6-21 模块化的月球转移飞行器-有效载荷-月球着陆器的组合体

基于一些参考设计点,并与类似系统(如低温运载器级)类比,给出了月球转移飞行器/轨道转移飞行器干质量比模型(见图 6-22)。与月球转移飞行器比,具有相同推进剂质量的运载器子级的干质量更低。这是由于这类运载器只在太空使用,空气阻力小,推力需求也小。

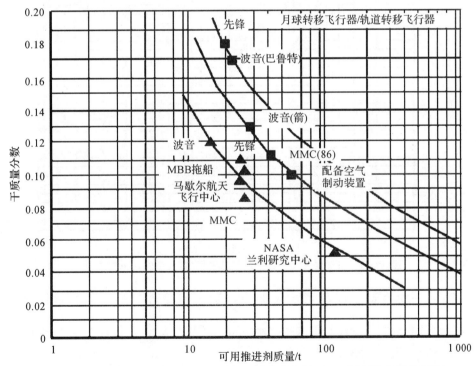

图 6-22 可重复使用的轨道转移飞行器干质量分数模型(干质量/推进剂的质量)

从近月轨道转移到月球表面(对于可重复使用系统还要返回近月轨道)需要的第二个专用飞行器是月球着陆飞行器(或月球梭)。图 6-23 示出了一种典型的月球着陆飞行器设计方案。目前只有极少数的参考项目进行过详细设计。尽管如此,为了进行成本预估还是构思了临时干质量模型(见图 6-24)。图 6-24 给出了液氧/液氢运载器或可重复使用月球着陆飞行器曲线。

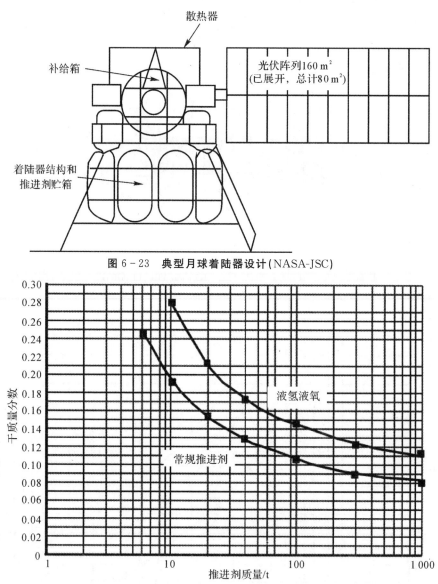

图 6-23 典型月球着陆器设计(NASA-JSC)

图 6-24 月球着陆飞行器干质量分数模型(包括发动机的质量)

6.3.3 采用一次性运载器和可重复使用运载器直接到月球表面的货运飞行

月球探测计划的第一阶段是把自主实验室运送到月球表面,后续补充设备(电源供应),最后是人类重返月球定居,建立月球前哨。

案例1:一次性运载器系统

历史性的土星 5 运载火箭已不复存在,但仍然是一个很好的案例。作为一型三级运载器,其近地轨道载荷为 127 t,能够将 30t 的货物送入近月轨道。通过采用新型月球转移飞行器和一个专用的着陆飞行器,送达月球表面的有效载荷达到约 12 t(到达月球时,月球着陆飞行器有 15 t 推进剂,净质量为 3 t)。

考虑月球转移飞行器和月球着陆飞行器的额外费用,以及相关任务操作成本,得出单位质量运输成本约为 390 WYr/t(11 170 万美元/kg,2010 年)(土星 5 登月货运任务,每次飞行总成本为 5 650 WYr,每年发射 3 次)。

┌─ 案例 2:可重复使用发射系统的单位质量运输成本 ─┐

直接运输货物至月球的第二个选项是采用一新型可重复使用运载器,任务剖面与以上所述的相同。图 6-25 是柏林技术大学(见参考文献[15])构思的一个方案,采用海王星运载器。这是一种重型航天运载器,发射质量为 6 000 t,为实现海上着陆/回收采用了模块化造船技术设计。第三级能够将 100 t 的有效载荷送入月球轨道,并留下足够的推进剂返回地球(见图 6-1模式 2)。这款运载器具有成本低、工艺简单的特点,主要数据见表 6-1。

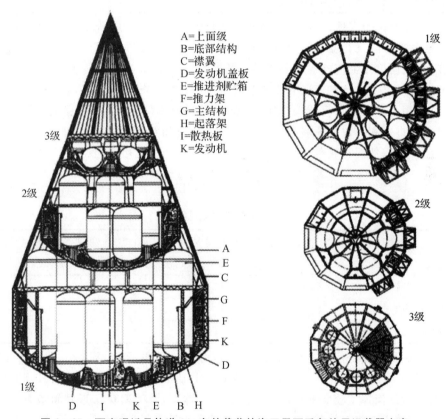

图 6-25　可实现近月轨道 86t 有效载荷的海王星可重复使用运载器方案

抵达近月轨道总质量为 165 t,细分如下:

近月轨道上推进剂沸腾损失预计:3 t。

有效载荷整流罩:8 t。

月球转移轨道返回地球推进剂:25 t。

第三级(月球转移飞行器)净质量:43 t。

表 6-1 海王星重复使用运载器的主要数据(见参考文献[15])

	第一级	第二级	第三级
发射质量/t	6 000	1 658	426
级的质量/t	4 342	1 232	320
推进剂质量(上升)/t	3 762	1 072	249(+12)
净质量/t	580	160	45(+35)
干质量/t	486	133	40(含整流罩)
发动机数量	40(航天飞机主发动机改进型)	9(航天飞机主发动机改进型)	8(RL-10)
发动机总质量/t	80	25	2.5
比冲/s	400/451	469	469
发动机推力/MN	1.85/2.08	2.2	0.2

登陆飞行器有两个选项:一次性月球着陆飞行器能将 45 t 的有效载荷送到月球表面。其中,有一次性月球着陆飞行器干质量 6 t,加上 3 t 推进剂气化质量,剩余下降所需的额定推进剂储备 32 t。假设单元生产成本与运载器子级相同,总批次 30 个单元,那么单元成本的数额约为 240 WYr,在每年发射 3 次的情况下,连同操作成本约 300 WYr,或 215 WYr,每年 10 次发射。

可重复使用月球着陆飞行器操作如下:假设"月球巴士"飞行器在近月轨道等候并与第三级对接,进行推进剂和有效载荷转移。"月球巴士"需要相对更多的推进剂质量。由于在月面卸载后要重新上升,从而有效载荷降低至 38 t。假设每个单元可飞行 25 次,月球着陆飞行器每次飞行成本在每年飞行 3 次时,将减少到 120 WYr;在每年飞行 10 次时,将减少到 60 WYr,见表 6-2。

表 6-2 海王星月球着陆飞行器

	一次性 LLV	可重复使用月球巴士
月球有效载荷/t	45	38
下降(上升)推进剂质量/t	32	43
近月轨道飞行器干质量/t	6	(8.3)
推进剂(贮备、汽化、剩余)量/t	3	5

对于一次性和可重复使用月球着陆飞行器(每年 3 次飞行 50 WYr/t 和每年 10 次飞行 27 WYr/t),得出到月球表面单位质量航天运输成本基本相同。可重复使用月球着陆飞行器较小的有效载荷抵消掉了较低的每次飞行总成本。然而,由于避免了近月轨道复杂的对接机动,以及在月球轨道上将有效载荷、推进剂转移到可重复使用月球着陆飞行器上,一次性月球着陆飞行器比可重复使用着陆器的操作更为简单。但是,一旦开始载人任务,则必须采用可重复使用的近月轨道运载器。

三级海王星运载器月球任务的每次飞行成本估算结果显示,每年 3 次飞行为 1 362 WYr,每年 10 次飞行为 595 WYr(不含研制成本分摊、税费和利润)。可重复使用运载器与土星 5 类型的一次性运载器,在年发射率 3 次的情况下,成本分别为 50 WYr/t 和 390 WYr/t 后者将近为前者的 8 倍,前者成本大幅降低,并随发射率增加,成本降低的幅度进一步增大。

6.3.4 通过近地轨道太空操作中心(SOC)的飞行

在以下案例中,假设在近地轨道上设有空间站,作为执行月球和行星飞行的基地,太空操作中心必须配备推进剂储罐和运载器维修设施,以便接纳仅为太空操作而设计的月球或行星转移飞行器。

> 案例3：可重复使用月球转移飞行器(RLTV)用于将有效载荷和月球着陆器转移到近月轨道

由于 RLTV 设置在天基的太空操作中心上。因此设计时不必考虑再入负荷,也并不需要有效载荷的整流罩。这种模式提高了性能即有效载荷效率,但也使得操作更为复杂(要进行在轨有效载荷和推进剂转移)。

原则上,可以假设在月球轨道上有类似的轨道操作中心,但是目前还没有考虑,因为这会使人感觉是月球探测计划的第二或第三阶段,包含有载人操作的大量飞行任务。图6-26示出了可能的月面上货物载荷,加上 RLTV 和一次性月球着陆飞行器相关的质量(包括返回近地轨道的推进剂,无空气制动)与近地轨道(太空操作中心)离港总质量的函数：为了将6.0 t 货物-载荷放置在月球表面,需要 RLTV 具有86 t 的总质量(61 t ＋14 t 推进剂＋5.5 t 干质量,再加上剩余量、汽化量和储备推进剂10.5 t)。

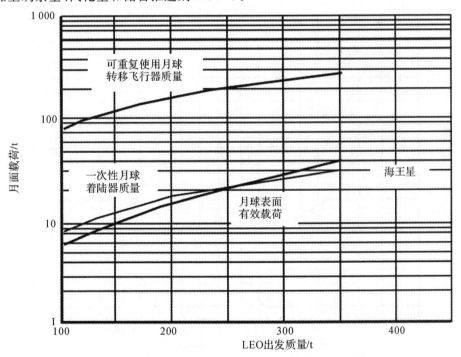

图6-26 在月球表面有效载荷、可重复使用的转移飞行器质量和一次性月球着陆飞行器质量与从近地轨道出发时质量的关系

对于有效载荷为6.0 t 的一次性月球着陆器(E-LLV)的设计,其推进剂质量为5.3 t,干质量为2.0 t,另外剩余量、汽化量和推进剂储备为0.7 t(合计为2.7 t 的净质量)。所有飞行器

使用液氧/液氢推进剂和 RL-10 型发动机。

案例 3 的每次飞行成本和单位质量运输成本由以下三部分组成：

(1)进入近地轨道(太空操作中心)的成本；

(2)月球转移飞行器及其操作成本；

(3)月球着陆器及其操作成本。

进入近地轨道(太空操作中心)的成本取决于运载器规模和发射频率。图 6-7 用于定义低轨成本。被运送到低轨的质量有：

(1)月球的有效载荷；

(2)月球着陆器；

(3)月球转移飞行器的推进剂(包括气化损失)。

使用以前相同的 3 个例子，那么得出表 6-3 的总质量值。

表 6-3 总质量值

有效载荷	LLV	推进剂	总质量	每次飞行成本
(a)6 t	8 t	81 t+20%	111 t	222 WYr
(b)16 t	18 t	157 t+20%	223 t	446 WYr
(c)38 t	32 t	265 t+20%	388 t	776 WYr

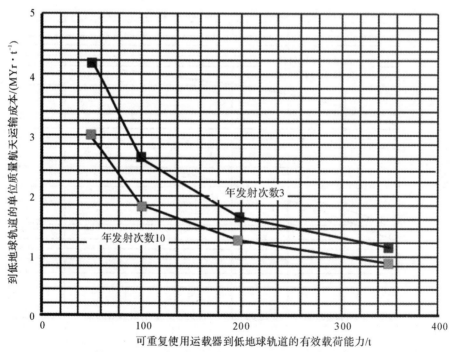

图 6-27 到近地轨道的单位质量航天运输成本模型

如前所述，近地轨道(至 SOC)单位质量运输成本取决于运载器的载荷能力，以及年发射率 L_{pA}。以图 6-7 作为参考，可以建立有效载荷能力为 50～350 t、年发射率为 3 次和 10 次的可重复使用运载器有代表性的成本构成，结果如图 6-27 所示。对于可重复使用的月球转移飞行器,飞行器单元成本份额建立在每架飞行器 30 次飞行基础之上(加上维修和直接使用成本,然而不含间接使用成本,尤其是不含太空操作中心操作带来的开销);对于一次性月球着陆飞行器,这里假设 10 年间 30 架飞行器系列单元生产成本(或年发射率 10 次时 100 架飞行器),并加上使用成本。

年发射率 3 次时详细结果如图 6-28 所示。年发射率 10 次时,单位成本下降到原来的 70%~75%。

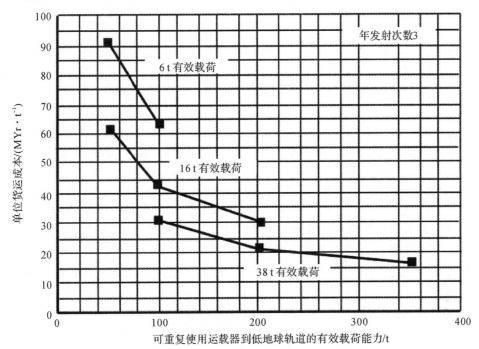

图 6-28 到月球表面的单位质量航天运输成本与月球的货物和重复使用运载器的有效载荷质量的关系(使用可重复使用运载器到低轨、可重复使用转移飞行器到近月轨道和一次性月球登陆器)

结论:月球表面货物单位运输成本强烈地依赖于低轨运载器的规模,即有效载荷能力。出于经济原因,似乎非常需要 100~150 t 有效载荷能力的可重复使用运载器,用于地-月货物运输。如果有效载荷组装和太空操作中心使用的成本非常昂贵,就需要更大的运载器。

基于本分析,采用可重复使用运载器的地球-月球货物运输的单位成本水平为 30~70 WYr/t,与目前采用一次性运载器低轨运输的单位成本相当。

> **案例 4:弹道式可重复使用运载器在太空操作中心加油继续飞至月球表面并返回地球**
> **[参见图 6-19(d)]**

到目前为止,这是使用太空操作中心之外独一无二的其他选项,因为不需要专用月球转移飞行器和月球着陆飞行器,以及不同运载器之间没有有效载荷转移。弹道式可重复使用运载器(见图 2-31 和图 2-32)带着月球有效载荷发射,在太空操作中心加油,然后继续飞行,直接降落在月球表面上。由于飞行器设计成在地球上垂直降落,在月球也是如此。有效载荷卸掉后重新发射,直接飞回地球的航天港,采用气动制动。由于月球飞行的速度增量需求与从地球上升到近地轨道(太空操作中心)的相同,所以这是可行的。

弹道式单级入轨运载器的成本评估,假设可运送100t的有效载荷到太空操作中心,发射质量约为1 850 t,推进剂为1 600 t。运载器的数据汇总于表6-4中。

表6-4 100 t有效载荷的单级入轨运载器(BETA Ⅳ)的主要数据

发射质量	1 850 t
运载器质量	1 750 t
推进剂质量(用于上升)	1 600 t
运载器净质量	152 t
运载器干质量	120 t
发动机数量	24×1 060 kN(海平面)
发动机总质量	32 500 kg(单台1 354 kg)
比冲	350 s(海平面),455 s(真空)利用塞式效应

考虑到月球飞行所需的1 600 t的推进剂,再加上储运200~400 t的气化损失,给登月有效载荷约50 t的加油将需要18~20次油轮航班到太空操作中心,每年3次月球任务会导致57~63次的年发射率,其单位质量航天运输成本约为1.6 WYr/t。一次月球任务的总运输成本相应为(1 900~2 100)×1.6=3 040~3 360 WYr,还要加上估计月球任务成本、SOC-月球-地球(直接使用成本)的约60 WYr。有效载荷50t带来的单位质量航天运输成本为62~68 WYr/t(不考虑太空操作中心的运营成本,如前面的案例3)。

单位质量航天运输成本是案例3的两倍左右,但必须考虑,节省了可重复使用月球转移飞行器和一次性月球着陆飞行器的研制成本。在进一步做任务优化的前提下,减少推进剂总质量或增加月球有效载荷似乎是可行的。例如,可以减少假定保守的回程绕地球轨道机动所需的速度增量值(1 000 m/s)。

月球飞行方案固有的往返能力,即到月球有效载荷20t并返回地球,这种运载器的规模对乘员舱足够了。

6.3.5 通过月球推进剂生产降低成本

可以通过建立月球推进剂生产厂(示意图见图6-29)大幅度降低月球飞行任务单位质量运输成本。月球表面的货运能力可以增加5倍(节省了回程所需液氧从地球到月球表面的运输),因此可以使用小型运载器执行载人往返任务。

由于已经证实了月球极点附近存在水冰,可以利用月壤和/或从月球采冰生产液氧和液氢。参考文献[145]提出一个预估,即对于年产大约为33 t液氢和130 t液氧所需要的生产设施,假设采用辐射冷却,其总质量分别是814.5 t和26 t,电力需求分别是93 178 kW和340 kW。对于永久性月球基地,液氧生产是一个必要需求,其主要供月球实验室和宇航员使用,及用作返回的飞行器的推进剂。此外,通过月壤($FeTiO_3$)的处理还能生产铁和钛。专用的月球制氧模块概念如图 6-30 所示。

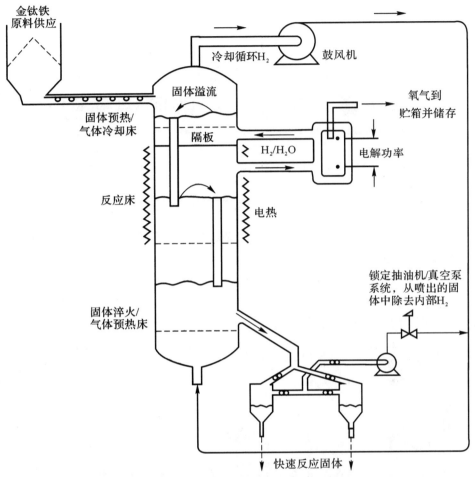

图 6-29　从月壤中生产液氧工艺示意图(吉布森和 Knutsen,Carbotek 公司)

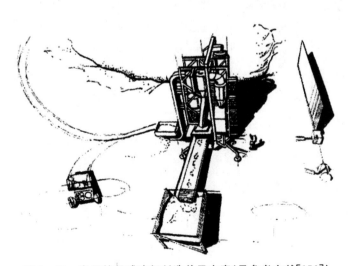

图 6-30　专用的月球液氧制造单元方案(见参考文献[156])

第7章 成本工程的应用实例

7.1 火箭发动机方案对系统研制和生产成本的影响

火箭推进系统的发动机数量和所采用的技术,会对运载器总成本产生重大影响。图7-1显示,对于所选定的运载器,发动机生产成本份额可高达50%。在研制项目中,成本最低的解决方案是利用现有的发动机,然而,这未必在每种情况下都可行。

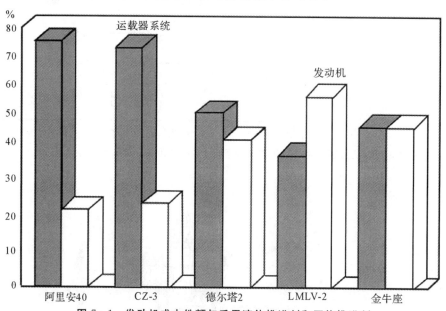

图7-1 发动机成本份额与采用液体推进剂和固体推进剂
发动机的运载器系统生产成本的关系

7.1.1 发动机数量对成本的影响

运载器子级发动机数量可以在1~30之间(N-1火箭第一级),这对研制和生产成本的影响都很大。单个大发动机需要高昂的研制成本,而一些较小的发动机虽然可以降低研制成本,但带来生产成本增加。

表7-1给出了大约需要5 000 kN推力量级的运载器发动机方案总体评述。假设采用泵

压式低温推进剂发动机。对于生产成本,发动机总数按 5 年之内 10 发运载器所需数量考虑。根据发动机的质量和所需发动机的总数,使用学习因子对成本进行计算,得出了详细的成本。

为了进行生产成本计算,假设 10 年内每年生产 10 发运载器。根据发动机的质量和所需总数量,可以使用图 3-9 计算学习因子成本降低效果,并通过成本估算关系式得出的最终成本,见表 7-1。

表 7-1 发动机数量对成本的影响

发动机数量	1	2	4	8	16
发动机推力量级/kN	5 000	2 500	1 250	625	312.5
发动机质量/kg	6 060	3 130	1 615	830	430
正常研制成本/WYr	19 900	13 700	9 400	6 500	4 500
相对值/%	100	69	47	33	23
理论第一单元生产成本	317	222	156	109	77
所需发动机总数	10	20	40	80	160
学习因子 p	1.0	0.97	0.925	0.875	0.83
总生产成本/WYr	3 170	4 000	4 620	4 550	4 310

虽然每一级使用更多数量的发动机会付出质量增加的代价,但是却能大幅度降低研制成本。如果按照完整的 100 发运载器运营计划计算制造成本,也是如此。开始时,发动机数量少,制造成本低,但是在 10 或 20 次任务后,学习因子就具有很强的成本降低效果(见图 3-31)。最终结果当然受到所需发动机总数和年产量的影响。

结合研制和生产成本可以得出,正如许多运载器采用多发动机系统一样,这有明显的优势。其缺点是增加了发动机的安装工作量(燃油管路,阀门等),但如果设计得当也有潜在的应对"发动机失效"能力的优势。这种系统最雄心勃勃的构想是俄罗斯 N-1 火箭第一级,其含有 30 台发动机(见图 7-2)。

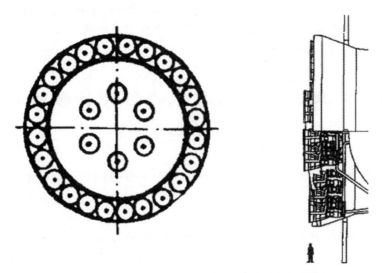

图 7-2 N-1 火箭第一级推进系统(30 台发动机组合体)

另一型现代化的多发动机组合体拥有中心塞式喷管(见图 7-3)。在这种情况下,通过自适应的外部废气膨胀得到额外的推力,使发动机可以在低压下实现高性能。

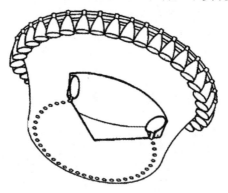

图 7-3 高性能多发动机塞式喷管布置

7.1.2 发动机技术对成本的影响

采用可伸缩喷管的高压火箭发动机可以获得最高的性能,使运载器规模和推进剂质量减少,但其价格很高。

在 2.9.3 节的例子中,对于推力为 1 637 kN(SL)、室压为 15 MPa 的分级燃烧发动机(8 个单元)的研制,根据 TRANSCOST 模型的成本估算关系式(发动机质量 3 315 kg),1 000 次鉴定点火($f_2=1.25$)将需要 16 550 WYr(36 亿美元,2002 年)。发动机比冲在海平面短喷管状态下为 389 s,在长喷管状态下为 345 s,在外空间为 448 s。运载器所需的推进剂质量为 794 t,起飞质量为 916 t。

采用 24.4 MPa 高室压先进技术、双喷管、发动机比冲性能为 379 s(SL)和 460 s(Vac),运载器规模(起飞质量)可以减少到 703 t。这意味着发动机可以更小:推力量级 1 180 kN,质量 2 560 kg。然而,先进高室压技术和双喷管需要约 1 500 次($f_2=1.45$)鉴定点火,以达到最先进发动机相同的可靠性。这将使研制成本达到 22 900 WYr(55 亿美元,2002 年),意味着多出的约 14 亿美元并不能由运载器规模减小而节省的 7 亿美元抵消。

第三种选择是使用现有(改进)的发动机。如果该情况可行,将实现最低的研制成本。

7.2 可重复使用运载器执行静地转移轨道运输的潜在成本降低

占航天任务份额最大的是静地轨道任务,同时这些任务的经济重要性也是最高的。重要的是,未来针对这种类型任务,采用可重复使用运载器进行发射服务,预计可将成本降低到何种程度。

正如图 6-6 所示,具有 4 500 kg 静地轨道载荷能力(相当于 7 500~8 300 kg 静地转移轨道能力)的现代一次性运载器,到达静地轨道的单位质量运输成本约为 120 WYr/t。除有效载荷外,年发射率非常重要,在这种情况下,假定每年发射 15 次。

为了确定可重复使用运载器潜在的成本降低水平,假设了两个不同的运载器方案,均额外配置一个一次性或可重复使用的,用于进入轨静地转移轨道的上面级。

方案 A:两级可重复使用运载系统,起飞质量为 800 t,包括飞回式助推器或有翼第一级(垂直起飞水平降落),这是载人航天运输的首选方案之一。助推器推进剂(液氧/液氢)质量为 440 t,干质量为 85 t,运载器采用 6 台 1 680 kN 发动机,比冲 350 s(SL)和 442.5 s(Vac),使用两台煤油涡轮喷气发动机返回发射场。有翼轨道器推进剂量为 200 t、干质量为 50 t,发动机比冲为 463.5 s。

方案 B:弹道式单级入轨运载器,起飞质量为 800 t,是货运的最低成本方案(见参考文献[108])。推进剂质量为 690 t,干重为 64 t。净质量包括轨道机动、返回和着陆所需的 78 t 推进剂。推进系统包括推力 850 kN 的(12+1)台发动机。围绕一个中心塞式喷管布局(见图 7-3)。比冲范围:从海平面 350 s 到真空的 450 s。

一次性上面级(EPS),使用液氧/液氢推进剂,质量为 10.5 t,含 7.7 t 推进剂,采用"芬奇"火箭发动机。考虑到量产成本降低,包括运载器仪器舱的制导设备,成本仍然约 135 WYr。这意味着相对于方案 A 约 350 WYr 的每次飞行总成本,其成本仅为 40%~50%;而方案 B 采用国际每次飞行成本定义(见 5.1 节),每次飞行总成本为 270 WYr,包括 7% 的利润。与现代一次性运载器相比,方案 A 成本降低至 78 WYr/t,方案 B 成本降低至 60 WYr/t。

由于这种成本降低未必足以平衡新型可重复使用运载器的研制工作量,尤其是方案 A(其研制成本是方案 B 的 2 倍),可以考虑一个可重复使用上面级(RPS)。在这种情况下,飞行器规模增加至 18 t,其中推进剂为 14 t。

假设每发运载器(只)进行 25 次飞行,每次飞行后返回地球,包括维护,每次飞行成本可降低到约 35 WYr。这将使方案 A 每次飞行总成本减少到只有 240 WYr,方案 B 只有 163 WYr。与现代一次性运载器相比,方案 A 运输成本降低 56%,方案 B 降低 70%。

图 7-4 显示,对于静地轨道载荷 4.5 t 和每年 15 次飞行,采用一次性上面级,可重复使用运载器可以将静地轨道运输成本减少至 45 WYr/t,采用可重复使用上面级成本可减少至 36 WYr/t,但是,这里只有成本优化后的货运重复使用运载器案例。

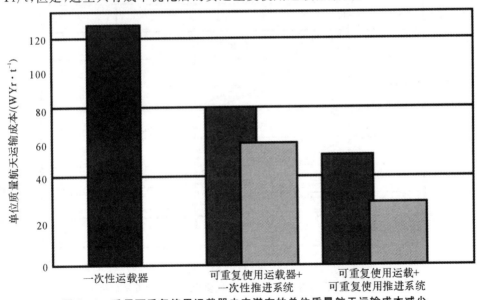

图 7-4 采用可重复使用运载器未来潜在的单位质量航天运输成本减少

7.3 大型货运(SPS)运载器载荷能力的优化

单位质量运输成本随运载器规模增大而降低,也随发射率(LpA)上升而下降。那么,一个较大的运载器或在较高发射率下采用小型运载器,到底哪个更符合成本效益呢?这个问题在给定的每年运输需求情况下特别重要,如建造太空电站(SPS)。

该项目将总质量为几千吨的太阳能发电站布置在静地轨道,是未来最具挑战性的航天运输任务(还有太空旅游)。每年将有5 000~20 000 t量级的有效载荷质量有待于送入近地轨道。将有效载荷从近地轨道运送到静地轨道的几种方案,对低轨质量以及在近地轨道或静地轨道组装构成影响。与较大的预组装单元相比,在轨组装更适用于小模块载荷。到静地轨道的运输成本占总计划成本比重最大,因此必须仔细分析运输成本并对运载器进行优化。

TRANSCOST模型提供了各种规模运载器和每年的运输质量要求之间权衡的可能性。主要运载器和成本数据汇总在表7-2中,其中假设商业工业研制模式。

表7-2 太空电站计划可重复使用运载器规模权衡

LEO 载荷/t	30	150	600
运载器起飞质量/t	810	2 900	9 300
干质量/t	61.6	200	536
研制成本/WYr	18 600	29 300	42 300
10亿美元(2010年)	5.6	8.8	12.7
每次飞行成本/WYr	85~130	135~210	220~320
单位质量航天运输成本/(WYr·t^{-1})	2.8~4.3	0.9~1.4	0.37~0.53

图7-5显示了3种选定规模的运载器到近地轨道的单位成本与年载荷总质量的关系,增大运载器规模和增加飞行频率(增大年载荷总质量),成本降低的趋势显而易见。到低轨的单位成本是20~40美元/kg(2010年值)。此外,必须考虑低轨到静地轨道的转移成本。

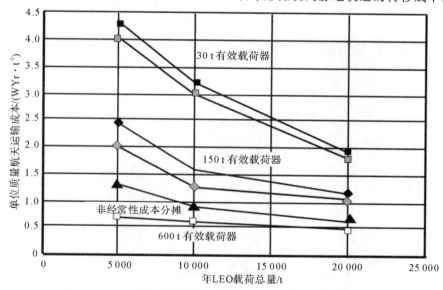

图7-5 3种不同规模弹道式可重复使用运载器到近地轨道的
单位质量航天运输成本(不含研制成本的15年分摊)

结果显示,大型运载器对于单位质量航天运输成本具有优势。但是,大型运载器所需的研制成本投资,以及符合实际的有效载荷单元质量和规模对运载器规模的限制,意味着采用大型运载器可能不能降低运输成本。现实的可重复使用运载器最大规模可能会在150 t左右(100~200 t)。

上述案例表明,必须对包括研制成本、融资方式在内的因素进行认真分析和权衡,以确定具有优化运载器有效载荷能力的、最符合成本效益的运输系统。

对于太空电站建造,另一个要考虑的成本因素是轨道装配(近地轨道或静地轨道),输送大型有效载荷组件比输送大量小单元集成需要的工作量小,但其也会受近地轨道到静地轨道转移运输方式的影响。

7.4 候选运载器方案生命周期成本的经济性比较

成本选项应该是选择运载器方案的决定性因素。通常只考虑研制工作所需的前期投资(如航天飞机项目、阿里安5),但现实的经济标准是生命周期成本,即结合研制成本和预计发射数量。虽然难以预测一个新型运载系统会积累多少飞行总数,但可作一些常识性的假设。

下述以15 t近地轨道载荷设计能力为例,对采用一次性和可重复使用子级的一些运载器选项进行生命周期成本比较(见参考文献[10])。

对以下10种不同的两级运载器方案进行了研究:
(1)两级运载器,现有的重复使用第一级,加全新的低温上面级;
(2)低温芯级加小型固体助推器;
(3)低温芯级加液体推进剂助推器;
(4)低温芯级加两型作为第一级的固体助推器;
(5)两级低温运载器,可重复使用第一级和一次性第二级;
(6)两级入轨运载器,两级均可重复使用;
(7)两级入轨运载器,大小相等的两级,可回收并可重复使用;
(8)有翼飞回第一级,一次性第二级;
(9)有翼飞回第一级,可回收和可重复使用第二级;
(10)两级入轨的两级有翼和可重复使用运载器(垂直起飞,水平降落)。

这些运载器发射质量(起飞质量)介于360 t[方案(5)]和800 t[方案(3)和方案(10)]之间。表7-3给出了一些关于不同运载器(L.40指液体推进剂级,推进剂质量为40 t)类型和规模(推进剂质量)的详细信息。它们的主要构型如图7-6所示。为便于比较,本节中使用150次的发射总数,代表欧洲15年的发射活动。

表7-3 所研究的运载器构型的运载器质量和级的特性

运载器方案	1	2	3	4	5	6	7	8	9	10
类型	低温芯级				弹道式两级			有翼第1级		
助推器	4×L.40	4×P8	—	—	—	—	—	—	—	—
第1级	L.200	H.385	8×L.40	2×P.150	RH.250	RH.250	RH.180	WH.220	WH.310	WH.550
第2级	H.60	—	RH.385	H.115	H.40	H.65	RH.180	H.60	RH.90	WH.60
运载器质量/t	478	477	810	495	375	383	435	367	506	780

注:L为液体推进剂级;RH为可重复使用低温级;H为低温推进剂级;WH为有翼低温级。

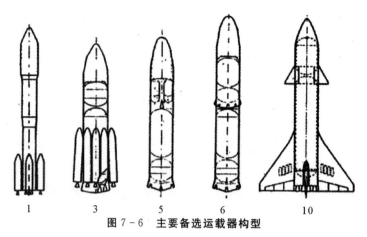

图 7-6 主要备选运载器构型

图 7-7 示出了一个明显的趋势:研制成本越低,每次飞行成本(CpF)越高。这与 NASA 在 1971 年选择为航天飞机多个方案进行的一项研究基本结果相同(见参考文献[64])。被称为"低成本,高价格"的航天运输中,每次飞行成本最低的是可重复使用飞回式运载器,但它的研制成本最高。成本比较中,假设的任务数量越多,对完全可重复使用的运载器的结果越为有利。为简单起见,在我们的例子中只计算了运载器 150 次飞行的经常性成本,而没有计算直接使用成本和间接使用成本,因为这不会改变基本结果。

计划总成本最低的解决方案是运载器方案 7。这是一个两级可重复使用运载器,有两个大小相等的子级,但是需要相对较高的研制成本,这就遇到决策的困难。不幸的是大多数此类决策是短期导向,而没有考虑到长期的经济性。

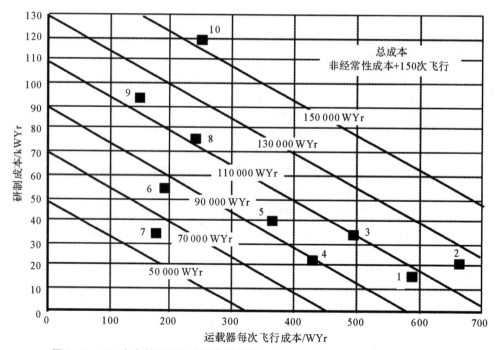

图 7-7 150 次发射下研制成本和运载器每次飞行成本(生命周期成本的水平)

7.5 水平起降有翼发射系统级间分离速度经济性优化

有翼水平起降吸气式第一级运载器加火箭推进上面级是未来航天运输系统的研究选项之一。1985—1993 年间,在国家高超声速科技计划下(耗资 3 亿多美元),德国桑格尔系统(见图 7-8)在概念和技术评估上做了大量工作。2000 年,该系统作为参考项目被日本采纳,被用于一个可重复使用的航天运输系统。

美国波音公司对贝塔Ⅱ方案进行过研究,英国将安-225/Hotol 组合在欧空局作为 WLC-2 方案进行了分析。这些项目级间分离速度从 $Ma=0.7, Ma=3.3$(波音)到 $Ma=6.6$(桑格尔),在 NASA 兰利研究中心的一项研究中甚至达到 $Ma=12$。

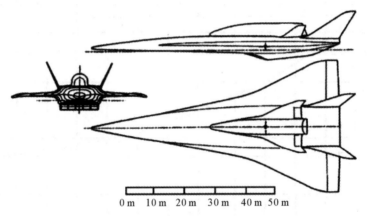

图 7-8 液氢涡轮冲压第一级的桑格尔先进航天运输系统
(分离速度 $Ma=6.6$,巡航速度 $Ma=4.4$)

分离速度对运载器整体系统影响最明显的是规模,即上面级质量。图 7-9 示出了上面级质量与分离速度关系,这对 LEO 载荷 7~10 t 的运载器有效。极端情况是从陆基火箭上以 $Ma=0.5$ 的速度分离,需要 400 t 或更高发射质量的单级入轨运载器。分离速度 $Ma=4$ 所需的上面级质量超过 200 t(波音贝塔 ETA:265 t),分离速度在 $Ma=7$ 以上时,上面级质量将小于 100 t,但已没有必要再缩小规模。考虑到实际情况,有效载荷舱"标准"直径为 4.6 m,上面级飞行器只能缩短长度,但大小不能变。这类运载器的典型案例(桑格尔-荷鲁斯-C)在图 7-10 中示出。贮箱和机身长度的缩短,不仅不会带来任何主要的成本降低。相反,飞行器越短,稳定与控制问题就越大。

表 7-4 桑格尔运载系统数据汇总

总发射质量/t	410
第一级总质量/t	295
飞行器干质量/t	167.5
最大推进剂质量/t	119
飞行器长度/翼展/m	82.5/45

续表

第二级	载人型	货运型
总质量(含载荷)	115	115
飞行器净质量/t	28.9	24.9
飞行器干质量/t	26.0	22.3
推进剂可用量(液氧/液氢)/t	83.1	82.4
飞行器长度/翼展/m	32.5/18	
有效载荷/t	3.0	7.7
	450 km/28.5°轨道	200 km轨道

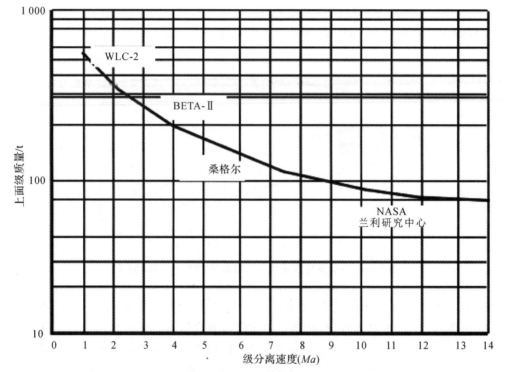

图7-9 上面级质量与水平起降两级入轨发射系统和典型上面级分离速度的关系(桑格尔-荷鲁斯)

因此,总质量为90~120 t的上面级似乎是最低成本的构型。

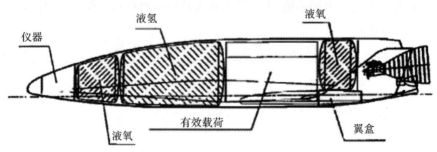

图7-10 典型有翼轨道级飞行器(桑格尔-荷鲁斯-C)

关于第一级运载器规模,有两种相反的趋势:上面级质量减少有利于第一级规模缩小,但不断增加的速度要求又需要增大规模。在 $Ma=2\sim5$ 的范围,大约为 $300\sim400$ t,这两个因素使第一级的规模几乎不变。然而,当级间分离速度超过 $Ma=7$ 时,第一级规模开始增大。这主要有以下几个原因:随着液氢的容量增长,外部加热迅速增加,需要额外用于高空姿态控制的辅助火箭推进系统。与火箭推进运载器(垂直发射)相比,运载器干质量大是吸气式第一级的固有缺点,这是由复杂的进气道、吸气式发动机质量(低推质比)和大机身尺寸造成的,而后者是低密度液氢造成的。直到 $Ma=6.5$,可采用现代钛合金(短时间热负荷),更高的速度就需要非同寻常的新型材料了。超过 $Ma=11$,在关键地方甚至要采取主动冷却措施。

这些对第一级质量的影响如图 7-11 所示。将分离速度增加到超过 $Ma=7$,第一级可能增加的质量比上面级减少的质量要多。原因是,在 $Ma=3.5\sim6.5$ 范围,冲压-超燃冲压组合效率低于优化的冲压式喷气发动机,不断增长的结构质量和额外辅助反作用控制系统需要大约 20 个火箭推力器。这些是必需的,因为分离速度在 $Ma=6.5$ 以上时,第一级达到的飞行高度超过 40 km,气动控制不再有效了。

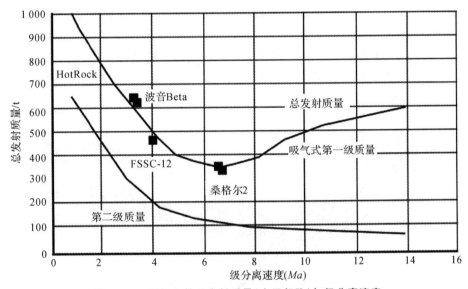

图 7-11 两级入轨总发射质量(水平起降)与级分离速度

如图 7-11 所示,两级有翼运载器的两个极端是:第一级运载器的低速性能需要一个大型第二级,而高速第一级会导致运载器规模大、发射质量高。系统总质量在分离速度约 $Ma=6$ 时最小。两个极端情况代表超过 600 t 发射质量的准单级入轨方案,低轨有效载荷仅有几吨(受发射辅助模式应用的影响)。

有翼轨道飞行器的研制成本比先进飞机高约 40%,研制成本的成本估算关系式示于图 2-42 中。

因此,大型轨道飞行器的研制成本高昂,而且还需要较高的分摊和整修成本。就两个运载器的几何集成而言,更高的分离速度越来越重要,这对于较小的上面级是非常可取的。

7.6 每次飞行成本——航空航天飞机的经济性(采用吸气式和火箭推进组合的单级入轨运载器)

超声速冲压喷气推进的有翼水平起降运载器(国家航空航天飞机计划)是目前设想的最苛刻的航天运输系统。为使该系统完全可行,必须研制超燃冲压/火箭发动机新型组合推进系统和先进结构技术(包括主动冷却系统),这需要巨大的工作量。

然而,问题的关键是这么大的工作量是否值得。例如与更传统的两级有翼系统比较,能否使航天运输成本降低?在这种情况下,重要的决策标准是每次飞行成本。而对于火箭推进的垂直起飞运载系统,其单级入轨系统可以得到最低的近地轨道每次飞行成本,但吸气式运载器的情况就不同了。TRANSCOST 模型给出了一个全面的每次飞行成本估算工具,其中必须包括运载器的分摊、整修和间接使用成本,以期得到一个公平的比较。

在这里比较的两个运载器构型,是沿海起飞的方案,由 MBB/BAE 根据欧空局要求,设计将 7 t 载荷送入 28.5°/450 km 轨道。两级入轨系统是桑格尔型运载器,具有 410 t 的发射质量,包括 115 t 的火箭推进有翼上面级(无驾驶员)。第一级运载器是高超声速飞机,推进剂(液氢)加注量 119 t,干质量 167.5 t。以涡轮冲压式喷气发动机推进,有约 2 000 km 的巡航能力。其主要数据见表 7-4。图 7-12 所示为两级入轨和单级入轨系统的构型。

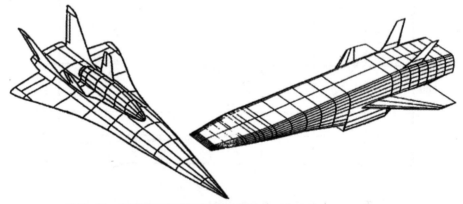

图 7-12 有翼垂直起降两级可重复使用运载器与单级运载器方案

类似于 HASP 的单级入轨运载器,其为营运使用而设计,采用集成的空气引射火箭+超燃冲压发动机+火箭推进,并选用较实际的、500~700 t 的发射质量。起飞质量相对较高的原因是推进系统质量(包括大型大范围可变的进气道)和液氢燃料体积导致运载器规模较大,此外还有机翼和气动控制面及其相关的供电系统。

成本分析结果见表 7-5。在这种情况下,不仅显示名义成本值,还包含由不确定性和可能变动的假设引起的潜在成本范围。如每架运载器的飞行次数,对于轨道飞行器,可以假设飞行次数在 80 次和 200 次之间。在我们的比较中,单级入轨运载器额定飞行次数为 120 次,变化范围为 80~140 次;两级入轨上面级额定飞行次数也是 120 次,但此时变化范围较大,为 60~200 次;两级入轨第一级标称飞行次数为 500 次,变化范围为 400~1 000 次。此外,火箭发动机的重复使用次数在 20 和 50 次之间。两种轨道飞行器均无驾驶员,但可以将乘员模块放入货舱。

由表 7-5 的数据可以看出,运载器的分摊成本起到重要作用。单级入轨成本高的原因是达到 80~120 t 的干重必须入轨,而两级入轨的第二级只有 23 t。

整修成本情况类似,因为这些是源自飞行器理论第一单元的生产成本。但也有技术原因使预期整修成本变高:单级入轨运载器主动冷却结构部件,大型进气道经历再入过程,以及复杂的一体化推进系统。

表 7-5 年发射率 12 次下有翼单级入轨和两级入轨运载器的每次飞行成本比较

(不含研制成本分摊)

	两级入轨参考值(范围)	单级入轨参考值(范围)
运载器成本分摊	28.5(17~41)	78.8(56~139)
整修成本	14.4(10~20)	47.3(33~66)
直接使用成本	36.5(29~49)	26.3(20~35)
间接使用成本	22.2(15~40)	22.2(15~40)
每次飞行成本/WYr	102(71~150)	175(124~280)
相当于	2 480 万美元(2006)	4 250 万美元(2006)

与两级系统相比,单级入轨的直接使用成本较低,这是合乎逻辑的,因为两级入轨的两个系统都需要维护和使用。

根据定义,间接使用成本相同,因为这些费用(主要是行政费用)是独立于运载器的技术方案的。综合起来,如表 7-5 所示,在不考虑研制成本分摊或生命周期成本的情况下,单级入轨运载器每次飞行成本最有可能高出两级入轨系统约 74%。在这种情况下的成本差异将更大。

结论:相比其他方案,采用组合推进有翼单级入轨运载器来降低航天运输成本不是一个好的选择。由于研制成本特别高,对组合推进有翼单级入轨运载器的技术投资是存疑的,但其可能在军事领域有用。

7.7 太空旅游票务成本评估——运载器载客能力、单座价格和市场规模

由于每次飞行乘客人数决定单次任务的收入,因此这是一个重大经济因素。每次飞行乘客数量越大,单座运营成本就越低,每次飞行总成本随运载器规模和载客量的增加而增加,但远比乘客人数增加的幅度小。

表 7-6 列出了构想的 50 名、110 名和 170 名乘客的 3 种运载器的主要参数,采用这 3 种方案是为了获得运载器规模/性能对太空旅行任务(见参考文献[106])单座位成本的影响。这里使用图 2-31 所示的弹道式单级入轨重复使用运载器方案,根据 6.1.5.2 节内容,这是最适合游客乘坐的方案。

表 7-6 太空旅游飞行器规模权衡

运载器方案	A	B	C
旅客人数	50	110	170
发射质量/t	575	800	1 030
运载器净质量/t	58.5	77.7	95.4
运载器干质量/t	46.8	62.2	76.3
推进剂质量/t	503	700	900
乘员(飞行员+游客)人数	2+2	2+3	2+4

假设为商业研制计划,运载器生产成本(TFU)用 TRANSCOST 模型的成本估算关系式进行估算,结果见表 7-7。

如第 2 章讨论的规模法则,随着运载器规模/能力增长,成本增加相对较小。在表 7-7 中,通过两个计划或市场的例子,表明了除运载器理论第一单元成本外,量产带来硬件成本降低的情况。

为了确定所需运载器的数量,以及完整地计算每次飞行成本,必需考虑以下两种情况:

(1)每年乘客人数为 7 500,10 年;

(2)每年乘客 750 000,10 年。

进一步假设每架运载器飞行 120 次,每台发动机飞行 40 次。考虑每次飞行整修工作量为运载器经常性成本的 0.1%。生产量大则硬件成本降低,尤其是在运载器 A 的情况下,运载器经常性成本只有运载器 C 的 44.5%。但是,降低成本的效果不足以抵消运载器 B 和 C 的基本规模优势。在这种情况下必须提到,只有项目一开始就经权威认定,长期大规模生产学习成本降低才能实现。对于有限的生产订单,学习效果可能会大打折扣。

对于大量生产和大量发射的小型运载器,对成本的负面影响是,必须建造和使用大量的发射场/发射架,这抵消了运载器生产成本的一部分优势。

基于这些假设和表 7-6 的运载器数据,3 种运载器方案每次飞行成本值与发射率的关系可以按 5.1 节相应内容计算,结果如图 7-13 所示。增加发射率而使成本大幅降低有以下两种因素:

(1)由于大规模量产,运载器硬件成本降低(学习因子的影响);

(2)每次飞行间接使用成本份额的降低(间接使用成本被定义为发射服务公司的整体管理和工程支持成本、费用、利润等)。

表 7-7 量产(学习效果)降低运载器单元成本的效果

运载器选项	A	B	C
理论第一单元成本	2 150	2 550	2 870
WYr	2 150	2 550	2 870
百万美元(2002 年)	480	570	640
计划 a			
所需飞行器单元总数	125	57	37
每单元相对成本/%	68	75	81
计划 b			
所需飞行器单元总数	1 250	570	370
每单元相对成本/%	26	36	43

使用如 5.1 节所述的规范、完整的每次飞行成本,可以得出不同运载器方案和市场规模的太空旅游发射服务的单座成本。

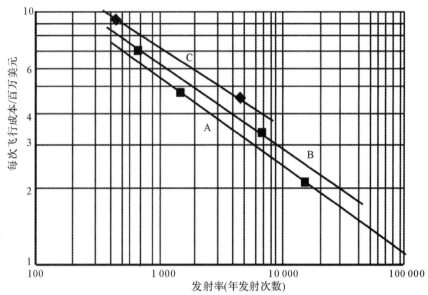

图 7-13　每次飞行成本与运载器选项 A、B 和 C 的发射率的关系

表 7-8 和图 7-14 揭示了运载器规模(方案 A、B、C)的重要性。正如预期的那样,载荷能力较大的运载器费效比更高,但更重要的是,座位成本在 50 000 美元的范围内(经常被援引作为一个较大规模的业务上限)。对于一型较小的运载器 A,每年需要约 45 万人次,但实际只有 15 万人次,而对于较大的运载器 B 和 C,只要有 9.5 万人次就足以弥补每年的飞行运营成本。

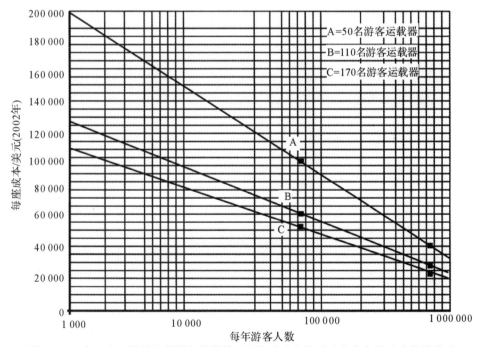

图 7-14　在 3 个不同的运载器规模的情况下每个座位的成本与每年旅客人数的关系

表 7-8 每座成本与运载器旅客容量及市场规模的关系

运载器选项	A	B	C
旅客容量/人	50	110	170
(a)每年旅客 75 000/10 年计划			
每年飞行次数	1 500	682	442
每座成本/美元(2002 年)	97 000	64 000	54 500
(b)每年旅客 750 000/10 年计划			
每年飞行次数	15 000	6 820	4 420
每座成本/美元(2002 年)	42 000	30 000	26 000

再次指出,运载器运营成本或单座成本只是总机票费用的一部分,完整的旅游门票还包括乘客训练和发射前准备成本、运载器研制成本分摊、基础设施成本费用和商业企业融资资本成本,但是运载器运营的单个座位成本是主要因素。由此案例可以得出,未来太空旅游运载器设计至少要承载 100 名乘客,以确保运行的经济性。

参 考 文 献

[1] D. E. KOELLE：Statistisch – analytische Kostenmodelle fur die Entwicklung and Fertigungvon Raumfahrtgerat, Dissertation an der Technischen University München, July 1971. Published in the Journal RAUMFAHRTFORSCHUNG, Vol. 15, No. 5/71 (Part 1) and No. 1172 (Part 2) as well as Report ESRO TT – 4：Statistical – Analytical Cost Models for Design, Development and Manufacture of Spacecraft, 99 pages, 1973.

[2] M. C. HEUSTON, J. G. FISH and E. C. BRADLEY (Aerospace Corp.)：Accuracy of Launch Vehicle Cost Analysis, SAE Space Technology Conference Proc. May 1967.

[3] D. E, KOELLE and H. H. KOELLE：Future Low – Cost Space Transportation System Analysis, ACTAASTRONAUTICA, Vol. 6(1979), pp. 1635 – 1667.

[4] D. E. KOELLE (MBB)：Performance and Cost Analysis of an SSTO plus OTV as a Heavy Cargo Transportation System to Geosynchronous Orbit, IAF – Paper 78 – A – 27. Internatl. Astronautical Congress, Dubrovnik/Yugoslavia, Oct. 1978.

[5] E. W. BONETT (McDonnell – Douglas)：A Cost History of the THOR – DELTA Launch Vehicle Family, IAF Congress Amsterdam, Oct. 1974.

[6] G. H. FISCHER (Rend Corp.)：A Discussion of Uncertainty in Cost Analysis, Rand Corp. Report, April 19627 R. H. NANSEN and H. DiRAMIO (Boeing Co.)：Heavy Lift Freighters—A Transportation System of the Future, AIAA – Paper 78 – 316 (1978).

[8] P. D. CASTENHOLZ (Rocketdyne)：The Space Shuttle Engine, Paper at the 24th IAF Congress, Baku/Azerbeidshan. Oct. 1973.

[9] R. R. ATHERTON and M. PIKE (Pratt Whitney)：Rocket Engine Cost and Reliability Considerations for Reusable Launch Vehicles, Report No. PWA – FR – 1191. Nov. 1964.

[10] D. E. KOELLE (MBB)：The TRANSCOST Model and its Application to Future Systems Analysis (ARIANE 5), Paper IAA – 82 – 226, 33rd InternatlAstronauticalCongress, Paris, Sep. 1982.

[11] BOEING Report No. D180 – 19845 – 3, 1976.

[12] M. C. HEUSTON, J. G. FISH and E. C. BRADLEY (Aerospace Corp.)：Accuracy of Launch Vehicle Cost Analysis, Proceedings, SAE Space Technology Conference, Palo Alto, CA, May 1967.

[13] D. J. SHRAMO (NASA LRC) and B. R. FOUSHEE, P. J. I. EARY (GD – Convair)：

CENTAUR, A Major Element of the Current Space Transportation System, 25th IAC, Amsterdam, Oct. 1974.

[14] J. BMARSZALIK (Lockheed): Learning Curve Theory Applied to Spacecraft Production, J. Space / Aeronautics.

[15] H. H. KOELLE et at. (T. U. Berlin): NEPTUNE – 2000 Plus, Concept of a Heavy Space Freighter for the 21st Century, Aerospace Institute, Technical University Berlin, Report/ Mitt. 229/1989.

[16] D. E. KOELLE (MBB): SPS Transportation Requirements Economical and Technical, Space Solar Power Review, Vo. 2, pp. 33 – 42, 1981.

[17] D. E. KOELLE (MBB): The Impact of Launch Vehicle Type and Size on Development Cost, Acta Astronautics, Vol. B (1981), No. 11/ 12, pp. 1192 – 1205.

[18] MBB – Study for ESA: Future Space Transportation Systems for Europe, Report URV – 119 (80), Oct. 1980.

[19] R. LOHMULLER (Linde AG): Entwicklungen and Tendenzen in der Wasserstoffherstellung, Chem. Ing. Tech. 56(1984), Nr. 3 (Hydrogen Production from Hydrocarbons).

[20] W. E. STEWART and K. D. NEISON (Lockheed – Martin Astronautics), Evolution of a Low – Cost Cryogenic Upper Stage, 50th Internal Astronautical Congress, Amsterdam, Oct. 1999.

[21] J. E. LOVE and W. R. YOUNG (NASA): Operational Experience of the X – 15 Airplane as a Reusable Vehicle System, SAE Space Technology Proceedings, Palo Alto, CA, May 1967.

[22] NASA Report to the Congress, 1985.

[23] G. R. WOODCOCK (Boeing): SPS System Definition Study, Space Transportation Analysis, Final Report Phase Ⅲ, June 1980, Report No. D 180 – 25969 – 5.

[24] W. R. RICE (NASA – MSFC): Economics of the Solid Rocket Boosters for the Space Shuttle, Paper 78 – A – 24 at the IAF – Congress 1978.

[25] E. B. DEAN(NASA LaRC) et al. : Cost Risk Analysis Based on Perception of the Engineering Process 8th Annual ISPA Conference, Kansas, Miss. May 1986.

[26] J. E. A. HARRISON: Some Cost Estimation Problems Associated with International Collaboration • anIdiosynchratic View, ISPA Conference, Brighton/UK, Aug. 1988.

[27] J. W. HAMAKER (NASA MSFC): NASA – MSFC's Engineering Cost Model (ECM), Paper at the ISPA ConferenceBrighton, UK, Aug. 1988.

[28] SPACE SHUTTLE DIRECTIONS, NASA Johnson Space Flight Center, Doc. No. JSC – 20939, April 1986.

[29] D. E. KOELLE and H. KUCZERA (MBB): SANGER Space Transportation System Progress Report 1990 Paper IAF – 90 – 175, 41st International Astronautical Congress, Dresden/Germany.

[30] OTA (Office of Technology Assessment, Washington): Reducing Launch Operations Cost – New Technologies and Practices", OTA – TM – ISC – 28, Sept. 1988.

[31] R. C. PARKINSON (BAe): A Total System Approach Towards the Design of Future Cost – Effective Launch Systems, IAA Symposium on Space Systems Cost Estimation,

San Diego,CA,May 1990.

[32] D. P. MASERANG (GD): Balancing Launch Systems Reliability and Life - Cycle Cost, IAA Symposium on Space Systems Cost Estimation, San Diego, CA. , May 1990.

[33] D. E. KOELLE: The Man - Year (MYr) as Parametric Cost Unit for International Cost Models, 12th Annual/SPA Conference, San Diego, CA, May 1990.

[34] S. A. GREENBERG (USAF) and R. B. NICOL (Martin - Marietta): Application of Computer Simulation to Life - Cycle Management to Minimize Space Transportation Cost (ALSYM), Paper IAA - 89 - 698, IAF Congress Malaga, Spain, Oct. 1989.

[35] R. C. PARKINSON (BAe): Parametric Cost Modeling of Aerospace Structures, Sep. 1990.

[36] S. PACE: Space Transportation Cost: Reliability and Resiliency, Paper IAF - 89 - 699, IAF Congress Malaga, Spain, Oct. 1989.

[37] G. STINE and P. HANS: Economic Considerations on Hypersonic Vehicles and Space planes, AIAA Preprint 90 - 5267, Oct. 1990.

[38] A. J. McDonald (Thiokol): Solid Propulsion System Reliability, AIAA/SAEJASME/ASEE Joint Propulsion Conference, Orlando, FL, June 1990.

[39] R. C. PARKINSON (BAe): Parametric Cost Engineering Design Demonstration: Cost Analysis of Engine Trade - offs, BAe Report, Nov. 1988.

[40] C. J. MEISL: Life - Cycle Cost Methodology for Space Rocket Engines, 13th ISPA Conference, May 1991.

[41] R. C. PARKINSON (BAe): Organizational Impediments to the Reduction of Costs of Space Programmes, Paper IAA - 91 - 639, 42nd IAF Congress, Oct. 1991. Montreal, Canada.

[42] A. W. NEASE, R. M. THIEL, K. C. SMITH (Rockwell): An Approach to Shuttle Evolution, 28th Space Congress, Cocoa Beach, FL, April 1991.

[43] D. E. KOELLE (MBB): Launch Cost Reduction, How to Realize? FirstKrafftA. Ehricke Memorial Lecture 42nd IAF Congress, Montreal, Canada, Oct. 1991.

[44] C. L. WHITEHAIR et al. (Aerospace Corp.): Operational Design Factors for Advanced Space Transportation Vehicles, Paper IAF - 92 - 0879, Oct. 1992, Washington, D. C.

[45] A. TOTEN, J. FONG and R. MURPHY (General Dynamics): NASP - Derived Vehicle Launch Operations Cost and Program Cost Recovery Options, 3rd Intern. Aerospace Planes Conference, Dec. 1991. Orlando. FL.

[46] T. A. TALAY, D. C. FREEMAN (NASA Langley) and A. A. MOORE (Lockheed): Business as Usual vs. "Skunk Works" Comparison—Study Results for Development of the HL - 20 Lifting Body Spacecraft 44th IAF Congress, Graz/Austria, Oct. 1993, Paper No. IAF 93 - V. 3. 618.

[47] Rockwell Cites Spare Parts Progress, Space News, Nov. 13, 1989.

[48] S. P. WORDEN and J. M. SPONABLE: Management on the Fast Track, Aerospace America, Nov. 1994.

[49] B. K. THOMAS: X - 15 Flights Provide Baseline Data on Reusable Space Vehicles, Avi-

ation Week, and 9th Jan. 1967.

[50] W. BERRY (ESTEC): Future Launchers: The Challenge of Reusability, Dec. 1994.

[51] W. A. GAUBATZ (McDonnell Douglas), J. SPONABIE (BMDO): Delta – Clipper – Developing and Testing the Next Generation Space Transportation System, 19th ISTS, Yokohama, Japan, May 1994.

[52] M. J, McCULLEY and J. F. MADEWELL (Lockheed): AIAA Space Programs and Technology Conference, Huntsville, AL, Sept. 1993 Preprint No. 93 – 4056.

[53] S. J. HOESER: Technology Readiness Review of the Spaceship Experimental (SSX), the Journal of Practical Applications in Space, 1986.

[54] T. P. SAPP (Douglas): Economics of Booster Recovery, Douglas Engineering Paper No. 1652, Sept. 1963.

[55] D. E. KOELLE (DASA): Launch Cost Assessment of Operational Winged Launch Vehicles, 4th Intern. Aerospace Planes Conference, Orlando, FL, Dec. 1992, Preprint AIAA – 92 – 5021.

[56] Commercial Space Transportation Study (CSTS) – Boeing, Lockheed – Martin, McDonnell Douglas, Rockwell, April 1994.

[57] J. S. GREENBERG and R. STEEN (Princeton Synergetics): The Space Insurance Industry: Does it have a Future? Aerospace America, Jan. 1994.

[58] R. A. HICKMAN et al. (Aerospace Corp.): Developing Operable Launch Systems: New Methods and Tools, Paper IAF – 94 – 553, 45th IAF Congress, Oct. 1994, Jerusalem.

[59] I. BEKEY (NASA Hq.): A Win – Win Concept for Commercial Development and Operation of a New Large Reusable Space Launch Vehicle, White Paper, 19 p., Dec. 1994.

[60] P. COLLINS, T. ASHFORD: Potential Implications of the Development of Space Tourism, International Astronautical Congress 1986, Innsbruck, Austria.

[61] Big Dumb Boosters, A Low – cost Space Transportation Option? OTA Background Paper, Feb. 1989, (Office of Technology Assessment, Workshop, Washington, Dec. 1987), NTIS Order No. PB89 – 155196.

[62] D. E. KOELLETCS: Cost Model Applications for Optimized Launch Vehicle Design, Workshop on Space Launch Systems Cost, Risk Reduction and Economics. Munich. 1994.

[63] D. E. KOELLE (TCS): Cost – Optimized Stage Separation Velocity of Winged TSTO Launch Vehicles Paper IAA – 94 – 1.1.582, 45th International Astronautical Congress, Jerusalem, Oct. t994.

[64] K. HEISS et al.: Economic Analysis of New Transportation Systems, Mathematica, Princeton, May 1971.

[65] H. H. KOELLE and B. JOHENNING: A Multi – Vehicle Space Carrier Fleet Cost Model (Lunar Transportation), ILR—Mitteilung 240 (1990), Techn. University Berlin, May 1990.

[66] NASA – MSFC Press Release 69 – 70 (March 19969).

[67] J. S. NIEROSKI and E. I. FRIEDLAND (Aerospace Corp): Liquid Rocket Engine (Production) Cost Estimating Relationships, AIAA – Paper 65 – 533, July 1965.

[68] R. L. SACKHEIM and P. DERGARABEDIAN(TRW): Potential Cost Reduction by Ultra- Low - Cost Expendable Launch Vehicle Technology, IAF - Congress Oslo, Oct. 1995.

[69] J. W. SMELSER (NASA - MSFC) and M. T. CONSTANTIN (Industrial Project Director): STME, Streamlining the Engine of Change, Aerospace America, July 1992.

[70] V. RACHUK et al.: Evolution of the RD - 120 Engine for Future Launch Systems. Paper AIAA 96 - 3004, 32nd Joint Propulsion Conference, Buena Vista, CA, July 1996.

[71] S. DUTTA, D. L. BLOCK, R. L. PORT: Economic Assessment of Advanced Electrolytic Hydrogen Production, Intern. Journal for Hydrogen Energy, Vol. 15 (1990), No. 6, pp. 387 - 395, Pergamon Press.

[72] J. P. PENN and C. A. LINDLEY (The Aerospace Corp): Requirements and Approach for a Space Tourism Launch System, Paper IAA - 97 - IAA 1.2.08, 48th IAF Congress, Torino, IT, Oct. 97.

[73] D. E. KOELLE: Cost Engineering—The New Paradigm for Launch Vehicle Design, Paper IAA - 97 - IAA 1.1.04, 48th IAF Congress, Torino, IT, Oct. 97.

[74] D. E. KOELLE: Requirements for a Space Tourism - dedicated Launch Vehicle, Paper IAA - 97 - IAA 1.2.05 48th IAF Congress, Torino, IT, Oct. 97.

[75] D. MANSKI et al.: Overview of Engine Cycles for Earth - to - Orbit Propulsion, 3rd Intl. Symposium on Space Propulsion, Aug. 1997, Beijing, China.

[76] Z. HUANG: Normalization of Launch Vehicle Cost Estimation Methodology, Paper IAA - 97 - IAA 1.1.03 48th IAF Congress, Torino, IT, Oct. 97.

[77] W. GAUBATZ et al.: Summary Report on the DELTA CLIPPER Experimental Flight Demonstration Program, Paper IAF - 97 - V.3.08, 48th IAF Congress, Torino, IT, Oct. 97.

[78] D. E. KOELLE and W. KLEINAU: Assessment of Reusable Launch Vehicles' Development Cost, TCS - Report TN - 150, 45 pages, Feb. 1997.

[79] D. E. KOELLE: The International Standardized Cost - per - Flight Definition for Launch Vehicles, Paper IAF - 98 - IAA.1.2.05, 49th Internatl. Astronautical Congress, Melbourne, Australia, Sep. 1998.

[80] H. M. SANDERS and D. E. KOELLE: Cost - Optimum Launcher Design by Cost and Performance Normalization, Paper at the 49th Internatl. Astronautical Congress, Melbourne, Australia, Sep. 1998.

[81] A. NEASE (Boeing): Space Shuttle - Reducing the Cost of Safe, Reliable Space Transportation, Paper IAF - 98 - V.1.09 at the 49th International Astronautical Congress, Melbourne, Australia Sep. 1998.

[82] E SHAW et al. (NASA - MSFC): Benefits of Government Incentives for Reusable Launch Vehicle Development, 49th International Astronautical Congress, Melbourne, Australia, Sep. 1998.

[83] D. E. KOELLE: A Cost - Engineered Launch Vehicle for Space Tourism, Paper IAF - 98 - IAA

1.5.07 at the 49th International Astronautical Congress, Melbourne, Australia, Sep. 1998.

[83] R. C. PARKINSON (MMS): The Hidden Cost of Reliability and Failure in Launch Systems, Paper IAA - 98 - IAA. 1. 2. 04, 49th International Astronautical Congress, Melbourne, Australia, Sep. 1998.

[85] C. L. WHITEHAIR, R. A. HICKMAN et. al. (Aerospace Corp.): Operational Design Factors for Advanced Space Transportation Vehicles, Paper IAF - 92 - 0879, 43rd IAF Congress, Aug./Sep. 92, Washington, D. C.,.

[86] L. J. JUNKER (NASA - KSC): Ocean Recovery of Shuttle Solid Rocket Boosters, AIAA/ASME/SAE Joint Space Mission Planning and Execution Meeting, Denver, CO, July 1973, Paper AIAA 73 - 602.

[87] S. J. ISAKOWITZ et al.: International Reference Guide to Space Launch Systems, 3nd. Ed. (1999) AIAA Reston, VA /USA, 550 pages.

[88] T. FANCIULLO and D. JUDD (Aerojet): Evolution of the RD - 0120 and its Design Variants for Use on Reusable Launch Vehicles, Paper IAF - 99 - S. 2. 01, 50th International AstronauticalCongress, Amsterdam/NL, Oct. 1999.

[89] ROCKETDYNE: Operationally Efficient Propulsion System Study Data Book, NAS10 - 11568, April 1990.

[90] H. GRALLERT and H. KUCZERA (Dasa): Kick Stages—A Mandatory Element of Future RLVs, Paper AIAA99 - 4885, 9th AIAA International Space Planes and Hypersonics Conference, Norfolk, VA1999.

[91] H. L. WEINREICH and H. GRALLERT (Dasa), R. PARKINSON (BAe) and W. BERRY (ESTEC): Studies on a Scramjet - propelled HTOL - SSTO Launcher, 5th AIAA/DGLR International Aerospace Planes and Hypersonics Conference, Nov./Dec. 93, Munich/Germany.

[92] E. D. HARRIS (BAND Corp.): The National Aerospace Plane: Cost Considerations for the Follow - on - Vehicle, Workshop on Space Launch Systems - Cost, Risk Reduction and Economics, Munich/Germany, June 1994.

[93] I. BEKEY (NASA Hq.): Why SSTO Rocket Launch Vehicles are now Feasible and Practical—A White Paper, Jan. 1994.

[94] S. D. SCREECH (NASA - MSFC): Cost Results of NASA's Access - to - Space Study, Workshop on Space Launch Systems Cost, Risk Reduction and Economics, Munich/Germany, 1994.

[95] J. D. ADAMS (Aerospace Corp.): Payload Interface Standardization, Paper IAF - 95 - V. 5. 05, 46th Internatl Astronautical Congress, Oslo/ Norway, Oct. 1995.

[96] H. APGAR (MCR): Developing the Space Hardware Cost Model, Paper IAA - CESO - 04(90) at the IAA Symposium on Space Systems Cost Estimation Methodologies and Applications, San Diego, Ca, USA, May 1990.

[97] D. E. KOELLE (TCS): Economics of Fully Reusable Launch Systems—SSTO vs. TSTO Vehicles, Paper IAA - 96 - 1. 1. 03, 47th Internatl. Astronautical Congress, Beijing/

China, Oct. 1996.

[98] ACCESS - TO - SPACE STUDY, NASA Hq., Washington, Jan. 1994.

[99] R. B. NICOL (Martin Marietta): Launch System Life Cycle Costing through Process Analysis, IAA Symposium on Space Systems Cost Estimation Methodologies and Applications, San Diego, CA, May, 1990.

[100] E. ZAPATA and A. TORRES (NASA KSC and Florida Golf Coast University): Space Operations Cost Modeling and the Architectural Assessment Tool, Paper IAA - 99 - 1.1.01, 50th Internatl. Astronautical Congress, Amsterdam/ NL−, Oct. 1999.

[101] ESA - FESTIP (Future European Space Transportation Investigation Program), System Study, DASA - Daimler Chrysler Aerospace, Final Report, Dec. 1998.

[102] D. E. KOELLE (TCS): Cost Contributing Elements of Expendable LNs and Means for Cost Reduction, ESTEC Low - cost Access - to - Space Study, July 1997, Report TCS - TN - 152(97).

[103] ADVANCD SPACE TRANSPORTATION SYSTEM STUDIES, Technical Area 3: Alternate Propulsion System Concepts, NAS - 8 - 39210, DCN1 - 1 - PP. 021~47, Rocket Engine Life Analysis, Aug. 1996.

[104] IAA - CESA: The International Standardized "Cost - per - Flight"- Definition for Launch Vehicles, Paper IAA - IAA. 1. 2. 05, 49th International Astronautical Congress, Melbourne/Australia, Sep. 1998.

[105] S. ABITZSCH (TUB): Economical Feasibility of Space Tourism, A Global Market Scenario, Paper IAA - 97 - IAA. 1. 2. 01, Oct. 1997, 48th International Astronautical Congress Torino, Italy.

[106] D. E. KOELLE (TCS): Requirements for Space Tourism Launch Vehicles, Paper IAA - 97 - IAA. 1. 2. 05, 48th International Astronautical Congress, Torino, Italy, Oct. 1997.

[107] D. E. KOELLE (TCS): A Cost−Engineered Launch Vehicle for Space Tourism, Paper IAA - 98 - IAA - 00 - IAA. 1. 5. 07 at the 49th International Astronautical Congress, Melbourne, Australia.

[108] D. E. KOELLE (TCS): The Ballistic SSTO—The Lowest - Cost Reusable Launch Vehicle, Paper IAA - 00 - IAA. 1. 1. 08, 51th International Astronautical Congress, Rio de Janeiro, Brazil, Oct. 2000.

[109] B. CITRON: The Economics of Starting an International Space Tourism Business, Paper at the First International Symposium on Space Tourism, Bremen, Germany, March 1997.

[110] D. E. KOELLE (TCS): Space Transportation Analysis for Future Space Research and Utilization, Report TCS - TN - 163(99), prepared for DLR/ESTEC, Feb. 1999.

[111] K. BOHNHOFF, H. KELLERMEIER and D. E. KOELLE (MBB): Impact of Space Tug Concepts and Space Program Economics, Journal RAUMFAHRTFORSCHUNG, Vol. 17, No. 3, May 1973.

[112] W. H. WILLCOCKSON (Martin Marietta): OTV Aero - Assist with Low LID, Paper

IAF - 86 - 115at the 37th International Astronautical Congress, Innsbruck/Austria, Oct. 1986.

[113] H. H. KOELLE (TUB): Lunar Space Transportation - Cutting the Costs of Logistics, Paper IAA - 95 - IAA. 1. 1. 08, 46th International Astronautical Congress, Oslo/Norway, Oct. 1995.

[114] D. G. ANDREWS (Boeing), J. R. HODGE (Martin Marietta), C. K. FROST (NASA - MSFC): A Space Transportation System for Early Lunar Exploration, Paper IAF - 92 - 0845, 43rd International Astronautical Congress, Washington, D. C., USA, Aug. /Sep. 1992.

[115] B. K. JOOSTEN (NASA - JSC) and L. A. GUERRA (SAIC): Early Lunar Resource Utilization, a Key to Human Exploration, Paper AIAA 93 - 4784, Sep. 1993, Huntsville, Ala. USA.

[116] W. SIEGFRIED (Boeing): Lunar Base Development Missions; Paper MD698H1323, June 1998, 49th International Astronautical Congress, Melbourne / Australia, Sept. 1998.

[117] J. R. WERTZ (Microcosm): Economical Model of Reusable vs. Expendable Launch Vehicles, Paper at the 51st Internatl Astronautical Congress, Rio de Janeiro/Brazil, Oct. 2000.

[118] R. E. AUSTIN (NASA) and C. LACEFIELD (Lockheed Martin): X - 33, Leading the Way to Venture Starin this Decade. Paper IAF - 00 - V. 3. 02, 51st International Astronautical Congress, Rio de Janeiro, Brazil, Uct. 2000.

[119] A. HILL: A Cost Optimization Methodology for Sizing Reusable Launch Vehicles, Paper IAA - 00 - IAA. 1. 1. 07, 51st International Astronautical Congress, Rio de Janeiro, Brazil, Oct. 2000.

[120] J. PEARSON et al (BALL Aerospace): Low - cost Launch Systems for the Dual - Launch Concept, Paper IAA - 00 - IAA. 1. 1. 06, 51st International Astronautical Congress, Rio de Janeiro, Brazil, 2000.

[121] Harald AREND: System analyse and Kostenoptimierung wiederverwendbarer ballistischer Trageraketen Dissertation Technische University Berlin. 1987. 279 Seiten.

[122] J. S. GREENBERG: Space Transportation Decisions: Cost vs. Price, Paper at the B2nd International Astronautical Congress, Toulouse/France, Oct. 2001.

[123] H. GRALLERT and G. REINBOLD (Astrium, Germany): Optimized Liquid - Propellant Fly - back Booster Concept with ARIANE 5 Core, AIAA 10th International Space Planes and Hypersonic Systems and Technologies Conference, April 2001, Kyoto/Japan.

[124] R. PARKINSON (Astrium, UK): How to make Money out of RLVs, Paper IAC - 01 - IAA 04. 52nd International Astronautical Congress, Toulouse/France, Oct. 2001.

[125] S. DROGOUL (EADS Launch Vehicles): Better, Faster, Cheaper on ARIANE Programmes, Paper IAC - 01 - IAA. 6. 1. 06, 52nd International Astronautical Congress, Toulouse/France, 2001.

[126] W. GAUBATZ: Sub - Orbital Flights—A Starting Point for Space Tourism, Paper IAC - 00 - IAA. 1. 3. 01 52nd International Astronautical Congress, Toulouse France, Oct. 2001.

[127] R. C. PARKINSON (Matra Marconi Space, UK): Cost Sensitivity as a Selection Issue for Future Economic Space Transportation Systems, Paper at the 45th Internatl. Astronautical Congress, Jerusalem, Israel. Oct. 1994.

[128] D. FEYHL, K. ECKERT, H. ZEWEN (Astrium, D): Aestus Engine Experience, 5th International Symposium on Propulsion in Space Transportation, Paris, France, May 2001.

[129] E. SANGER (FPS): Vorlautige Vorschlagezur Entwicklungeines Europaischen Raumflugzeuges, Teil 17 Transport kostenvergleich zwischen aeronautischen und ballistischen Raumtransportern, Stuttgart, 1962.

[130] H. G. CAMPBELL, R. E. HOVDEN (The Aerospace Corp.): Launch Vehicle Cost Model, Cost Reduction Workshop, München, June 1994.

[131] H. H. KOELLE and B. JOHENNING (TU Berlin): Space Transportation Simulation Model TRASIM 2. 0ILR - Mitteiluna 319 (1997).

[132] B. C. RUSH, J. BRACKEN and G. P. McCormick (Research Analysis Corp.), J. Operations Research, March/April 1967.

[133] G. W. ELVERUM (TRW): Scale Up to Keep Mission Costs Down, 24th Internatl. Astronautical Congress, Baku. Azerbeidschan. Oct. 1973.

[134] D. E. KOELLE (TCS - TransCost Systems): Specific Space Transportation Costs to GEO • Past, Present and Future, Paper IAC - 02 - IAA. 1. 1. 03, 53rd Internatl Astronautical Congress, Oct. 2002 Houston, TX, USA.

[135] E. SHAW (NASA - MSFC): Unique Economic Characteristics of Reusable Launch Vehicles First AIAA - IAF Symposium on Reusable Launch Vehicles, Huntsville, AL, April 2002.

[136] R. A. GOEHLICH (TUB) et al. : Cost Estimation of the NAL Space plane (Modeling of a Vehicle Fleet Lifecycle), Paper IAC - 02 - IAA. 1. 1. Oi3, 53rd Intern. Astronautical Congress, Houston 2002.

[137] MBB (Germany): Leitkonzept SANGER - Referenz - Datenbuch, Ausgabe 1, Rev. 2 Marz 1993.

[138] R. M. MOORE (Spacevest): Institutional Venture Capital for the Space Industry: Providing Risk Capital for Space Companies that Provide Investor Returns, Paper IAC - 02 - IAA. 1. 2. 01, 53rd Internatl Astronautical Congress Houston, TX, Oct. 2002.

[139] E. PRANDINI: Space Insurance on Bumpy Road to Recovery, INTERAVIA, October 2002.

[140] E. JANARDHANA et. al: The Indian Polar Satellite Launch Vehicle (PSLV) - A Low - cost Launcher for small Satellite Missions, Paper IAF - 99 - V. 1. 03, 50th IAC. Amsterdam, Oct. 1999.

[141] NASA: Operational Assessment of Concepts and Technologies for Highly Reusable Space.

[142] G. WOODCOCK et al. : Reusable Launch Architecture to Support Sustainable Human Exploration of the Solar System (ARTS), Paper IAA, 13, 1. 05, IAC 2003 Bremen.

[143] H. H. KOELLE: Ranking of Parameters Influencing the Cost - Effectiveness of Reusable Heavy - lift Launch Vehicles, Report ILR - 356 (2001).

[144] NASA ESAS Final Report - Exploration Systems Architecture Study. NASA Hq. Washington, D. C., Nov. 2005.

[145] H. H. KOELLE and R. LO: Production of Lunar Propellants, J. BIS, Vol. 50, pp. 353 - 360, 1997.

[146] R. NAGASHIMA (NASDA): The Study of Lunar Organic Infrastructures for Propellant (液氧) Production Paper IAF - 96. Q. 4. 05, 47th IAC, Beijing/China, Oct. 1996.

[147] H. H. KOELLE: Lunar Transportation Systems, Shaker Verlag, Aachen, 2004, 178 pages.

[148] USDept. of Defense: Joint Industry/Government Parametric Estimation Handbook, 2nd Ed. 1999.

[149] J. SPIES: RLV Hopper: Consolidated System Concept, 53rd Internatl. Astronautical Congress, Oct. 2002. Houston, TX, USA.

[150] J. W. LIVINGTON (USAF), 15th AIAA Intern. Space Planes and Hypersonic Systems and Technology Conference, April 2008, Dayton, Ohio, USA.

[151] R. C. PARKINSON and E. WEBB (BAe): 5th Intern. Aerospace Planes and Hypersonics Conference, Nov. /Dec. 1993, Munich/Germany.

[152] R. C. PARKINSON (BAe): HOTOL - A third generation economic launch vehicle, 36th Intern. Astronautical Congress, Stockholm, 1985.

[153] NASA Explores Maglev Launch System, Space News, Nov. 22, 1999.

[154] D. E. KOELLE, P. SACHER and H. GRALLERT: Deutsche Raketenflugzeuge and Raumtransporter - Projekte, Band 34 der Buchreihe, Die Deutsche Luftfahrt, Verlag Bernard & Graefe in der Munch Verlagsgesellschaft mbH, Bonn, 2007, 250 pages.

[155] J. M. SNEAD (AFRL): Cost Estimates of Near - Term, Fully Reusable Space Access Systems, AIAA Conference—Space 2006.

[156] R. REICHEL and D. W. CULVER (Aerojet): Rocket Propulsion for the Next Forty Years, 49th Internatl. Astronautical Congress, Sep. 1998, Melbourne/Australia.

[157] I. BEKEY (NASA Hq.): Economics of a Government - Industry Partnership to Develop and Operate a New, Large, Reusable Launch Vehicle, 46th Internatl. Astronautical Congress, Oslo/Norway, Oct. 1995.

[158] G. L. HANSEN et al. (General Dynamics): Cost Control in the General Dynamics ATLAS Launch Vehicle Program, 25th Intematl. Astronautical Congress, Amsterdam/NL, Oct. 1974.

[159] Standard Prices for Aerospace Energy Category Items, Defense Logistics Agency, Defense Energy Support Center, 01 Oct. 2009.

[160] D. E. KOELLE: Cost Analysis of the Space - X FALCON Launch Vehicle Family, Report TCS - TR - 189, TransCost, Systems Ottobrunn/Germany, Oct. 2009, 23 p. .

[161] ECSS - Space Project Management, Cost and Schedule Management, ECSS - M - ST -

60C, ESTEC, July 2008, 85 p.

[162] D. PRECLIK, R. STRUNZ et al. (Astrium): Reusability Aspects for Space Transportation Rocket Engines: Programmatic Status and Outlook, Preprint 59. Deutscher Luft - und Raumfahrt kongress, Hamburg 2010.

[163] I - Shih CHANG (Aerospace Corp.) Space Launch Vehicle Reliability (Update), The Aerospace Corp. Magazine, Spring 2005 [164] W. P. KISTLER, B. CITRON and T. TAYLOR: Lunar Commercial Logistics Transportation, Rutgers Symposium on Lunar Settlements, 3 - 8 June 2007.

[165] H. R. HERTZFELD et. al (George Washington Univ.): Launch Vehicles: An Economic Perspective, Dec. 2005, NASA Grant #NNG04GN66G.

[166] B. LEITENBERGER: Edition Raumfahrt, Raketenlexikon, Band 1 bis 4, 2009.

[167] H. H. KOELLE: The Difference of a Government and a Commercially operated Lunar Space Transportation System, J. BIS, Vol. 50, pp. 325 - 332, 1997.

[168] ESA - Study Assessment of Main Drivers of Launch Vehicle Systems Exploitation Costs Telesat Canada, TNO and TransCost Systems, 2011/2012.

[169] Deloitte: The Aerospace and Defense Industry Cost, 2010.

[170] O. TRIVAILO et al.: Review of hardware cost estimation methods, models and tools applied to early phases of space mission planning. Progress in Aerospace Sciences (2012), doi:10.1016/J.paerosci.2012.02.001.

[171] U. APEL and D. E. KOELLE: European Next Generation Launcher Reusability as an Option for Future European Launch Services, International Astronautical Congress, Paper IAC - 12, D24, 5, X14315, Napoli, IT. Oct. 2012.

[172] F. EILINGSFELD: Expanding the Frontier: Driving Forces and Economic Guidelines for the Evolution of Space Transportation after Retirement of the Space Shuttle, MBA Dissertation, International Space University, Nov. 2010.

[173] E, ZAPATA (NASA - KSC): New Approaches in Reusable Booster System Life Cycle Cost Modelling, 2013 Joint Army Navy NASA Air Force Conference, Colorado Springs, CO, USA.

[174] NASA. BOEING et al.: SATURN V News Reference Book. Dec. 1968.